CONSTRUCTION CONTRACT DISPUTES

建设工程施工合同纠纷

疑难问题研究

袁继尚◎著

法律出版社 LAW PRESS·CHINA

序

建筑行业作为国民经济的重要支柱产业之一，与整个国家社会经济的发展、人民生活水平的提高有着密切的联系。近年来，在基础设施建设和城市化建设的大力推动下，我国建筑行业保持了良好的增长势头，经济效益持续提高，对经济发展的贡献较大。但是在建筑行业快速发展的同时，建设工程施工合同纠纷案件也呈逐年增多的趋势，司法实践中涉及法律适用的新情况、新问题不断出现。由于法律法规的滞后性、对法律精神理解及司法裁判理念的差异性，往往会造成司法实践中裁判标准不统一，甚至同一法院同案不同判，严重影响审判效率、审判质量和裁判效果的有机统一。

继尚律师是我2008年至2011年指导的全日制硕士研究生，现于中国社会科学院研究生院在职攻读法学博士学位。他在校期间踏实学习、刻苦钻研，每一年度都被评为“优秀研究生”，毕业时被评为“优秀毕业研究生”。在其硕士研究生在读期间，我发现他有从事学术研究的潜质，当时鼓励他打牢理论基础，并要求他多思考、勤动笔。记得2010年广州亚运会期间，我建议他考虑继续深造，并推荐他报考我的母校西南政法大学商法方向的博士研究生，但他毕业后却出乎意料地去新疆法院系统从事司法实务工作。虽然距离较远，但时常有联系。参加工作后，他依然勤奋好学，在审判一线积累了丰富的审判经验，先后获得三级法院“调解能手”“优秀调研员”“优秀调研论文奖”“优秀裁判文书奖”等10余项荣誉。他辞职做律师后，又代理了大量疑难复杂案件，积累了丰富的执业经验。他10多年前就喜欢商法学，攻读法学博士学位选择的也是公司法、证券法方向，却突然邀请我为他的新书《建设工程施工合同纠纷疑难问题研究》作序，我欣然答应的同时，也甚感意外，此书应当与他的审判、执业经历有关。

通读全书稿，我大致归纳如下几个特点。

一是该书内容全面且系统性强。作者全面梳理了建设工程施工合同纠纷中常见的重点、疑难、新型问题，涵盖了与此类纠纷相关的所有现行法律法规、司法解释等审判依据，以及部门规章、各地法院指导意见、司法裁判观点以及作者审判和执业经验的积淀等内容。

二是该书实用性和针对性强，非常“接地气”。本书从司法实践中常见的疑难问题出发，根据作者的实务经验，深入探讨分析了审判实践中建设工程施工合同纠纷案件的重点、难点、新型问题，并对司法实践中的典型案例作了要点评析，增强了解决问题的直观性和针对性。引用的典型案例，要么从正面印证作者观点，要么从反面说明裁判依据和司法审判理念的实践差异。理论联系实际，实用性强。

三是该书的观点具有一定的法律前瞻性和批判性。作者探讨问题的角度和依据，不唯现行法律论，敢于对现有法律规定、裁判观点进行反思，并提出修改和完善相关司法解释的建议。

四是该书的价值不仅在于建设工程实务领域，对其他各类合同纠纷，乃至民商事诉讼案件都有较好的参考、借鉴价值。

诚然，建筑行业的专业性、复杂性以及建筑市场诸多行为的不规范性等，决定了建设工程领域还有很多法律问题可以继续研究。我希望，作者在今后的研究中，根据我国《民法典》等法律法规及相关配套司法解释的最新规定，结合最高人民法院“关于统一法律适用加强类案检索”后的典型裁判观点，密切关注建设行政主管部门对建筑行业的监管及整顿措施，进一步深入研究建设工程实务领域疑难问题，在本书基础上更进一步。

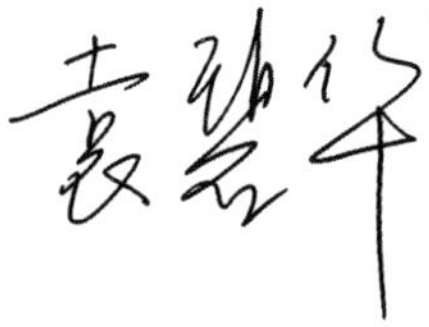*

2021 年 1 月于广州

---

* 法学博士，广州大学法学院教授、博士后合作导师，民商法学学术带头人。兼任中国商法学研究会理事、广东省法学会金融法学研究会副会长、广州市法学会金融法学研究会会长、广东省人民检察院专家咨询委员会委员、广州仲裁委员会仲裁员等。

前　言

合同法时代，建设工程施工合同仅是《合同法》规定的有名合同之一的“建设工程合同”中的一种，建设工程施工合同纠纷仅是最高人民法院《民事案件案由规定》的424个案由中“建设工程合同纠纷”案由项下的一个子案由，但最高人民法院先后颁布了两部司法解释，分别于2005年1月1日和2019年2月1日起施行。为一个子案由专门颁布两部司法解释，在合同领域应该是独一无二的。由此可见，司法实践中建设工程施工合同领域的新情况、新问题层出不穷，裁判依据和司法裁判理念也在不断地调整、变化、丰富和完善。民法典时代，上述两部司法解释被最高人民法院合二为一，并结合《民法典》进行修改后于2021年1月1日施行。建设工程施工合同纠纷案件多为疑难复杂案件，当事人之间的争议较大，法院之间的裁判观点分歧也较大。在最高人民法院审理的案件中，据不完全统计，建设工程施工合同纠纷案件的服判息诉率是最低的。由此可见，此类案件之疑难复杂程度可窥一斑。

从法官到执业律师，本人一直对建设工程施工合同纠纷案件颇有兴趣，尤其是成为一名执业律师后，先后代理了大量此类案件，萌生了写一本书的冲动，以记载这些年在建设工程实务领域的所学、所思、所悟。事非经过不知难。几经动笔，几经搁置，一直未能成文，其难度远超出当初的想象。2020年，借疫情期间居家隔离之机终于下定决心、克服困难、战胜惰性，了却此桩心愿，算是对自己长期以来在建设工程实务领域学习和工作的一个阶段性总结。

本书名为《建设工程施工合同纠纷疑难问题研究》，共10章内容，囊括了建设工程施工合同无效情形的认定、合同解除、工程价款结算、工程造价司法鉴定、工程价款利息、实际施工人、建设工程质量责任、建设工程价款优先受偿权、“背靠背”条款等建设工程施工合同纠纷案件中的常见疑难问题。每一章又包括若干个具体问题。每个具体问题后附有两个左右近几年的典型案例并进行了简要的评析。所附的200多个案例主要源于最高人民法院生效的裁判文书，少部分源于高级人民法院和中级人民法院生效的裁判文书。最后，以《民法典》的诞生为契机，结合司法实践中存在的问题，对建设工程施工合同领域两部司法解释的修订阐述了自己的观点和建议，形成了一篇修改建议稿。

本书从司法实践中存在的常见疑难问题出发，根据现有法律、法规、司法解释、部门规章以及各地法院的指导意见、裁判观点，通过分析问题进一步提出解决问题的依据和思路。在专家学者们已有研究成果的基础上，本书提出了一些具有法律前瞻性的观点和建议，包括对现有法律法规和最高人民法院的裁判观点进行反思，并提出修改和完善司法解释的建议。本书中的观点和思路虽是本人专业知识和实践经验的总结，且本人也尽最大可能站在中立和客观的立场分析问题并阐述观点，但鉴于本人执业律师的身份且曾在具体案件中多次在发包人、承包人和实际施工人等当事人代理律师身份之间转换角色，偶有自己的倾向性意见也是在所难免。

因水平有限，本书中难免会有疏漏，某些观点也仅系一家之言，甚至不排除观点错误之处，对个别问题的研究还有待进一步深入。本书旨在抛砖引玉，如果能对司法实践中存在的问题提供一些参考，本人将备感欣慰。本书不足之处，欢迎并恳请专家学者批评指正。

袁继尚

2021 年 1 月于乌鲁木齐

简 称

《中华人民共和国民法典》——《民法典》

《中华人民共和国民法通则》——《民法通则》

《中华人民共和国民法总则》——《民法总则》

《中华人民共和国合同法》——《合同法》

《中华人民共和国立法法》——《立法法》

《中华人民共和国企业破产法》——《破产法》

《中华人民共和国建筑法》——《建筑法》

《中华人民共和国招标投标法》——《招标投标法》

《中华人民共和国民事诉讼法》——《民事诉讼法》

《中华人民共和国票据法》——《票据法》

《中华人民共和国税收征收管理法》——《税收征收管理法》

《中华人民共和国发票管理办法》——《发票管理办法》

《中华人民共和国招标投标法实施条例》——《招标投标法实施条例》

最高人民法院《关于适用〈中华人民共和国民事诉讼法〉的解释》——《民事诉讼法解释》

最高人民法院《关于审理建设工程施工合同纠纷案件适用法律问题的解释》(法释〔2004〕14 号)——2004 年《建设工程司法解释一》

最高人民法院《关于审理建设工程施工合同纠纷案件适用法律问题的解释(二)》(法释〔2018〕20 号)——2018 年《建设工程司法解释二》

最高人民法院《关于审理建设工程施工合同纠纷案件适用法律问题的解释(一)》(法释〔2020〕25 号)——2020 年《建设工程司法解释》

最高人民法院《关于适用〈中华人民共和国合同法〉若干问题的解释(一)》——《合同法解释一》

最高人民法院《关于适用〈中华人民共和国合同法〉若干问题的解释(二)》——《合同法解释二》

最高人民法院《关于审理商品房买卖合同纠纷案件适用法律若干问题的解释》——《商品房买卖合同司法解释》

最高人民法院《关于审理买卖合同纠纷案件适用法律问题的解释》——《买卖合同司法解释》

最高人民法院《关于审理人身损害赔偿案件适用法律若干问题的解释》——《人身损害赔偿司法解释》

最高人民法院《关于审理民间借贷案件适用法律若干问题的规定》——《民间借贷司法解释》

最高人民法院《关于民事诉讼证据的若干规定》——《证据若干规定》

最高人民法院《关于审理民事案件适用诉讼时效制度若干问题的规定》——《诉讼时效若干规定》

最高人民法院《关于人民法院民事诉讼中委托鉴定事项审查工作若干问题的规定》——《法院委托鉴定审查规定》

《第九次全国法院民商事审判工作会议纪要》——《九民纪要》

目　录

第一章

建设工程施工合同效力及相关问题研究

建设工程施工合同是合同类纠纷案件中无效合同最为常见的合同类型之一，且涉及合同无效的建设工程施工合同纠纷案件多为疑难复杂案件。究其原因，主要有四：其一，建筑工程领域不仅关系发包人和承包人等多方主体的利益，更是关乎施工安全和工程质量等社会公共利益，确保工程质量是重中之重。其二，建筑工程市场竞争无序，低价中标、主体违法、挂靠、违法转包、非法分包、围标等现象泛滥成灾，盲目压缩工期威胁施工安全和工程质量，工程监理形同虚设，可谓乱象丛生。其三，建设工程施工合同不仅受《民法典》合同编通则和第十八章“建设工程合同”专章的调整，还受《招标投标法》《建筑法》《建设工程质量管理条例》《招标投标法实施条例》《建设工程安全生产管理条例》等具有公法性质的法律和行政法规的严格限制，法律和行政法规对合同自由或当事人意思自治有诸多干预，干预的出发点和落脚点都是确保工程质量和施工安全。其四，在复杂的利益冲突前，无效合同的认定缺乏统一的标准，合同的效力总是在一个无序的环境下接受评价，而且建设工程施工合同的效力认定远比一般合同更加复杂，影响合同效力的因素和影响对合同效力评价的因素多而复杂。本章针对建设工程施工合同的效力评价及司法实践中与合同无效相关的疑难问题进行研究。

对建设工程施工合同效力的评价难点在于对标准的把握上。如果标准过严，大量的建设工程施工合同将被认定为无效，可能会导致经济活动逆向流转，既不符合建筑市场现状，也不利于经济活动的顺向流转，更不利于建筑市场的健康发展。如果标准过宽，实质上是对违法行为的放纵。建设工程施工合同效力的认定，既要正确理解和充分尊重契约自由原则，又要充分认识建设工程施工合同及建筑行业的特殊性；正确理解与适用2020年《建设工程司法解释》第1~4条关于建设工程施工合同无效情形的规定，在坚持慎用合同无效原则下，依法认定合同效力；妥善处理合同无效问题，在裁判结果上，应当确保不能使当事人因合同无效而获得比合同有效更多的利益，同时，还要坚持保护利益相关人的原则。

一、效力性强制性规定的甄别

根据《民法典》第 153 条第 1 款(《合同法》第 52 条第 5 项)之规定,违反法律、行政法规的强制性规定的民事法律行为无效。因强制性规定的范围过于宽泛,如果严格按此标准执行,大量的建设工程施工合同可能将纳入无效合同的范畴。各级法院在长期的审判实践中意识到此标准所存在的问题,并对如何正确适用强制性规定及妥善认定合同效力进行了探索。《合同法解释二》第 14 条(已被废止,尚未有新的司法解释替代)明确规定,《合同法》第 52 条第 5 项规定的"强制性规定"是指效力性强制性规定,进一步限制了强制性规定的范围。

最高人民法院《关于当前形势下审理民商事合同纠纷案件若干问题的指导意见》(2009 年)通过第 15 条和第 16 条两个条文就"正确适用强制性规定,稳妥认定民商事合同效力"的指导意见,主要有两点:其一,应当根据《合同法解释二》第 14 条之规定,区分效力性强制规定和管理性强制规定。违反效力性强制规定的,认定合同无效;违反管理性强制规定的,应当根据具体情形认定其效力。其二,应当综合立法目的,权衡相互冲突的权益的种类、交易安全以及其所规制的对象的基础上,综合认定强制性规定的类型,分情况认定其效力。笔者对此指导意见简单理解为两点:一是违反效力性强制规定的,认定合同无效;二是违反管理性强制规定的,原则性上不认定为无效,但赋予了法官在具体案件中的自由裁量权。

最高人民法院《九民纪要》第 30 条第 2 款规定:"人民法院在审理合同纠纷案件时,要……慎重判断'强制性规定'的性质,特别是要在考量强制性规定所保护的法益类型、违法行为的法律后果以及交易安全保护等因素的基础上认定其性质,并在裁判文书中充分说明理由……"

效力性强制性规定的甄别确实是一难题。对此,王利明教授提出三分法:第一,法律、法规规定违反该规定,将导致合同无效或不成立的,为当然的效力性规定;第二,法律、法规虽然没有规定违反其规定,将导致合同无效或不成立,但违反该规定若使合同继续有效将损害国家利益和社会公共利益,也属于效力性规定;第三,法律、法规没有规定违反其规定,将导致合同无效或不成立,虽然违反该规定,但若使合同继续有效并不损害国家利益和社会公共利益,而只是损害当事人利益的,属于取缔性规定(管理性规定)。[1]

---

〔1〕 王利明:《合同法研究》,中国人民大学出版社 2002 年版,第 658 ~ 659 页。

司法实践个案中存在效力性强制性规定甄别困难、合同效力难以认定、裁判者纠结于效力如何评价等现象。笔者认为，依据现有法律、法规、司法解释及最高人民法院的指导意见，并结合建筑工程领域的市场现状及司法实践，在甄别效力性强制性规定或评价合同效力时，应从宽衡量，尤其在建设工程质量合格时，只要不违反法律、行政法规的效力性强制性规定，应尽量不否定合同的效力。

延伸思考一个问题，关于司法解释中将某种情形下的合同认定为无效，应如何理解？司法解释条文本身并非效力性强制性规定，因为通常所说的效力性强制性规定特指法律和行政法规中的强制性规定。某个法律规范是否为效力性强制性规定，是法律适用中的判断问题，而法律适用的核心就是法律解释。很多时候需要借助法律解释才能完成效力性强制性规定的判断或甄别，毕竟多数情况下，法律并未直接规定某一法律规范为效力性强制性规定。而司法解释作为最高司法机关的正式解释，是把某个法律规范判定为效力性强制性规定，以便各级司法机关适用。简言之，这种判定是最高司法机关就某个法律规范在法律适用中是否为效力性强制性规定而进行的解释。只不过，该解释系有权解释，各级司法机关都必须遵照执行。至于司法解释有时存在超出法律规范自身含义而进行解释，甚至存在创设法律的问题，都属于“司法解释立法化问题”，在此不作探讨。期待《民法典》配套司法解释的相应规定，能够使效力性强制性规定的甄别更具可操作性。

典型案例裁判观点及评析

最高人民法院(2015)民申字第1477号案件裁判观点：《建筑法》第7条规定的“建筑工程开工前，建设单位应当按照国家有关规定向工程所在地县级以上人民政府建设行政主管部门申请领取施工许可证”，属于管理性强制性规定，并非本院司法解释所规定的“效力性强制性规定”。即使发包人在涉案建筑工程开工前没有申请领取施工许可证，也不影响双方签订的建设工程施工合同的效力。

最高人民法院(2015)民申字第280号案件裁判观点：《招标投标法》第46条第1款规定系从行政管理角度规范招标人和中标人在公开开标后订立合同的要求，属于管理性强制性规定，而非效力性强制性规定。据此，本案中《建设工程施工合同》与中标通知书不一致，虽然违反该规定，但不必然无效，二审判决认定有效，适用法律亦无不当。

最高人民法院(2017)最高法民申1610号案件裁判观点：《建筑法》对设计单位、专业人员的资质要求，显然属于效力性强制性规定，不仅仅是当事人的“市场准入”资格问题。

要点评析：法律、行政法规的强制性规定分为管理性强制性规定和效力性强制性规定。只有违反效力性强制性规定才导致合同无效。

二、“黑白合同”的效力问题

“黑白合同”问题在建筑领域非常突出，且较为复杂。《合同法》、《招标投标法》及2004年《建设工程司法解释一》第21条等相关规定在解决“黑白合同”问题上已力不从心。2018年《建设工程司法解释二》一共26个条文，其中4个条文专门用于解决“黑白合同”问题，2020年《建设工程司法解释》依然保留了这4个条文。可见，“黑白合同”在案件数量、复杂性、典型性及解决的急迫性等方面已引起最高人民法院的高度重视。

“黑白合同”，也称“阴阳合同”，是对承包人与发包人就同一工程项目所签订的两份建设工程施工合同的一种形象的称谓。在两份建设工程施工合同中，一份是招标人（发包人）与中标人（承包人）根据中标文件而签订的合同，即中标合同，也称备案合同；另一份则是与中标合同内容不一致的合同。“黑合同”是当事人实际履行的合同，但见不得光，是不能摆在桌面上的合同；“白合同”则是可摆在桌面上的合同，但得不到实际履行，仅是为了备案和应对政府职能部门的检查监督。当事人签订“黑白合同”的目的主要是规避法律关于强制招投标等相关硬性规定。“黑白合同”的危害在于，其损害了其他投标人或第三人的合法权益，使招投标制度形同虚设，逃避政府主管部门的监管。

目前，处理“黑白合同”问题的法律依据，主要是《民法典》第146条、第153条、第154条等，《招标投标法》第46条，2020年《建设工程司法解释》第2条、第22～24条。2004年《建设工程司法解释一》第21条对“黑合同”的认定是看其内容与“白合同”是否有实质性不同。司法实践中的难点在于，如何认定实质性内容不一致，其判断标准是什么？目前在司法实践中，对于背离合同实质性内容的程度，属于法官自由裁量的范畴。[1] 这也是司法实践中最重要的难点，相对而言，2018年《建设工程司法解释二》和2020年《建设工程司法解释》的规定更具可操作性。除此之外，还有以下两个问题：第一，“黑合同”是否必然无效？第二，基于“黑合同”而达成

〔1〕 最高人民法院民事审判第一庭编：《民事审判指导与参考》（总第57辑），人民法院出版社2014年版，第157页。

的结算协议的效力如何认定？

如何认定“黑白合同”的实质性内容不一致？最高人民法院有权威的解答。

即关于如何认定备案合同与未备案合同的内容发生实质性变化，最高人民法院解答如下：施工合同的内容主要包括工程范围、建设工期、中间交工工程的开工和竣工时间、工程质量、工程造价、技术资料交付时间、材料和设备供应责任、拨款和结算、竣工验收、质量保修范围和质量保修期、双方相互协作等条款。建设工程施工合同中事关当事人权利义务的核心条款是工程结算，而影响工程结算的主要涉及三个方面：工程质量、工程期限和工程价款。工程质量，是指建设工程施工合同约定的工程具体条件，也是这一工程区别于其他同类工程的具体特征。工程期限，是指建设工程施工合同中约定的工程完工并交付验收的时间。工程价款，是指发包人按照合同约定应当支付给施工人为其施工建设的对价。如果备案和未备案的两份建设工程施工合同在施工质量、计付价款等方面发生变化，当无疑义属于实质性内容的变化，未备案的合同应属于无效的“黑合同”。[1]

第一个问题，“黑合同”是否必然无效？由于各地法院对《招标投标法》第46条和2004年《建设工程司法解释一》第21条的理解与适用不同，导致对合同效力的认定也不一致。笔者认为，即便在2020年《建设工程司法解释》施行前，依据上述两个条文将“黑合同”一律认定为无效也是欠妥的。其一，《招标投标法》第46条属于管理性强制性规范，而非效力性强制性规范。其二，2004年《建设工程司法解释一》第21条解决的是“黑白合同”中哪个合同可以作为结算工程价款依据的问题，并非指明另一合同就是无效的。其三，只要“黑合同”的实质性内容没有降低工程质量标准，也没有损害到其他投标人的利益，就应当优先适用“黑合同”中的约定，至于对违反法律管理性强制性规定的行为，可以由行政主管部门进行行政处罚，二者并不矛盾。其四，即使“黑合同”无效，也应当是因该合同本身违反法律、行政法规的效力性强制性规定，而非因其“黑”。2020年《建设工程司法解释》解决的也是“黑白合同”中哪个合同可以作为结算工程价款依据的问题，而非合同效力问题。

第二个问题，当事人基于“黑合同”进行工程价款结算并达成结算协议，如何认定其效力？有观点认为，存在“黑白合同”的情况下，当事人基于“黑合同”达成结算协议的，违反了《招标投标法》强制性的规定，不应认可其效力。笔者认为，当事人虽基于“黑合同”达成结算协议，但如果该协议系双方真实意思表示，其内容不违反

〔1〕 最高人民法院民事审判第一庭编：《民事审判指导与参考》（总第53辑），人民法院出版社2013年版，“民事审判信箱”。

法律、行政法规的效力性强制性规定，不存在欺诈、胁迫等法定撤销事由，则应认定该结算协议有效。因为结算协议系双方当事人之间对债权债务关系进行清理性质的协议，结算协议具有独立性，其效力独立于“黑白合同”，应当认可其效力。

“黑白合同”的效力问题，最为核心、争议最大的还是《招标投标法》第46条第1款规定的“合同实质性内容”在个案中的认定问题。

典型案例裁判观点及评析

最高人民法院(2015)民一终字第43号案件裁判观点：依据《四方协议》进行结算，并不违反《建设工程司法解释一》第21条的规定。该条的规范目的是在出现针对同一工程先后签订两份实质性内容不一致的建设工程施工合同，其中一份为备案的中标合同时，以何作为结算工程价款依据。从该规范目的可知，本条所指两份合同应均为建设工程施工合同，即两份合同约定的主要权利义务都是一方完成案涉工程，另一方给付工程款。案涉《四方协议》则主要是终止之前签订的《施工合同》，并对工程款等款项的结算以及退场事宜作出的约定，其并不要求承包人继续施工至案涉工程完工。显然，其不具备建设施工合同中约定承包方施工至工程完成的特征，不符合《建设工程司法解释一》第21条适用的对象特征。从《施工合同》与《四方协议》签订先后时间及其内容来看，《四方协议》约定了《施工合同》终止后，双方工程款、材料款给付及相关施工设施的处理情况，属于双方对案涉工程的结算范畴。故不存在《四方协议》部分内容因与《施工合同》内容不一致而无效的问题。

要点评析：具有结算性质的协议有其独立性，不受建设工程施工合同效力的影响，不属于“黑白合同”问题，也不符合2004年《建设工程司法解释一》第21条的适用对象。

最高人民法院(2018)最高法民申4527号案件裁判观点：《建设工程司法解释一》第21条规定适用前提一般是备案的中标合同系有效合同，而本案备案中标合同《建设工程施工合同》属于无效合同，因此，该合同不能作为结算工程款的依据。

要点评析：2004年《建设工程司法解释一》第21条规定适用的前提是备案的中标合同有效。如果该合同无效，则不适用该条规定。

三、施工企业超越施工资质等级的情形

为保证建设工程质量和施工安全，法律对承包人资质作了严格规定。承包人

应当具备相应的施工资质，并在其资质等级许可的业务范围内承揽工程。为规范建筑市场秩序，加强建筑活动监管，保证建设工程质量安全，促进建筑业科学发展，住房和城乡建设部制定了《建筑业企业资质标准》。《建筑法》第 26 条规定："承包建筑工程的单位应当持有依法取得的资质证书，并在其资质等级许可的业务范围内承揽工程。禁止建筑施工企业超越本企业资质等级许可的业务范围或者以任何形式用其他建筑施工企业的名义承揽工程。禁止建筑施工企业以任何形式允许其他单位或者个人使用本企业的资质证书、营业执照，以本企业的名义承揽工程。"根据 2020 年《建设工程司法解释》第 1 条规定，承包人未取得建筑施工企业资质或者超越资质等级的，没有资质的实际施工人借用有资质的建筑施工企业名义的，均认定为无效。

如前文所述，2020 年《建设工程司法解释》第 1 条关于超越资质等级无效的规定并非效力性强制性规定，而是最高人民法院通过司法解释的形式将《建筑法》第 26 条关于"禁止建筑施工企业超越本企业资质等级许可的业务范围承揽工程"的规定解释为效力性强制性规定。违反此规定的，施工合同无效。

没有施工资质的情况较为容易判断。司法实践中，超越施工资质等级承揽工程的情形却难以判断，其难度并不在于对"超越施工资质等级"本身的理解与适用上，而在于建设工程施工合同纠纷案件中很少在法庭调查阶段调查核实案涉工程所需施工资质的等级及承包人的施工资质等级，甚至很少有人关注《建筑业企业资质标准》。

《建筑业企业资质标准》规定："建筑业企业资质分为施工总承包、专业承包和施工劳务三个序列。除施工劳务序列不分类别和等级外，每个序列都有具体的类别和等级。施工总承包工程应由取得相应施工总承包资质的企业承担。取得施工总承包资质的企业可以对所承接的施工总承包工程内各专业工程全部自行施工，也可以将专业工程依法进行分包。对设有资质的专业工程进行分包时，应分包给具有相应专业承包资质的企业。施工总承包企业将劳务作业分包时，应分包给具有施工劳务资质的企业。设有专业承包资质的专业工程单独发包时，应由取得相应专业承包资质的企业承担。取得专业承包资质的企业可以承接具有施工总承包资质的企业依法分包的专业工程或建设单位依法发包的专业工程。取得专业承包资质的企业应对所承接的专业工程全部自行组织施工，劳务作业可以分包，但应分包给具有施工劳务资质的企业。取得施工劳务资质的企业可以承接具有施工总承包资质或专业承包资质的企业分包的劳务作业。"

此标准为部门规章,法院在审理案件时对部门规章也只是"可以参照"。目前,我国现行法律及行政法规并无关于建筑业施工资质等级的具体规定,只有部门规章中才有。如果不依据或参照该部门规章,那么《建筑法》及2020年《建设工程司法解释》规定的"禁止建筑施工企业超越本企业资质等级许可的业务范围"和"超越资质等级"就没有了参照和依据。因此,此类部门规章,要么上升为行政法规或被行政法规吸收,要么在司法实践中参照适用,否则,其价值虽无可替代但又无从发挥。

司法实践中,施工企业超越施工资质等级而承揽工程的,其所签订的建设工程施工合同并非绝对无效。2020年《建设工程司法解释》第4条规定:"承包人超越资质等级许可的业务范围签订建设工程施工合同,在建设工程竣工前取得相应资质等级,当事人请求按照无效合同处理的,人民法院不予支持。"即施工企业在建设工程竣工前取得相应的资质等级,建设工程施工合同有效。这也是后面将要探讨的合同效力的补正问题。

典型案例裁判观点及评析

广西壮族自治区高级人民法院(2014)桂民再字第4号案件裁判观点:承包人的施工资质等级为水利水电工程施工总承包三级,承包工程范围为装机容量10MW及以下水利水电工程施工。而本案水晶塘电站的设计总装机容量为3×6300KW,承包人已超越施工资质等级许可范围承包本案工程施工。依照《建设工程司法解释一》第1条第1项"承包人未取得建筑施工企业资质或者超越资质等级的,应当根据《合同法》第52条第5项的规定,认定无效"的规定,应当认定发包人与承包人签订的《施工合同》为无效合同。

要点评析:承包人超越资质等级承揽工程,违反《建筑法》第26条的效力性强制性规定,所签订的建设工程施工合同应认定为无效。

四、借用施工资质的情形

借用施工资质是建设工程施工合同案件中经常遇到的情形。什么是借用施工资质?最高人民法院在(2015)民申字第2412号案件中认为:"所谓借用资质,就是没有资质或者资质等级不符合建设工程资质标准的企业或者个人,以有资质或者资质等级标准与承包工程相符的施工企业的名义与他人签订建设工程施工合同。"

为何存在借用资质情形?一方面,《建筑法》要求承包人应当持有资质证书并在资质等级许可的业务范围内承揽工程。换言之,没有施工资质或不符合施工资质等级业务范围的,不得承揽工程。另一方面,没有施工资质的自然人或施工资质等级不符合要求的企业,可以通过不正当的方式承揽到工程项目,而施工资质符合要求的建筑企业,却难以承揽到工程项目。这是我国建筑市场的怪象之一。其中原因,有建筑企业违法出借施工资质的问题,有建设单位违规操作的问题,也有行业主管部门监管不到位的问题,也可能涉及腐败等其他违法行为。

借用施工资质的行为,实务中称为"挂靠",借用施工资质一方称为"挂靠人",出借资质一方称为"被挂靠人"。住房和城乡建设部《建筑工程施工发包与承包违法行为认定查处管理办法》(建市规〔2019〕1号)第9条规定:"本办法所称挂靠,是指单位或个人以其他有资质的施工单位的名义承揽工程的行为。前款所称承揽工程,包括参与投标、订立合同、办理有关施工手续、从事施工等活动。"第10条规定:"存在下列情形之一的,属于挂靠:(一)没有资质的单位或个人借用其他施工单位的资质承揽工程的;(二)有资质的施工单位相互借用资质承揽工程的,包括资质等级低的借用资质等级高的,资质等级高的借用资质等级低的,相同资质等级相互借用的;(三)本办法第八条第一款第(三)项至第(九)项规定的情形,有证据证明属于挂靠的。"

根据上述规定,将实务中常见的挂靠类型归纳如下:

第一种类型:没有施工资质借用施工企业的施工资质。比如,不具有从事建筑活动主体资格的个人、个体工商户、合伙组织或企业,借用施工企业的施工资质,以其名义承揽工程。

第二种类型:低等级施工资质的施工企业借用高等级施工资质的施工企业名义承揽工程。

第三种类型:没有施工总承包资质的施工企业借用有施工总承包资质的施工企业的名义承揽工程。

第四种类型:以名义上的联营、合作、内部承包等其他方式变相允许他人(包括但不限于上述三种类型)以本企业的名义承揽工程。

无论是上述哪种类型的借用施工资质的行为,均有一个共同特征——借用资质一方自筹资金、自行组织施工、自负盈亏,出借施工资质一方只收取管理费,不参与工程施工、管理,不承担技术、质量和经济责任。借用施工资质,导致建设工程的承包主体和实际施工主体分离,使法律、行政法规确定的施工资质管理制度被架空,因而被禁止。借用施工资质的行为,违反《建筑法》第26条第2款规定"禁止建筑施工企业……或者以任何形式用其他建筑施工企业的名义承揽工程。禁止建筑施工企业以任何形式允许其他单位或者个人使用本企业的资质证书、营业执照,以本企业的名义承揽工程”的情形,根据《民法典》第153条及2020年《建设工程司法解释》第1条之规定,应认定为无效。

借用施工资质的行为,使借用施工资质一方、出借施工资质一方和发包人等三方主体之间存在两个合同关系:一是借用资质即挂靠合同关系;二是建设工程施工合同关系。挂靠合同违反上述法律的效力性强制性规定,应认定为合同无效。实务中对此并无争议。

借用施工资质签订建设工程施工合同的行为,最高人民法院民一庭如此解读:“实际施工人借用有资质的建筑施工企业与发包人签订建设工程施工合同,实际包含两个法律行为:一是以虚假意思表示实施的民事法律行为,即出借资质的建筑施工企业与发包人签订的建设工程施工合同。二是以虚假的意思表示隐藏的民事法律行为,即借用资质的实际施工人使用出借资质的建筑施工企业与发包人签订的建设工程施工合同。”[1]

《民法典》第146条规定:“行为人与相对人以虚假的意思表示实施的民事法律行为无效。以虚假的意思表示隐藏的民事法律行为的效力,依照有关法律规定处理。”对此,最高人民法院是这样解读的:“所谓虚伪的意思表示,是指行为人与相对人都知道自己所表示的意思并非真意,通谋作出与真意不一致的意思表示。所谓隐藏行为,是指被虚伪的意思表示所隐藏,双方当事人真心所欲达成的民事法律行为。”[2]

根据上述规定,借用施工资质行为是否导致所签订的建设工程施工合同无效,取决于发包人与被挂靠人是否通谋作出与真意不一致的意思表示。换言之,在签订合同过程中,发包人是否善意、是否知道挂靠情形,将决定施工合同的效力。如果发包人不知道挂靠情形,或者有理由相信被挂靠人就是承包人,则应优先保护善意相对方的利益,双方所签订的建设工程施工合同应约束善意相对人和被挂靠人,该合同应为有效。如果发包人在签订建设工程施工合同时知道挂靠情形,即发包人与被挂靠人通谋作出虚假意思表示,则根据上述第146条之规定,合同应为无效。

---

〔1〕 最高人民法院民一庭编著:《最高人民法院建设工程施工合同司法解释(二)理解与适用》,人民法院出版社2019年版,第500页。

〔2〕 最高人民法院民法典贯彻实施工作领导小组主编:《中华人民共和国民法典总则编理解与适用》,人民法院出版社2020年版,第729~730页。

实务中，借用施工资质情形下的建设工程施工合同未必全部被确认为无效，除上述不存在通谋虚假意思表示外，还有其他原因。其一，有些合同履行过程中未产生纠纷，或虽有纠纷，但经过当事人妥协或让步后，合同最终履行完毕，当事人未提起诉讼或申请仲裁。其二，借用资质行为具有一定的隐蔽性，只要当事人不自行暴露，司法机关在认定上存在困难，有"漏网之鱼"在所难免。在正常情况下，如果没有发包人的违规操作或默认，借用施工资质情形存在的可能性将大大降低。因为借用施工资质情形有别于转包，一般是借用施工资质一方通过私下运作先基本谈妥承揽事项后，再向符合施工资质要求的建筑企业借用资质，或者借用方以出借方的名义并参与投标、签订合同等。也就是说，多数情况下，借用施工资质所签订的施工合同是通谋作出虚假意思表示的结果。

典型案例裁判观点及评析

最高人民法院（2017）最高法民申3613号案件裁判观点：而在挂靠施工情形中，存在两个不同性质、不同内容的法律关系，一为建设工程法律关系，二为挂靠法律关系，根据合同相对性原则，各方的权利义务关系应当根据相关合同分别处理。

要点评析：借用施工资质的挂靠情形中，存在建设工程施工合同和挂靠合同两种法律关系。

最高人民法院（2020）最高法民辖12号案件裁判观点：挂靠是指挂靠者通过借用被挂靠者的资质证书、营业执照、银行账户等资质，以被挂靠企业名义对外开展业务，挂靠者一般自负盈亏，被挂靠者收取固定管理费或者挂靠费。非法转包、分包往往是承包方在承包案涉工程后，再将工程整体转包或者一部分内容分包，而挂靠通常是实际施工人事先与承包人进行约定后再承包工程，一般而言，非法转包、分包实际施工人可能有相应施工资质，但挂靠人基本都没有施工资质。

要点评析：挂靠与非法转包和违法分包的重要区别在于，挂靠是当事人先约定挂靠后承揽工程；非法转包和违法分包是先承揽工程后约定转包或分包。

最高人民法院（2020）最高法民申2266号和（2020）最高法民申2242号案件裁判观点：根据《建设工程司法解释一》第26条的规定，非法转包关系项下实际施工人可同时向发包人和转包人主张权利。在挂靠关系项下，被借用资质方即被挂靠方欠缺与发包人订立施工合同的真实意思表示，而实际施工人与发包人在订立和履行施工合同的过程中形成事实上的法律关系，除非有特别约定，实际施工人只能向发包人主张权利。

要点评析：挂靠情形下的实际施工人有别于转包和违法分包情形下的实际施工人，其可能与发包人形成事实上的建设工程施工合同关系，此时，实际施工人只能向发包人主张权利，而不能向被挂靠人主张权利。

五、非法转包的情形

《建设工程质量管理条例》第78条对转包的定义如下："转包，指承包单位承包建设工程后，不履行合同约定的责任和义务，将其承包的全部建设工程转给他人或者将其承包的全部建设工程肢解以后以分包的名义分别转给其他单位承包的行为。"

住房和城乡建设部《建筑工程施工发包与承包违法行为认定查处管理办法》(建市规〔2019〕1号)第7条对转包的定义与《建设工程质量管理条例》基本相同。而且，其第8条规定："存在下列情形之一的，应当认定为转包，但有证据证明属于挂靠或者其他违法行为的除外：(一)承包单位将其承包的全部工程转给其他单位(包括母公司承接建筑工程后将所承接工程交由具有独立法人资格的子公司施工的情形)或个人施工的；(二)承包单位将其承包的全部工程肢解以后，以分包的名义分别转给其他单位或个人施工的；(三)施工总承包单位或专业承包单位未派驻项目负责人、技术负责人、质量管理负责人、安全管理负责人等主要管理人员，或派驻的项目负责人、技术负责人、质量管理负责人、安全管理负责人中一人及以上与施工单位没有订立劳动合同且没有建立劳动工资和社会养老保险关系，或派驻的项目负责人未对该工程的施工活动进行组织管理，又不能进行合理解释并提供相应证明的；(四)合同约定由承包单位负责采购的主要建筑材料、构配件及工程设备或租赁的施工机械设备，由其他单位或个人采购、租赁，或施工单位不能提供有关采购、租赁合同及发票等证明，又不能进行合理解释并提供相应证明的；(五)专业作业承包人承包的范围是承包单位承包的全部工程，专业作业承包人计取的是除上缴给承包单位'管理费'之外的全部工程价款的；(六)承包单位通过采取合作、联营、个人承包等形式或名义，直接或变相将其承包的全部工程转给其他单位或个人施工的；(七)专业工程的发包单位不是该工程的施工总承包或专业承包单位的，但建设单位依约作为发包单位的除外；(八)专业作业的发包单位不是该工程承包单位的；(九)施工合同主体之间没有工程款收付关系，或者承包单位收到款项后又将款项转拨给其他单位和个人,又不能进行合理解释并提供材料证明的。两个以上的单位组成联合体承包工程,在联合体分工协议中约定或者在项目实际实施过程中,联合体一方不进行施工也未对施工活动进行组织管理的,并且向联合体其他方收取管理费或者其他类似费用的,视为联合体一方将承包的工程转包给联合体其他方。"

《民法典》第 791 条、《建筑法》第 28 条、《建设工程质量管理条例》第 25 条以及 2020 年《建设工程司法解释》第 1 条等规定均明确规定禁止工程转包和非法转包的后果。因此,一切形式的工程转包都是非法转包,是违反法律禁止性规定的行为,基于工程转包而签订的建设工程施工合同无效。

实务中,建设工程非法转包与挂靠容易混淆。住房和城乡建设部《建筑工程施工发包与承包违法行为认定查处管理办法》第 8 条规定"存在下列情形之一的,应当认定为转包,但有证据证明属于挂靠或者其他违法行为的除外……";第 10 条第 3 项规定,"本办法第八条第一款第(三)项至第(九)项规定的情形,有证据证明属于挂靠的"属于挂靠。

从上述规定不难看出,非法转包和挂靠确实容易混淆。二者可能产生的混淆点在于:当非法转包人将工程转包给没有施工资质或施工资质不符合建设工程资质等级标准的实际施工人时,就存在后者借用非法转包人的资质并挂靠在非法转包人名下施工的问题。笔者认为,可以通过以下方式分辨非法转包和挂靠:如果非法转包人承包工程后才与非法转包的承包人存在工程转包的合意,双方之间应为工程转包关系;如果在非法转包人承包工程前,非法转包的承包人以非法转包人的名义与发包人洽谈,或洽谈好后才联络的非法转包人,双方之间应为挂靠关系。

典型案例裁判观点及评析

最高人民法院(2017)最高法民申 4349 号案件裁判观点:就双方当事人争议的挂靠与转包而言,挂靠区别于转包的关键是,在挂靠中实际施工人借用具有建筑资质的单位的资质,并直接从发包人处获取工程。

要点评析:挂靠人借用被挂靠人的施工资质直接从发包人处承揽工程,是挂靠区别于非法转包和违法分包的关键。

六、违法分包的情形

工程不存在合法转包的情形,但存在合法分包的情形,即工程分包有合法与违法之分。《建设工程质量管理条例》第 78 条将下列行为定性为违法分包:“(一)总承包单位将建设工程分包给不具备相应资质条件的单位的;(二)建设工程总承包合同中未有约定,又未经建设单位认可,承包单位将其承包的部分建设工程交由其他单位完成的;(三)施工总承包单位将建设工程主体结构的施工分包给其他单位的;(四)分包单位将其承包的建设工程再分包的。”

住房和城乡建设部《建筑工程施工发包与承包违法行为认定查处管理办法》第 12 条对属于违法发包的情形进行了规定:“存在下列情形之一的,属于违法分包:(一)承包单位将其承包的工程分包给个人的;(二)施工总承包单位或专业承包单位将工程分包给不具备相应资质单位的;(三)施工总承包单位将施工总承包合同范围内工程主体结构的施工分包给其他单位的,钢结构工程除外;(四)专业分包单位将其承包的专业工程中非劳务作业部分再分包的;(五)专业作业承包人将其承包的劳务再分包的;(六)专业作业承包人除计取劳务作业费用外,还计取主要建筑材料款和大中型施工机械设备、主要周转材料费用的。”

上述违法分包情形与《建筑法》第 28 条和第 29 条的规定相吻合。根据《建筑法》第 29 条第 3 款、《建设工程质量管理条例》第 78 条第 2 款和 2020 年《建设工程司法解释》第 1 条等规定,因违法分包所签订的合同无效。

实务中,应当将劳务分包与工程分包区分开来。工程分包是将总承包工程中的一部分非主体工程分包给其他施工企业进行施工。建设工程分包合同实质上仍是建设工程施工合同。工程分包人以自己的劳动力、设备、原材料、管理等独立完成分包工程,其要求工程总承包人支付的是工程价款。劳务分包是将所承包工程中的劳务部分分包给他人。建设工程劳务分包合同本质上是劳务合同。劳务分包人提供的劳动力与承包人的材料、机械设备等相结合而完成工程施工,其要求工程承包人支付的是劳务报酬或工费。除上述主要区别外,二者还有其他区别,比如,工程分包需经发包人同意,而承包人进行劳务分包不需要发包人同意等。

典型案例裁判观点及评析

最高人民法院(2019)最高法民终 346 号案件裁判观点:施工总承包方与分包人签订《分包合同》,将案涉 A 标段工程中机组及部分附属项目建设工程进行分包,系经业主及工程总承包方同意,不属于《建设工程质量管理条例》第 78 条第 2 款第 2 项规定的“未经建设单位认可,承包单位将其承包的部分建设工程交由其他单位完成”的情形。而且,分包的工程范围为 A 标段工程项目中的土建工程,并非主体工程,分承包人亦具备相应的施工资质,不属于《建设工程质量管理条例》第78条第2款第1项、第2项规定的“违法分包”的情形。

要点评析:工程分包有别于工程转包,工程分包有合法分包和违法分包之分。

最高人民法院(2020)最高法民申1310号案件裁判观点:根据《建筑法》第29条规定:“禁止总承包单位将工程分包给不具备相应资质条件的单位。禁止分包单位将其承包的工程再分包”。刘某作为自然人,不具备劳务施工资质,其与承包单位签订分包合同,承接案涉工程清包五项,《工程合同书》违反法律的效力性强制性规定,二审法院认定《工程合同书》无效并无不当。

要点评析:违法分包因违反《建筑法》《建设工程质量管理条例》等效力性强制性规定而无效。

七、内部承包合同的效力

在建筑工程领域有一种特殊的经营模式,施工企业将其承包的工程以签订内部承包合同的形式,将全部或部分工程转交由企业下属分支机构或内部人员进行实际施工,内部承包人自负盈亏,施工企业收取一定管理费。这种经营模式通常称为建设工程内部承包制。其优点是,可以充分调动施工企业内部员工积极性,释放企业生产力,推动企业发展。虽然我国现行建筑领域立法对此尚无明确规定,但此种经营模式在实践中有其存在的合理性,且其本身尚不违反法律、行政法规的强制性规定。实践中因缺乏有效的监管和规制,内部承包人的范围有所扩大,内部承包制偏离了正常的轨道,可能变成非法转包、违法分包或挂靠等形式。

虽然现行立法对内部承包合同尚无明确规定,建设工程内部承包制也存在风险隐患,但对该种经营模式或内部承包合同的效力不应“一棒子打死”。囿于选题的限制,笔者对采用建设工程内部承包制的企业自身管理问题及如何规制暂且不谈,在此仅探讨两个问题:一是可以认定为内部承包合同的情形;二是内部承包合同的效力认定。

符合以下三大特征的,可认定为内部承包:

第一,建筑施工企业将所承包的建设工程再次承包给其下属分支机构或本单位在册的项目经理等本企业职工,两者之间存在管理与被管理的行政隶属关系;如果承包给个人的,两者之间须有合法的劳动关系和社会保险关系。

第二,内部承包人使用建筑施工企业的施工资质、企业名称等在建筑施工企业的管理和监督下进行项目施工。施工现场的项目经理或其他现场管理人员，由建筑施工企业统一聘用、任免和调动。

第三，内部承包人组织项目施工所需的人、材、机及资金，由建筑施工企业予以协调支持。内部承包人在建筑施工企业统一管理和监督下独立核算、自负盈亏。

上述特征使内部承包有别于非法转包、违法分包和挂靠等违法行为，也是实践中甄别内部承包和名为内部承包实为非法转包、违法分包和挂靠的有效方式之一。在司法实践中，多省高级人民法院已意识到内部承包存在的合理性并认可其效力。

比如，浙江省高级人民法院《关于审理建设工程施工合同纠纷案件若干疑难问题的解答》(2012 年)第 1 条规定："建设工程施工合同的承包人与其下属分支机构或在册职工签订合同，将其承包的全部或部分工程承包给其下属分支机构或职工施工，并在资金、技术、设备、人力等方面给予支持的，可认定为企业内部承包合同；当事人以内部承包合同的承包方无施工资质为由，主张该内部承包合同无效的，不予支持。"

北京市高级人民法院《关于审理建设工程施工合同纠纷案件若干疑难问题的解答》(2012 年)第 5 条规定："建设工程施工合同的承包人将其承包的全部或部分工程交由其下属的分支机构或在册的项目经理等企业职工个人承包施工，承包人对工程施工过程及质量进行管理，对外承担施工合同权利义务的，属于企业内部承包行为；发包人以内部承包人缺乏施工资质为由主张施工合同无效的，不予支持。"

福建省高级人民法院《关于审理建设工程施工合同纠纷案件疑难问题的解答》(2007 年)第 1 条规定："建设工程施工合同的承包人与其下属分支机构或职工就所承包的全部或部分工程施工所签订的承包合同为企业内部承包合同，属建筑施工企业的一种内部经营方式，法律和行政法规对此并不禁止，承包人仍应对工程施工过程及质量等进行管理，对外承担施工合同的权利义务。当事人以内部承包合同的承包方无施工资质为由主张合同无效的，不予支持。"

也有不认可内容承包合同效力的。新疆维吾尔自治区高级人民法院在(2020)新民终 125 号案件中认为："挂靠关系的情况下，挂靠者以被挂靠者的名义承揽工程后，自己组织施工队伍、机械设备，自己筹集资金，自主经营，自负盈亏。被挂靠者不参与工程施工，只收取管理费，不承担工程施工管理，不承担技术、质量、经济责任。本案中，黄某与三联公司签订的内部承包合同中约定，黄某需服从三联公司安排，三联公司在黄某施工进展缓慢的情况下将部分工程安排他人施工，对整体工程进行实际管控，提供甲供材，就整体工程对外承担责任，故双方之间法律关系不符合挂靠关系的特征,不属于挂靠关系。劳务承包合同关系下,合同内容指向工程的施工劳务,而不是指向分部分项工程,承包人是具有相应资质的劳务企业,只能计取直接费中的人工费及相应管理费。本案中,黄某与三联公司签订的内部承包合同约定黄某承包经营三联公司工程,黄某须向三联公司支付管理费、承担营业税等,双方的结算遵循三联公司与业主签订的施工合同,双方之间的关系不符合劳务分包的特征,故亦非劳务分包合同。根据本案查明事实,三联公司将其承揽的部分工程项目以内部承包方式交由黄某实际施工,违反了《建筑法》第12条、第29条的相关规定,应认定黄某与三联公司构成违法分包,故内部承包合同无效。"

建设工程内部承包合同系当事人真实意思表示,内容不违反法律、行政法规的效力性强制性规定,应当认可其效力。甚至可以考虑适当鼓励建设工程内部承包制,充分调动建筑施工企业和内部承包人的积极性,同时加强建筑施工企业对建设工程项目的管理和监督,以确保工程质量和施工安全。

典型案例裁判观点及评析

最高人民法院(2019)最高法民申4783号案件裁判观点:中城投公司虽主张案涉四份施工协议承包人是分公司徐某项目部、徐某为分公司内部职员、其与徐某之间为合法有效的内部承包关系,但判断是否构成职工内部承包关系的前提是当事人之间是否具有劳动关系。中城投公司认可其与徐某之间并无劳动合同,也未给徐某支付工资及缴纳社会保险,因此,对于中城投公司其与徐某系内部承包关系,本院不予采信。

要点评析:《内部承包合同》的承包人为自然人的,须以其与总承包人存在劳动关系为前提。

最高人民法院(2019)最高法民再329号案件裁判观点:建筑企业的内部承包关系是指建设工程施工合同中的建筑企业的下属分支机构或职工承包全部或部分工程施工,建筑企业对其下属分支机构或职工的工程施工过程及质量等进行监督管理,对外承担施工合同的权利义务,是建筑企业的一种内部经营方式。从《挂靠协议》内容看,朱某借用中顶公司资质承揽工程,并自行组织施工,自筹资金、自主经营、自负盈亏,中顶公司并不承担技术、质量、经济责任。从工程施工过程及质量等监督管理关系看,中顶公司并无证据证明参与工程施工管理,本案中也并未有体现中顶公司对朱某所承包施工的工程过程及质量进行监督管理的其他证据,不符合内部承包的基本特征。从实际履行行为看,案涉工程履行期内,中顶公司认可案涉工程一直由朱某与国土资源局实际联系并承包本项目;国土资源局认可朱某负责案涉工程施工事宜,包括工程的招投标、合同的签订、工程的施工以及工程的结算,并向其多次主张工程款,中顶公司从未向其主张过工程款,可判断本案实际存在违反《建筑法》第26条第2款规定的情形,不符合内部承包的基本特征。

要点评析:《内部承包合同》须符合内部承包责任制的基本特征方可有效,以区别于挂靠、非法转包等违法情形。

八、建设工程必须招标的情形

2020年《建设工程司法解释》第1条第1款第3项规定,建设工程必须进行招标而未招标的,所签订的建设工程施工合同无效。所以,在建设工程施工合同纠纷案件中,诉争合同项下的建设工程是否属于必须招标的工程范围及有无招标的事实是必须调查核实的内容。在司法实践中,建设工程有无进行招投标的事实容易查证,但是否属于必须进行招标的工程范围,却是一大难题。

《招标投标法》第3条规定:"在中华人民共和国境内进行下列工程建设项目包括项目的勘察、设计、施工、监理以及与工程建设有关的重要设备、材料等的采购,必须进行招标:(一)大型基础设施、公用事业等关系社会公共利益、公众安全的项目;(二)全部或者部分使用国有资金投资或者国家融资的项目;(三)使用国际组织或者外国政府贷款、援助资金的项目。前款所列项目的具体范围和规模标准,由国务院发展计划部门会同国务院有关部门制订,报国务院批准。法律或者国务院对必须进行招标的其他项目的范围有规定的,依照其规定。"

国家发展和改革委员会2018年6月1日施行的《必须招标的工程项目规定》第2条规定:"全部或者部分使用国有资金投资或者国家融资的项目包括:(一)使用预算资金200万元人民币以上,并且该资金占投资额10%以上的项目;(二)使用国有企业事业单位资金,并且该资金占控股或者主导地位的项目。"第3条规定:"使用国际组织或者外国政府贷款、援助资金的项目包括:(一)使用世界银行、亚洲开发银行等国际组织贷款、援助资金的项目;(二)使用外国政府及其机构贷款、援助资金的项目。"第4条规定:"不属于本规定第二条、第三条规定情形的大型基础设施、公用事业等关系社会公共利益、公众安全的项目,必须招标的具体范围由国务院发展改革部门会同国务院有关部门按照确有必要、严格限定的原则制订,报国务院批准。"第5条规定:"本规定第二条至第四条规定范围内的项目,其勘察、设计、施工、监理以及与工程建设有关的重要设备、材料等的采购达到下列标准之一的，必须招标：（一）施工单项合同估算价在400万元人民币以上……”

国家发展和改革委员会2018年6月6日施行的《必须招标的基础设施和公用事业项目范围规定》第2条规定：“不属于《必须招标的工程项目规定》第二条、第三条规定情形的大型基础设施、公用事业等关系社会公共利益、公众安全的项目，必须招标的具体范围包括：（一）煤炭、石油、天然气、电力、新能源等能源基础设施项目；（二）铁路、公路、管道、水运，以及公共航空和A1级通用机场等交通运输基础设施项目；（三）电信枢纽、通信信息网络等通信基础设施项目；（四）防洪、灌溉、排涝、引（供）水等水利基础设施项目；（五）城市轨道交通等城建项目。”

司法实践中的难题在于对国有企业的认定。在现行法律框架下，法律、行政法规均未对国有企业进行界定，但出于监管、统计等目的，国有企业的模糊概念多出现于部门规章及其他规范性文件中。常见的有以下几种。

财政部《关于国有企业认定问题有关意见的函》（财企函〔2003〕9号）第3条规定：“对‘国有公司、企业’的认定，应从以下角度加以分析：1. 从企业资本构成的角度看，‘国有公司、企业’应包括企业的所有者权益全部归国家所有、属《企业法》调整的各类全民所有制企业、公司以及《公司法》颁布后注册登记的国有独资公司、由多个国有单位出资组建的有限责任公司和股份有限公司。2. 从企业控制力的角度看，‘国有公司、企业’还应涵盖国有控股企业，其中对国有股权超过50%的绝对控股企业，因国有股权处于绝对控制地位，应属‘国有公司、企业’范畴。”

国家统计局《关于对国有公司企业认定意见的函》（国统函〔2003〕44号）规定：“国有企业有广义、狭义之分。广义的国有企业是指具有国家资本金的企业，可分为三个层次：一、纯国有企业。包括国有独资企业、国有独资公司和国有联营企业三种形式，企业的资本金全部为国家所有。二、国有控股企业。根据国家统计局《关于统计上国有经济控股情况的分类办法》的规定，国有控股包括国有绝对控股和国有相对控股两种形式。三、国有参股企业。是指具有部分国家资本金，但国家不控股的企业。狭义的国有企业，仅指纯国有企业。”

国家统计局《关于划分企业登记注册类型的规定调整的通知》（国统字〔2011〕86号）第3条规定：“国有企业是指企业全部资产归国家所有，并按《中华人民共和国企业法人登记管理条例》规定登记注册的非公司制的经济组织。不包括有限责任公司中的国有独资公司。”

上述规范性文件中对国有企业的定义较为模糊且相互矛盾。期待有关部门能尽快给国有企业一个相对明确可区分的定义或范围。笔者认为,《必须招标的工程项目规定》中的国有企业,是指国务院和地方人民政府分别代表国家履行出资人职责的国有独资企业、国有独资公司以及国有资本控股公司,包括中央和地方国有资产监督管理机构和其他部门所监管的企业本级及其逐级投资形成的企业。

另外,非强制招投标项目,当事人自愿履行招投标程序的,根据《招标投标法》第2条之规定,应受《招标投标法》的约束。最高人民法院在(2019)最高法民终1925号案件中认为:“即便对于非必须招标的项目,如当事人自愿选择通过招投标程序订立合同,也应当受《招标投标法》的约束。”

典型案例裁判观点及评析

最高人民法院(2020)最高法民申2223号案件裁判观点:案涉合同系在发包人向承包人发出中标通知书之前签订,但根据2018年6月施行的《必须招标的工程项目规定》及《必须招标的基础设施和公用事业项目范围规定》,案涉工程不再属于必须招标的工程项目。原审法院参照《合同法解释一》第3条的规定,并结合合同履行情况,认定案涉合同有效、应予解除,并无不当。

要点评析:此裁判观点与最高人民法院在(2019)最高法民终1925号案件中的裁判观点相矛盾。非必须投标的建设工程项目,当事人自愿选择通过招投标程序订立合同的,根据《招标投标法》第2条之规定,受《招标投标法》的约束,违反该法效力性强制性规定的,应认定无效。

北京市高级人民法院(2017)京民终252号案件裁判观点:依据《招标投标法》第3条的规定,涉案工程投资建设方系国有公司,涉案工程涉及使用国有资金投资建设且工程规模属于必须招标的范围,由于涉案工程项目建设未进行招标,因此当事人之间签订的建设工程施工合同无效。

要点评析:必须投标的项目未经招投标程序而签订建设工程施工合同,因违反《招标投标法》的效力性强制性规定而无效。

九、中标无效的情形

根据2020年《建设工程司法解释》第1条之规定,具有“中标无效”情形的建设工程施工合同应认定为无效。“中标无效”的情形散见于《招标投标法》,具体内容如下。

第 50 条规定："招标代理机构违反本法规定，泄露应当保密的与招标投标活动有关的情况和资料的，或者与招标人、投标人串通损害国家利益、社会公共利益或者他人合法权益的……前款所列行为影响中标结果的，中标无效。"

第 52 条规定："依法必须进行招标的项目的招标人向他人透露已获取招标文件的潜在投标人的名称、数量或者可能影响公平竞争的有关招标投标的其他情况的，或者泄露标底的……前款所列行为影响中标结果的，中标无效。"

第 53 条规定："投标人相互串通投标或者与招标人串通投标的，投标人以向招标人或者评标委员会成员行贿的手段谋取中标的，中标无效。"

第 54 条规定："投标人以他人名义投标或者以其他方式弄虚作假，骗取中标的，中标无效。"

第 55 条规定："依法必须进行招标的项目，招标人违反本法规定，与投标人就投标价格、投标方案等实质性内容进行谈判的……前款所列行为影响中标结果的，中标无效。"

第 57 条规定："招标人在评标委员会依法推荐的中标候选人以外确定中标人的，依法必须进行招标的项目在所有投标被评标委员会否决后自行确定中标人的，中标无效。"

归纳起来，上述中标无效情形一共六种：泄露标的；围标、串标；借用他人名义投标；招标代理机构泄露招标资料；招标、投标方私下接触；违法确定或更换评标专家。其中，《招标投标法》第 50 条、第 52 条、第 55 条规定的中标无效均有附加条件，即"影响中标结果的"，称为附条件的中标无效。第 53 条、第 54 条、第 57 条的规定不附加任何条件，只要出现所列举的行为之一，必然导致中标无效的法律后果，称为无条件的中标无效。

司法实践中存在两大难题：一是附条件中标无效的认定问题，即"影响中标结果的"界定；二是非必须招投标工程进行招投标后是否适用中标无效的规定。关于"影响中标结果的"，一直未有权威的界定。笔者认为，违反《招标投标法》第 50 条、第 52 条或第 55 条之规定且影响中标结果的，应当是凭借所禁止的违法行为而取得中标结果的。比如，招标人泄露标底，承包人得知标底而调整投标文件，最终凭借这一"优势"而中标。对于附加"影响中标结果的"无效情形，司法实践中自由裁量空间较大，期待有关部门发布相对明确的文件，以便于统一裁判标准。非必须招标工程项目，当事人自愿履行招投标程序的，根据《招标投标法》第 2 条之规定，应受《招标投标法》的约束。

典型案例裁判观点及评析

最高人民法院(2019)最高法民再295号案件裁判观点:案涉工程属于必须进行招标的工程,承包人中标之前,已经与发包人就案涉工程的实质内容进行了磋商,并签订施工合同作出明确约定,违反《招标投标法》的相关规定,二审法院认定发包人与承包人签订的施工合同无效,并无不当。

要点评析:根据《招标投标法》第55条之规定,招标人与投标人就投标价格、投标方案等实质性内容进行谈判的,属附条件的中标无效,影响中标结果的,才被认为中标无效。此类案例是中标无效情形中自由裁量空间最大的。

最高人民法院(2020)最高法民申348号案件裁判观点:《招标投标法》第43条规定:"在确定中标人前,招标人不得与投标人就投标价格、投标方案等实质性内容进行谈判。"第55条规定:"依法必须进行招标的项目,招标人违反本法规定,与投标人就投标价格、投标方案等实质性内容进行谈判的,给予警告,对单位直接负责的主管人员和其他直接责任人员依法给予处分。前款所列行为影响中标结果的,中标无效。"第65条规定:"投标人和其他利害关系人认为招标投标活动不符合本法有关规定的,有权向招标人提出异议或者依法向有关行政监督部门投诉。"依照前述法律规定,如果依法必须招标的工程项目没有招标即直接签订的建设工程施工合同,或者虽然进行了招标但中标无效后签订的建设工程施工合同,均应认定合同无效。涉案工程已经进行了招标,合同是否无效需依据中标是否无效进行认定。虽然《招标投标法》第43条规定在确定中标人前,招标人不得与投标人就投标价格、投标方案等实质性内容进行谈判,该规定也系强制性规定,但《招标投标法》第55条"依法必须进行招标的项目,招标人违反本法规定,与投标人就投标价格、投标方案等实质性内容进行谈判的,给予警告,对单位直接负责的主管人员和其他直接责任人员依法给予处分。前款所列行为影响中标结果的,中标无效"的规定表明:招标人违反本法规定,与投标人就投标价格、投标方案等实质性内容进行谈判的,只是对有关人员给予警告等处分,而非一概认定中标无效;只有在就投标价格、投标方案等实质性内容进行谈判的行为影响中标结果时,才能认定中标无效。也只有在中标无效的前提下,才能认定由此签订的合同无效。

要点评析:《招标投标法》规定的六种中标无效情形,其中三种是附条件的无效,只有"影响中标结果的",才被认定中标无效。违反六种中标情形之外的其他强制性规定的,不宜认定中标无效。

十、低于成本价中标的情形

低于成本价中标，是法律、行政法规和规章明令禁止的。其中，《招标投标法》第33条规定："投标人不得以低于成本的报价竞标，也不得以他人名义投标或者以其他方式弄虚作假，骗取中标。"其第41条规定："中标人的投标应当符合下列条件之一：……（二）能够满足招标文件的实质性要求，并且经评审的投标价格最低；但是投标价格低于成本的除外。"《招标投标法实施条例》第51条规定："有下列情形之一的，评标委员会应当否决其投标：……（五）投标报价低于成本或者高于招标文件设定的最高投标限价的……"《建设工程质量管理条例》第10条第1款规定："建设工程发包单位不得迫使承包方以低于成本的价格竞标，不得任意压缩合理工期。"《建筑工程施工发包与承包计价管理办法》第10条规定："投标报价不得低于工程成本，不得高于最高投标限价。"

关于低于成本价中标所签订建设工程施工合同的效力，上述规定及两部司法解释均未明确。相关规定散见于会议纪要和指导意见。

最高人民法院《全国民事审判工作会议纪要》（2011年）第24条第1款规定："对按照'最低价中标'等违规招标形式，以低于工程建设成本的工程项目标底订立的施工合同，应当依据招标投标法第四十一条第（二）项的规定认定无效。"

江苏省高级人民法院《关于审理建设工程施工合同纠纷案件若干问题的意见》（2008年）第3条规定："具有下列情形之一，当事人要求确认建设工程施工合同无效的，人民法院应予支持……（五）中标合同约定的工程价款低于成本价的。"

广东省高级人民法院《全省民事审判工作会议纪要》（2012年）第17条规定："要依法维护通过招投标方式所签订的中标合同的法律效力。对以低于工程建设成本的工程项目标底订立的施工合同，应当依据《招标投标法》第四十一条第（二）项的规定认定无效……"

广东省深圳市中级人民法院《关于建设工程合同若干问题的指导意见》（2010年）第6条规定："按照《中华人民共和国招标投标法》第3条规定必须进行招标的工程，经过招投标而签订的施工合同，承包人有证据证明工程价款低于成本价，主张合同无效的，应予支持。"

辽宁省沈阳市中级人民法院《关于建设工程施工合同纠纷审判实务相关疑难问题解答》（2015年）第1条规定："具有下列情形之一，当事人请求确认建设工程施工合同无效的，人民法院应予支持……（五）中标合同约定的工程价款低于成本价的。”

山东省高级人民法院《全省民事审判工作座谈会纪要》(2005 年)“二、关于建设工程施工合同纠纷案件的处理问题”中规定的第一原则是,“要坚持引导建筑市场的健康发展的原则……如果双方约定的工程款价格明显低于建设工程的成本价格,则违反了有关规章的强制性规定,可以根据当事人的请求变更或者撤销”。

在司法实践中,赞成合同无效的,一般都认为,根据《民法典》第 143 条和《招标投标法》第 33 条之规定,低于成本价中标所签订的施工合同因违反法律的强制性规定而无效。由于对《招标投标法》的该条规定是否属于效力性强制性规定的性质判定不统一,司法实践中,对违反该条规定而订立的建设工程施工合同的效力存在不同看法。[1]

笔者认为,《招标投标法》等虽有强制性规定,但违反该规定的一般不宜直接认定建设工程施工合同无效,当然也有例外。其理由如下。

第一,该规定虽属强制性规定,但并非效力性强制性规定,《招标投标法》规定的六种导致中标无效的情形,并未包含投标人低于成本价中标的情形,违反此强制性规定并不必然导致合同无效。

第二,在慎重认定合同无效的原则下,没有法律、行政法规明确规定的情况下,不宜认定无效。最高人民法院《全国民事审判工作会议纪要》中虽规定低于成本价中标的合同按照无效处理,但会议纪要并非司法解释,仅可作为参考,不能作为认定合同无效的依据。

第三,低于成本价投标和低于成本价中标,因违反法律强制性规定和扰乱建筑市场秩序,可以对相关责任主体进行行政处罚,同时严把工程质量关即可,无须纳入合同无效的解决范畴。而且低于成本价中标与建筑市场其他违法行为不同,未将其纳入无效范畴,不会变相鼓励更多低于成本价中标行为的发生,毕竟承包人不可能不考虑投入成本与收益问题以及行政处理和工程质量责任。

山东省高级人民法院的指导意见,也值得商榷。司法实践中要求变更或撤销的,应该只有承包人,而且一般多在工程价款结算过程中提出,目的是增加工程价款。一方面,承包人低价中标后又以此为由要求变更或撤销合同,有违诚实信用原则,而且承包人不应基于其自身违法行为来获取更多的合同收益;另一方面,如果允许其变更或撤销合同,将纵容更多低于成本价中标情况的发生,不利于建筑市场

---

〔1〕 潘军锋:《施工合同审判新类型问题研究——〈建设工程司法解释〉施行十周年回顾与展望》,载《法律适用》2015 年第 4 期。

的健康发展。

但一定情况下的“低于成本价中标的合同”应认定为无效，比如，招标人和某一投标人恶意串通以低于成本价中标的方式排挤其他投标者的，应认定无效。但此种无效情况，归入中标无效的范围更合适。

在此可延伸思考两个问题：当事人未以存在低于成本价中标情形为由提出合同无效，法院是否应主动审查是否存在低于成本价中标的情形？如果当事人在一审中未提出，而在二审或申请再审时提出，如何处理？这两个问题有助于逆向思考“不得低于成本中标”是否为效力性强制性规定。如果低于成本价中标属于合同无效的法定情形，则无论当事人是否提出合同无效的主张或抗辩，法院都应当审查合同效力。如果必然导致合同无效，则无论当事人是在一审、二审还是申请再审时提出，均应得到法院的支持。最高人民法院在（2017）最高法民 5152 号案件中驳回了再审申请人以存在低于成本价中标应属无效为由的再审申请，其理由是：“涉案工程在招投标活动中，程序上虽存在违反《招标投标法》和《建筑法》的情形，但不属于导致案涉合同无效的情形。申请人在一、二审中并未以低于成本价格对合同效力提出异议，申请再审提出一、二审未对合同效力进行审查存在错误，理由不能成立。”

典型案例裁判观点及评析

江苏省高级人民法院（2014）苏民再终字第 00012 号案件裁判观点：鉴定报告中关于工程成本造价的计算是按照实际造价的计算过程进行计算的，将施工期间人工工资调整、材料价格上涨以及工程变更等因素都计算在内，不能反映涉案工程在招投标时的成本造价，故不能据此认定承包人是低于成本价中标的。

要点评析：低于成本价中标的情形在司法实践中难以认定，不能简单以鉴定意见作为成本价的依据，而需要结合案件情形综合予以认定。

安徽省合肥市中级人民法院（2018）皖 01 民终 6746 号案件裁判观点：虽经过招投标就案涉工程订立建设工程施工合同，但在招投标过程中，承包人在投标时商务标与技术标载明的工程量不一致，技术标中明确载明案涉工程缺土约 26 万立方米，缺土外运，而在商务标中载明投标的工程量仅为 15.5 万立方米，具有专业知识的鉴定机构认为承包人投标工程量明显低于成本价中标，应为废标。根据招标文件的规定，低于成本价投标应为废标，不得进行评标，而发包人对承包人的投标未进行严格审查，致使投标工程量远远低于招标工程量的承包人中标，且根据法律规定，投标人不得低于成本价竞标，故承包人的投标违反法律规定，原审法院未将签订的合同作为案涉工程款计价依据并无不当，本院予以维持。

要点评析：低于成本价中标的情形，未必无效，但根据案件情况可以将低于成本价中标的合同不作为工程价款结算的依据。

十一、任意压缩工期的情形

建设工期是建设项目或单项工程在建设过程中所耗用的时间。合理工期是指在正常建设条件下，采取科学合理的施工工艺和管理方法，以建设行政主管部门颁布的工期定额为基础，结合项目建设的具体情况而确定的符合各方经济效益的工期。确定合理建设工期是保证工程质量的必然要求，建设工期能否合理确定对工程质量具有重大影响。所以，任意压缩建设工程工期，也是明令禁止的。《建筑法》未有明确规定，但行政法规和司法机关会议纪要有相应的规定。

《建设工程质量管理条例》第 10 条规定：“建设工程发包单位，不得迫使承包方以低于成本的价格竞标，不得任意压缩合理工期。建设单位不得明示或者暗示设计单位或者施工单位违反工程建设强制性标准，降低建设工程质量。”

最高人民法院《全国民事审判工作会议纪要》(2011 年)第 24 条第 2 款规定：“对建设工程施工合同中有关违反工程建设强制性标准，任意压缩合理工期、降低工程质量标准的约定内容，应认定为无效……”

最高人民法院《第八次全国法院民事商事审判工作会议(民事部分)纪要》(2016 年)第 30 条规定：“……当事人违反工程建设强制性标准，任意压缩合理工期、降低工程质量标准的约定，应认定无效……”

广东省高级人民法院《全省民事审判工作会议纪要》(2012 年)第 17 条规定：“要依法维护通过招投标方式所签订的中标合同的法律效力。对以低于工程建设成本的工程项目标底订立的施工合同，应当依据《招标投标法》第四十一条第(二)项的规定认定无效；当事人违反工程建设强制性标准，任意压缩合理工期、降低工程质量标准的约定，也应认定无效。”

笔者认为，不宜将任意压缩工期的建设工程施工合同认定为无效，可考虑将其纳入可撤销可变更的范围，理由如下。

第一，任意压缩工期虽然违反了《建设工程质量管理条例》的强制性规定，但该强制性规定并非效力性强制性规定，不必然导致合同无效。建设工期的约定属当事人意思自治的范畴，不宜过度干涉，而且建设工期约定的是否合理，影响的是承包人能否如期完工，涉及承包人承担逾期完工违约责任是否公平合理等问题。此类争议一般多发生在工程竣工后的工程价款结算阶段，此时工程早已完工，认定施工合同是否有效，只关乎当事人之间的利益分配，与社会公共利益、工程质量和施工安全均无太大关系，即使认定施工合同无效，其意义也不大。

第二，发包人在建筑市场处于强势地位，签订合同时压缩工期也是普遍存在的。如果承包人认为在保证工程质量和施工安全的情况下无法如期完工，又不愿意承担逾期完工的违约责任，可请求法院或仲裁机构对合同约定的工期进行调整。《民法典》施行前，此请求的依据是《合同法》第 54 条关于“可变更可撤销”制度，请求变更的理由是合同约定的建设工期显失公平。是否申请变更交由承包人决定，既充分尊重当事人意思自治，又赋予其救济的权利，也能减小因工期紧张而影响工程质量和施工安全的可能性。当然，司法实践中仍需出台明确的指导意见等将任意压缩工期的情形纳入“显失公平”范畴，赋予当事人申请变更的权利。《民法典》第 147 条至第 151 条只保留了“可撤销”制度，其中第 151 条针对的是显失公平的可撤销制度。

是否存在任意压缩建设工程工期的情况，其参照就是合理工期。而合理工期的认定，一般可参照国家行政主管部门或地方行政主管部门发布的定额工期。但任意压缩工期的界定，仍需有权部门制定相应的标准。比如，北京市住房和城乡建设委员会于 2010 年发布的《关于贯彻执行 2009 年北京市建设工程工期定额和 2009 年北京市房屋修缮工程工期定额有关问题的通知》第 3 条规定：“招标人应当依据工期定额计算施工工期，并在招标文件中注明。招标人要求施工工期小于定额工期时，必须在招标文件中明示增加费用，压缩的工期天数不得超过定额工期的 30%。超过 30%，视为发包人任意压缩合理工期，依照《建设工程质量管理条例》处理。”

典型案例裁判观点及评析

最高人民法院(2018)最高法民再 163 号案件裁判观点：承包人主张《建设工程施工合同》中 580 日历天的工期条款因违反行政法规‘不得任意压缩合理工期’的强制性规定而无效。本院认为，一方面，定额工期通常依据施工规范、典型工程设计、施工企业的平均水平等多方面因素制订，虽具有合理性，但在实际技术专长、管理水平和施工经验存在差异的情况下，并不能完全准确反映不同施工企业在不同工程项目的合理工期。另一方面,承包人作为大型专业施工企业,基于对自身施工能力及市场等因素的综合考量,经与发包人平等协商,在《建设工程施工合同》中约定580日历天的工期条款,系对自身权利的处分,亦为其真实意思表示,在无其他相反证据证明的情况下,不能当然推定发包人迫使其压缩合理工期。

要点评析:定额工期是相对合理的工期,但建筑企业基于自身施工能力、管理能力等优势可以确定短于定额工期的建设工期,不宜将定额工期作为认定"压缩合理工期"的硬性标准。

浙江省高级人民法院(2016)浙民终940号案件裁判观点:关于工期约定是否无效问题。承包人上诉提出合同约定工期远远少于合理工期,对此本院认为,建设工程系系统性工程,工期长短不仅取决于工程规模,同时与建筑企业自身的资金、施工能力、管理能力密切相关,不能简单地以工程规模来核定合理工期。本案发包人发布的招标文件中确定的工期为360天,承包人作为具有特级资质的建筑企业,在对相关的人力、物力进行测算后,提交投标函并作出352天的工期承诺系其真实意思表示。其现推翻其在投标函中的承诺,显然违背诚信原则,对此不予采纳,对其提出的工期鉴定申请依法不予准许。

要点评析:合理性工期的认定较为复杂,不宜通过鉴定意见简单予以认定。承包人基于自身施工能力和管理能力等优势而对建设工期作出承诺后又反悔的,一般不予支持。

十二、违反规章导致的合同无效

按照我国现行法律规定,只有违反法律、行政法规的(效力性)强制性规定,才导致合同无效。一般情况下,违反规章不影响合同效力。但建设工程领域较为特殊,规章中有较多关于保障施工安全和工程质量的条款,这些条款均具有较高的行业规范性标准和较强的强制性,代表着国家建设行政主管部门对建筑行业和施工行为的强制性要求,因种种原因暂未上升为法律或行政法规。《九民纪要》第31条规定:"违反规章一般情况下不影响合同效力,但该规章的内容涉及金融安全、市场秩序、国家宏观政策等公序良俗的,应当认定合同无效。人民法院在认定规章是否涉及公序良俗时,要在考察规范对象基础上,兼顾监管强度、交易安全保护以及社会影响等方面进行慎重考量,并在裁判文书中进行充分说理。"

事实上,规章中的民事规范作为民事法律的渊源,从应然层面还是可行的。

《民法通则》第 6 条规定:“民事活动必须遵守法律,法律没有规定的,应当遵守国家政策。”《民法总则》第 10 条规定:“处理民事纠纷,应当依照法律;法律没有规定的,可以适用习惯,但是不得违背公序良俗。”《民法典》第 10 条规定:“处理民事纠纷,应当依照法律;法律没有规定的,可以适用习惯,但是不得违背公序良俗。”虽然《民法总则》和《民法典》未保留“应当遵守国家政策”,但从上述法律规定来看,我国民法的渊源并不排斥规章中的民事规范。

笔者未检索到因违反规章而认定建设工程施工合同无效的案例,但最高人民法院在(2019)最高法民再 97 号案件中以违反部门规章关于社会公共安全和社会公序良俗的禁止性规定而认定租赁合同无效,值得在建设工程施工合同领域借鉴。在建筑领域,诸如《建筑业企业资质标准》和《建设工程施工发包与承包计价管理办法》是建筑领域较为典型的两部规章,可以考虑作为建设工程施工合同纠纷案件的裁判依据。前者目前是关于施工资质等级方面无可替代的规章,若不作为裁判依据,超越施工资质等级承揽工程的情形就难以认定。后者是关于编制工程量清单、投标报价、进行工程结算以及签订和调整合同价款等内容的规定,如果将其作为裁判依据,有利于规范工程价款结算行为、平衡当事人利益。《九民纪要》后,期待依据规章认定建设工程施工合同无效的典型案例出现。

典型案例裁判观点及评析

最高人民法院(2019)最高法民再 97 号案件裁判观点:案涉危房并不具有可在加固后继续使用的情形。《商品房屋租赁管理办法》第 6 条规定,不符合安全、防灾等工程建设强制性标准的房屋不得出租。《商品房屋租赁管理办法》虽在效力等级上属部门规章,但是,该办法第 6 条规定体现的是对社会公共安全的保护以及对公序良俗的维护。结合本案事实,在案涉房屋已被确定属于存在严重结构隐患、或将造成重大安全事故、应当尽快拆除的 D 级危房的情形下,双方当事人仍签订《租赁合同》,约定将该房屋出租用于经营可能危及不特定公众人身及财产安全的商务酒店,明显损害了社会公共利益、违背了公序良俗。从维护公共安全及确立正确的社会价值导向的角度出发,对本案情形下合同效力的认定应从严把握,司法不应支持、鼓励这种为追求经济利益而忽视公共安全的有违社会公共利益和公序良俗的行为。故依照《民法总则》第 153 条第 2 款关于违背公序良俗的民事法律行为无效的规定,以及《合同法》第 52 条第 4 项关于损害社会公共利益的合同无效的规定,本院确认案涉《租赁合同》无效。

要点评析：如果部门规章的禁止性规定系对社会公共安全的保护以及对社会公序良俗和社会公共利益的维护，若不参照该规定，就会存在鼓励这种为追求经济利益而忽视公共安全的有违社会公共利益和公序良俗的行为。因此，诸如此类行为，应当被禁止，违反禁止性规定的，应认定为无效。

十三、当事人与法院或一审、二审法院之间对合同效力争议的处理

司法实践中，一审法院对建设工程施工合同效力的认定与原告的主张不一致，应如何处理？一审、二审法院之间对合同效力认定不一致，二审应如何处理？

建设工程施工合同的效力是审理建设工程施工合同纠纷案件首要审查的内容。无论当事人是否对合同效力提出主张或抗辩，法院都应当主动审查合同效力并在判决书中明确载明。即使当事人对合同效力未产生争议，法院也应当对合同效力进行强制审查，不受当事人请求的影响。当事人之间对合同效力产生争议，按理说，由法院依法裁决即可，但因合同有效与合同无效时的诉讼请求可能不一致，甚至有可能完全相反的两个方向，法院在审理过程中根据案件情况进行必要的释明，有助于一次性解决纠纷。司法实践中的冲突不在于被告就合同效力的抗辩与法院的认定之间存在分歧，而在于原告主张的诉讼请求与法院对合同效力的认定是否一致。当原告基于其认为的合同效力而主张相应的诉讼请求，与法院对合同效力的评价存在冲突时，法院应如何处理？比如，原告基于合同有效而主张继续履行合同或基于合同无效而主张合同无效的法律后果时，一审法院对合同效力有相反认定时，是向原告释明待其作出是否变更诉讼请求的决定后再审理还是径行判决？

《九民纪要》对合同无效时的释明问题有这样的表述："在双务合同中，原告起诉请求确认合同有效并请求继续履行合同，被告主张合同无效的，或者原告起诉请求确认合同无效并返还财产，而被告主张合同有效的，都要防止机械适用不告不理原则，仅就当事人的诉讼请求进行审理，而应向原告释明变更或者增加诉讼请求，或者向被告释明提出同时履行抗辩，尽可能一次性解决纠纷。"《九民纪要》出台后，在释明权的运用上，当事人的诉讼思路和法官的审判思路可能会有相应的转变。

二审法院与一审法院对合同效力的认定不一致，应如何处理？审判实践中，基本按发回重审处理。出现此类问题，二审法院动辄发回重审，是不可取的。可借鉴广东省高级人民法院《关于审理建设工程施工合同纠纷案件疑难问题的解答》（2017 年）中的指导意见：一审、二审对建设工程施工合同效力认定不一致的，二审

法院可以释明当事人变更诉讼请求。如果经法院释明当事人变更诉讼请求,且各方当事人均同意由二审法院审理的,二审法院可以参照《民事诉讼法解释》第 328 条第 2 款的规定审理,案件无须发回重审;当事人不同意由二审法院审理且合同效力对当事人诉讼请求影响重大的,案件发回重审。

但上述指导意见欠缺对原告主张的诉讼请求与一审法院对合同效力的认定是否一致的考量,显得不够严谨。比如,原告基于合同有效而主张继续履行合同,一审法院认为合同无效并向原告释明变更诉讼请求,原告坚持原来的诉讼请求而未变更,一审法院判决驳回原告的诉讼请求。原告提起上诉,二审法院经审理认为合同应为有效,即一审、二审法院对合同效力认定不一致,此时二审法院撤销一审判决改判全部支持或部分支持原告诉讼请求即可,无须发回重审。或者二审法院虽认为合同有效,但基于合同有效,原告的诉讼请求仍不能成立,二审也无须发回重审。二审法院可以作出“一审判决对合同效力认定错误,本院予以纠正。但在合同有效的情况下,上诉人原审诉讼请求因缺乏事实和法律依据亦不能成立。故上诉人的上诉请求,本院不予支持。综上,一审判决认定事实和适用虽有错误,但一审判决结果并无不当,本院予以维持”的裁判结果。《民事诉讼法解释》第 334 条规定:“原判决、裁定认定事实或者适用法律虽有瑕疵,但裁判结果正确的,第二审人民法院可以在判决、裁定中纠正瑕疵后,依照民事诉讼法第一百七十条第一款第一项规定予以维持。”总之,二审法院与一审法院意见不一致时,只要一审法院不是严重违反法定程序,尽可能不要发回重审。

受上述《九民纪要》“而应向原告释明变更或者增加诉讼请求”中“增加诉讼请求”的启发,延伸思考一个问题——能否在一个案件中增加截然相反的诉讼请求?比如,原诉讼请求是基于合同有效而要求对方继续履行合同,同时增加基于合同无效而主张合同无效的法律后果,即两种截然相反的诉讼请求同时存在。也就是说,在同一个案件中,当事人先选择基于合同有效而主张相应的诉讼请求,在法院认为合同应当无效,无法支持其诉讼请求时,退一步选择基于合同有效而主张相应的诉讼请求。笔者认为,《民事诉讼法》第 119 条规定起诉的条件时要求的是“有具体的诉讼请求和事实、理由”,强调的是“具体的”,相对应“抽象的”而言,故截然相反的诉讼请求只要是具体的而非抽象的即可,至于诉讼请求能否得到支持及全部得到支持或部分得到支持,是法院判决所要解决的问题。

就上述问题,检索到一个案例,一审法院认为原告诉讼请求相互矛盾,经庭审释明后原告明确表示不变更诉讼请求,裁定驳回原告的起诉。二审法院认为,上诉人原审诉讼请求截然相反导致法院无法确定其具体的诉讼请求,故上诉人的起诉不符合法定的受理条件。而再审法院认为应当立案受理。

典型案例裁判观点及评析

新疆维吾尔自治区高级人民法院(2019)新民终469号案件裁判观点:一审法院对当事人签订的合同效力认定错误,本院予以纠正。鉴于建设工程的特殊性,虽然案涉合同无效,但施工单位的劳动和建筑材料已经物化在涉案工程中,且涉案工程已于2016年12月22日竣工并交付使用,综合本案案情,依据《建设工程司法解释一》第2条的规定,建设工程施工无效合同参照有效合同处理,应当参照合同约定来计算涉案工程价款。

要点评析:一审法院和二审法院对建设工程施工合同效力认定不一致,但不影响案件实质性结果的,二审法院查明事实后可以予以改判或维持。

最高人民法院(2019)最高法民再152号案件裁判观点:八一农场在提起股东会决议之诉的同时,又请求确认该股东会决议增资对应的股东权益归其所有,两个诉讼请求虽然是相互矛盾的,但八一农场提起的两个诉,诉讼要素齐全,均符合《民事诉讼法》规定的立案标准,当事人可以在前一个诉的请求不被支持时,退一步选择主张后一个诉的诉讼请求,对当事人的两个诉,人民法院均应当立案受理。甘肃省高级人民法院裁定驳回起诉,属于适用法律错误。

要点评析:当事人在同一案件中同时提出两个相互矛盾的诉讼请求,目的是在前一个诉讼请求不被支持时,退一步选择主张后诉讼请求,只要符合《民事诉讼法》规定的起诉条件,法院应予以受理。

十四、建设工程施工合同无效后可以参照适用的条款

《民法典》第507条规定:“合同不生效、无效、被撤销或者终止的,不影响合同中有关解决争议方法的条款的效力。”除解除争议方法的条款外,合同的其他条款因合同无效而无效。建设工程施工合同无效,同样也是如此。根据《民法典》第157条之规定,合同无效后,不能返还或没必要返还的财产,应当折价补偿。建设工程施工合同的特殊之处在于,合同履行的过程,就是承包人将劳动和建筑材料等物化在建设工程之中的过程。基于这一特殊性,合同无效,发包人取得的财产形式上是承包人已完成施工的建设工程,无法适用返还的方式使其恢复到合同签订前的状

态，只能按照《民法典》第 157 条确定的折价补偿原则进行处理。就庞大的建设工程而言，以何种标准折价补偿承包人工程价款，一直是司法实践中的一大难题。

工程质量是建设工程的生命。法律和行政法规对建设工程施工合同效力的干预远比其他合同要多，其原因就是要确保工程质量。在工程经竣工验收合格的情况下，合同是否有效对于法律和行政法规关于为确保工程质量而设立的效力性强制性规定而言，已没有实际影响。此时，如果承认合同效力，将会起到鼓励建筑领域更多的违法行为，催生更多的无效合同等负面作用。但如果完全抛开合同约定，无论发包人按照何种标准折价补偿承包方，均有不当之处，也不能很好地平衡双方之间的利益关系。正是基于这种平衡、折中的价值理念，在《合同法》第 58 条折价补偿原则的基础上，2004 年《建设工程司法解释一》第 2 条"建设工程施工合同无效，但建设工程经竣工验收合格，承包人请求参照合同约定支付工程价款的，应予支持"的规定，应运而生。该条文在平衡发包人和承包人之间的利益关系和便捷、合理解决结算纠纷等方面起到了非凡的效用，但也出了一些难题。"参照合同约定支付工程价款"到底怎么理解？可以参照合同哪些约定？是应当参照合同约定结算工程价款，或者参照合同约定支付工程价款，或者参照合同约定结算并支付工程价款？

首先，如前文所述，2004 年《建设工程司法解释一》第 2 条是在《合同法》第 58 条确定的折价补偿原则的基础上制定的。工程竣工验收合格后，尊重当事人在合同中的真实意思表示确定工程价款，无须再以评估、鉴定工程造价的方式来结算，正是折价补偿原则的具体运用。而折价补偿方案解决的是如何确定工程价款，也就是如何结算的问题。所以，"参照合同约定支付工程价款"是指参照合同中的约定确定或结算工程价款，如合同中约定的固定总价或固定单价，合同中约定的关于建设工程的计价标准或计价方法等。总之，只要跟结算工程价款或确定工程价款数额有关的约定，都可以参照。

其次，如果将"参照合同约定支付工程价款"理解为与"支付"有关，则容易导致参照约定的范围扩大，如合同中关于工程价款支付方式、支付时间和逾期支付违约责任的约定等都有可能被纳入参照的范围，有违立法本意。最高人民法院在个案中的裁判观点也认为当事人关于付款时间节点的约定不属于可以参照适用的范围。安徽省高级人民法院在司法实践中也意识到"确定"和"支付"的区别。该院《关于审理建设工程施工合同纠纷案件适用法律问题的指导意见》(2009 年)第 11 条规定："建设工程施工合同无效，但工程经竣工验收合格的，应当参照合同约定确定工程价款。”

但司法实践中也有不同意的观点。比如,江苏省高级人民法院《关于审理建设工程施工合同纠纷案件若干问题的解答》(2018 年)第 5 条规定:“建设工程施工合同无效,建设工程竣工验收合格的,当事人主张工程价款或确定合同无效的损失时请求将合同约定的工程价款、付款时间、工程款支付进度、下浮率、工程质量、工期等事项作为考量因素的,应予支持。”

“参照合同约定支付工程价款”在司法实践中引发的争议,除理解和认识上的差异外,司法解释条文的表述不够准确也是其中的原因。尽管最高人民法院在司法解释的理解与适用中尽力解释,但仍有歧义。《民法典》第 793 条第 1 款的表述就显得简洁明了且严谨,即“建设工程施工合同无效,但是建设工程经验收合格的,可以参照关于工程价款的约定折价补偿承包人”。此条文比上述规定至少在四个方面更为科学:第一,参照“工程价款的约定”,而非参照合同中其他约定。第二,明确了“折价补偿”,减少了诸多不着边际的猜想。第三,去掉了“支付工程价款”中的支付,隐含了“确定工程价款”的含义。第四,去掉了“承包人请求”这一“限定条件”,承包人和发包人均可提出此请求。在笔者代理的一起建设工程施工合同纠纷仲裁案件中,首席仲裁员曾公开、明确地说:“承包人有权依据司法解释第二条请求参照合同约定支付工程价款,你们发包人没有这个权利。”明明知道首席仲裁员误读了司法解释中该条文的立法本意,但又不能过于苛责,毕竟条文内容的表述上存在明显瑕疵。

综上,从《合同法》第 58 条、2004 年《建设工程司法解释一》第 2 条的立法本意到《民法典》第 793 条,“参照合同约定”是建设工程施工合同无效但工程验收合格后,出于平衡发包人与承包人之间的利益关系考虑,尽可能避免高成本、低效率且让任何一方可能获取不当收益的折价补偿方案,采用“参照合同约定的关于如何确定工程价款数额”的折价补偿方案。

2018 年《建设工程司法解释二》施行后,又多了两处可以参照合同约定的规定:一处是第 3 条第 2 款规定:“损失大小无法确定,一方当事人请求参照合同约定的质量标准、建设工期、工程价款支付时间等内容确定损失大小的,人民法院可以结合双方过错程度、过错与损失之间的因果关系等因素作出裁判。”另一处是第 11 条规定:“当事人就同一建设工程订立的数份建设工程施工合同均无效,但建设工程质量合格,一方当事人请求参照实际履行的合同结算建设工程价款的,人民法院应予支持。实际履行的合同难以确定,当事人请求参照最后签订的合同结算建设工程价款的，人民法院应予支持。”上述两个条款分别被2020年《建设工程司法解释》第6条第2款和第14条吸收，其中第14条的内容更符合《民法典》的表述。

至此，建设工程施工合同无效，可以参照适用合同约定的规定有三处。除有明确规定外，原则上不宜参照合同约定。

典型案例裁判观点及评析

最高人民法院(2020)最高法民申840号案件裁判观点：虽然案涉系列建设工程施工合同均被认定为无效，但根据《建设工程司法解释一》第2条之规定，一、二审法院参照合同约定，按照“总价让利14.5%”对案涉工程进行鉴定，并依据鉴定结论认定案涉工程总价款87,735,026元并无不当。

要点评析：建设工程施工合同无效，可以参照合同约定结算工程价款。

最高人民法院(2019)最高法民申1218号案件裁判观点：在建设工程施工合同无效的情况下，《建设工程司法解释一》第2条关于“请求参照合同约定支付工程价款”规定的原意应当是参照合同约定确定工程价款数额，是指工程价款计价标准、计价方法等与工程价款数额有关的约定，而双方间关于付款节点约定的条款，不属于可以参照适用的合同约定。

要点评析：建设工程施工合同无效，“请求参照合同约定支付工程价款”，只是参照合同约定确定工程价款数额，而非参照合同约定的支付时间支付工程价款。

湖北省高级人民法院(2016)鄂民终1045号案件裁判观点：该合同虽因实际施工人不具备施工资质而无效，但依据《建设工程司法解释一》第2条的规定，转包人在工程已经竣工验收合格的前提下，应参照《工程承包(协议)责任书》的约定向实际施工人支付工程价款。在《工程承包(协议)责任书》中，双方通过对付款条件、计价标准、付款方式、付款条件等内容的约定综合形成的价格体系，均应纳入参照范围。

要点评析：将“参照合同约定支付工程价款”扩大至参照合同约定的付款条件、付款方式、付款条件等范围，不符合折价补偿的立法本意。

十五、建设工程施工合同无效对其他协议效力的影响

除建设工程施工合同外，当事人还可能签署其他协议，如补充协议、以物抵债

协议、结算协议、还款协议等。在施工合同无效的情况下,这些协议的效力应如何评价?

广义的补充协议包括以物抵债协议、结算协议等于施工合同之外所签订的与施工合同相关的、具有补充性质的协议。狭义的补充协议是指《民法典》第510条所规定的主合同没有约定或约定不明时对主合同相关事项进行的补充约定。狭义的补充协议作为主合同的细化、补充,对于主合同有较强的依附性,其本身缺乏独立性,可以说是建设工程施工合同的一部分。此类协议的效力依赖于建设工程施工合同的效力。建设工程施工合同无效,补充协议亦无效。补充协议是否独立于建设工程施工合同,取决于其内容是否独立于建设工程施工合同。比如,关于工程款支付问题的补充协议,其内容相对独立于建设工程施工合同,因此,其效力不受建设工程施工合同效力的影响。

结算协议虽为广义的补充协议,但其是当事人就合同履行过程中产生的包括工程价款结算在内的所有争议"一揽子"解决的具有清算性质的协议,或者当事人对无效建设工程施工合同"折价补偿"所达成的"一揽子"解决的具有清算性质的协议。一般来讲,只有工程竣工验收合格、发包人实际使用或协商一致同意终止履行后,才进行结算。总之,结算协议应当是双方之间债权债务关系清理性质的协议。无论施工合同效力如何,在符合相关规定的条件下,发包人都需向承包人支付工程价款,双方之间均存在债权债务关系,故双方达成的结算协议具有独立性。其效力独立于建设工程施工合同,建设工程施工合同无效并不影响结算协议的效力。根据《民法典》第567条规定,结算协议的效力具有独立性,不受建设工程施工合同效力的影响。北京市高级人民法院《关于审理建设工程施工合同纠纷案件若干疑难问题的解答》(2012年)第7条第2款规定:"建设工程施工合同无效,但工程经竣工验收合格,当事人一方以施工合同无效为由要求确认结算协议无效的,不予支持。"

关于以物抵债协议的效力是否受建设工程施工合同效力的影响,最高人民法院的倾向性意见为:"不论施工合同有效与否,发包人都负有支付工程价款的义务。该以房顶抵工程价款协议为当事人对欠付工程价款进行结算的约定,性质上属于发包人与承包人对既存债权债务关系的清理。相较于施工合同,以房顶抵工程价款的协议具有相对的独立性,根据《合同法》第98条的立法精神,应认定其效力。"[1]以房抵债、以车抵债等以物抵债方式本质上都是一样的。

---

[1] 杜万华主编,最高人民法院民事审判第一庭编:《民事审判指导与参考》(2015年第4辑·总第64辑),人民法院出版社2016年版,第240~241页。

还款协议与以物抵债协议有一定的相似性,都是发包人向承包人支付工程价款的具体承诺或约定,其效力独立于建设工程施工合同。

典型案例裁判观点及评析

最高人民法院(2015)民一终字第309号案件裁判观点:《建设工程司法解释一》第21条之规定针对的是当事人在中标合同之外另行签订建设工程施工合同,以架空中标合同、规避中标行为和行政部门监管的情形,而《补充协议书》是在双方履行《建设工程施工合同》过程中,为了解决因工程多次停工给承包人造成的损失而签订,只是变更了结算方式,《建设工程施工合同》其他条款仍然有效。因此,《补充协议书》属于双方当事人在合同履行过程中经协商一致的合同变更,不属于第21条规定的情形。

最高人民法院(2017)最高法民申341号案件裁判观点:《补充协议》有关工程款支付的约定,是合作联建方之间关于责任分配的内部约定。虽然《建设工程施工合同》因承包人超越规定的资质等级许可的业务范围承揽工程,违反法律的强制性规定而无效,但是《补充协议》的上述约定与《建设工程施工合同》系不同性质的法律关系,也不违反法律的强制性规定,应当认定上述约定有效。

最高人民法院(2019)最高法民终1925号案件裁判观点:《合作融资协议》的内容涉及涉案工程进度款等相关款项及利息的支付,也涉及融资抵押担保等诸多事宜,与涉案《建设工程施工合同》在内容上并不一致,发包人主张《合作融资协议》系涉案《建设工程施工合同》《补充协议》的从合同与事实不符,本院不予采信。从《合作融资协议》中有关涉案工程进度款等相关款项及利息支付条款的订立目的和内容上看,是确认承包人已完工工程的价值、明确工程进度款数额以及发包人所应承担的履约保证金、项目管理费的支付义务、逾期付款责任等,上述约定属于承发包双方对既存债权债务关系的结算和清理,在法律效力上具有独立性和约束力,并不违反法律、行政法规的效力性强制性规定。

要点评析:双方在建设工程施工合同履行过程中,为解决工程施工、工程价款结算或工程价款支付过程中出现的问题而签订的补充协议,其目的并非架空《招标投标法》强制性规定的情形,不属于在中标合同之外另行签订建设工程施工合同的情形。其中因工程价款结算和支付事宜所达成的具有结算性质的协议,其效力独立于建设工程施工合同,即使建设工程施工合同无效,只要该协议不违反法律、行政法规的效力性强制性规定,应为合法有效,并应作为双方权利义务关系的依据。

十六、无效合同的效力补正

通常情况下，无效合同的效力是不存在补正问题的，即原则上不能使无效合同变为有效合同，因为合同无效是当然无效、自始无效和绝对无效。但基于建设工程的特殊性，将部分行为认定为无效仅仅是出于保证建设工程质量和施工安全等因素考虑，待这些质量隐患或安全隐患消除后，也可将其认定为有效。

根据2020年《建设工程司法解释》第1条第1款第1项规定，建设工程施工合同存在承包人超越资质等级的，合同无效。但第4条规定："承包人超越资质等级许可的业务范围签订建设工程施工合同，在建设工程竣工前取得相应资质等级，当事人请求按照无效合同处理的，人民法院不予支持。"按此规定，承包人在建设工程竣工前取得相应资质的，合同无效事由消失，合同应为有效。2020年《建设工程司法解释》第3条第1款规定："当事人以发包人未取得建设工程规划许可证等规划审批手续为由，请求确认建设工程施工合同无效的，人民法院应予支持，但发包人在起诉前取得建设工程规划许可证等规划审批手续的除外。"

这是目前我国建筑领域立法中关于合同效力补正的两处规定。但各省高级人民法院的指导意见中，却有不少关于建设工程施工合同效力补正的规定。具体情况如下。

河北省高级人民法院《建设工程施工合同案件审理指南》(2018年)第1条规定："发包人未取得建设用地规划许可证或建设工程规划许可证，与承包人签订的建设工程施工合同，应认定为无效。但在一审法庭辩论终结前取得两证或者经主管部门批准建设的，可以认定有效。"

安徽省高级人民法院《关于审理建设工程施工合同纠纷案件的指导意见》(2009年)第7条规定："发包人未取得建设工程规划许可证，与承包人签订建设工程施工合同的，应认定合同无效，但起诉前取得规划许可证的，应认定合同有效。违反建设工程规划许可证规定超规模建设的，所签订的建设工程施工合同无效，但起诉前补办手续的，应认定合同有效。"

江苏省高级人民法院《关于审理建设工程施工合同纠纷案件若干问题的解答》(2018年)第3条规定："发包人未取得建设工程规划许可证，与承包人签订的建设工程施工合同，应认定为无效。但在一审法庭辩论终结前取得建设工程规划许可证或者经规划部门认可的，可以认定有效。"

浙江省高级人民法院《关于审理建设工程施工合同纠纷案件若干疑难问题的

解答》(2012 年)第 2 条规定:“发包人未取得建设用地规划许可证或建设工程规划许可证,与承包人签订建设工程施工合同的,应认定合同无效;但在一审庭审辩论终结前取得建设用地规划许可证和建设工程规划许可证或者经主管部门予以竣工核实的,可认定有效。”

北京市高级人民法院《关于审理建设工程施工合同纠纷案件若干疑难问题的解答》(2012 年)第 1 条规定:“发包人就尚未取得建设用地规划许可证、建设工程规划许可证等行政审批手续的工程,与承包人签订的建设工程施工合同无效。但在一审法庭辩论终结前发包人取得相应审批手续或者经主管部门批准建设的,应当认定合同有效。”

虽然上述指导意见关于合同效力的补正主要针对发包人取得建设用地规划许可证和建设工程规划许可证等行政审批手续的问题,但这是司法实践中比较突出的问题,也是慎重认定合同无效的具体体现。笔者认为,在合同效力的补正问题上,可以再大胆一点,在法庭辩论终结前,只要法律、行政法规基于建设工程的特殊性而设定的无效事由消失后,均可认定建设工程施工合同有效。

关于合同效力的补正问题,并非只在建设工程施工合同纠纷案件中存在,其他案件中也有适用的法律依据。比如,商品房预售合同纠纷案件中,根据 2020 年《商品房买卖合同司法解释》第 2 条的规定,“出卖人未取得商品房预售许可证明,与买受人订立的商品房预售合同,应当认定无效,但是在起诉前取得商品房预售许可证明的,可以认定有效”。

典型案例裁判观点及评析

安徽省高级人民法院(2015)皖民四终字第 00177 号案件裁判观点:双方在签订《建设工程施工合同》及补充条款时,发包人尚未取得相应的批准文件,但其在原审起诉前取得了建设用地规划许可证及国有土地使用权证,在原审审理过程中取得了建设工程规划许可证,合同效力已得到补正。双方签订的《建设工程施工合同》及补充条款应当认定为有效合同。

要点评析:关于起诉前取得建设工程规划许可证等规划审批手续的合同效力补正的规定,在司法解释层面首次出现在 2018 年《建设工程司法解释二》中,但此前安徽省高级人民法院依据本院发布的指导意见认定合同效力补正问题,具有一定的前瞻性。

江西省高级人民法院(2020)赣民终238号案件裁判观点:签订《合作协议》时是否取得建设工程规划许可证并不影响本案《合作协议》的效力。发包人于2019年1月28日取得了建设工程规划许可证,承包人于2019年8月12日向一审法院起诉,依照《建设工程司法解释二》第2条之规定,关于《合作协议》无效的上诉请求不能成立。

要点评析:根据2018年《建设工程司法解释二》第2条之规定(已被2020年《建设工程司法解释》第3条吸收),发包人在起诉前取得建设工程规划许可证等规划审批手续的,不影响建设工程施工合同的效力。

十七、合同无效的过错责任承担问题

《民法典》第157条规定:[1]"……有过错的一方应当赔偿对方因此所受到的损失;各方都有过错的,应当各自承担相应的责任。法律另有规定的,依照其规定。"

2020年《建设工程司法解释》第6条规定:"建设工程施工合同无效,一方当事人请求对方赔偿损失的,应当就对方过错、损失大小、过错与损失之间的因果关系承担举证责任。损失大小无法确定,一方当事人请求参照合同约定的质量标准、建设工期、工程价款支付时间等内容确定损失大小的,人民法院可以结合双方过错程度、过错与损失之间的因果关系等因素作出裁判。"

上述规定是关于合同无效损害赔偿责任的规定。至于该损害赔偿责任的性质,民法理论和司法实践中尚有争议。但通常认为"在合同无效或被撤销后,如果因一方当事人的过错造成对方当事人遭受损害,则过错方还应当承担损害赔偿的责任,这种责任在性质上属于缔约过失责任"。[2]

司法实践中应注意三个问题:一是导致建设工程施工合同无效的过错责任;二是无效合同过错赔偿范围的确定或甄别;三是具体损失数额无法确定时应如何处理。首先,应根据各方主观恶意和违背诚实信用原则的程度来分清各自责任大小,按照各自的责任及相应的比例分担损失。其次,无效合同过错责任赔偿的损失范围应当是赔偿损失一方订立合同时或合同履行过程中已经知道或应当预见的损失,且该损失应当是当事人有证据证明的已实际发生的损失。最后,损失数额无法

---

[1] 《合同法》第58条规定:"……有过错的一方应当赔偿对方因此所受到的损失,双方都有过错的,应当各自承担相应的责任。"《民法典》略有变动。

[2] 韩世远:《合同法总论》(第2版),法律出版社2008年版,第199页。

确定的,2020 年《建设工程司法解释》第 6 条第 2 款对如何参照合同约定综合确定损失进行了规定,需法官自由裁量权的运用。

典型案例裁判观点及评析

最高人民法院(2019)最高法民终 205 号案件裁判观点:作为案涉合同的招标人,县人民政府因未严格按照招标投标法规定,公开、公平、公正地确定中标人,在招投标前自行与力大公司进行实质性谈判,并签订协议,对案涉合同无效存在重大过错,负主要责任。力大公司作为案涉合同订约一方,因借用未实际组织施工的建安公司资质,对案涉合同无效也存在过错,应当承担相应责任。鉴于招标人一方对案涉合同无效过失较大,以及力大公司就其投入资金遭受实际损失的具体金额这一具体事实没有尽到举证证明责任,本院酌定该损失赔偿金额为实际占用资金期间所产生的利息,具体数额按中国人民银行同期贷款利率计算。

要点评析:建设工程施工合同无效,有过错的一方应当赔偿对方由此所受到的损失。各方都有过错的,应当各自承担相应的责任。

最高人民法院(2019)最高法民申 5769 号案件裁判观点:根据《建筑法》第 67 条之规定,承包单位有工程转包违法行为的,对因转包工程不符合规定的质量标准造成的损失,与接受转包的单位承担连带赔偿责任。市政公司在中标后未按工程设计及施工要求完成施工,且未经发包方同意,擅自将案涉工程转包给实际施工人施工,市政公司显然存在过错。事实上,亦因实际施工人所施工的石油管线埋深严重背离设计及规范要求,给发包人造成损失,故原审判决判令市政公司与实际施工人连带承担赔偿责任,有事实和法律依据,并无不当。

要点评析:根据《建筑法》第 67 条第 2 款之规定,因转包工程或者违法分包工程不符合规定的质量标准造成的损失,承包单位与接受转包或者分包的单位承担连带责任。

十八、无效合同过错责任是否影响工程价款结算

建设工程施工合同无效,工程价款如何结算,《民法典》第 793 条、2020 年《建设工程司法解释》第 24 条等条款均有明确规定。无效合同的工程价款结算,只以工程验收合格为前提,与导致合同无效的原因和过错责任无关。

典型案例裁判观点及评析

最高人民法院在(2011)民提字第235号案件中的裁判观点:过错责任的划分,仅在计算损失赔偿时有意义,对于案涉工程款数额的认定并无影响。依据《合同法》第58条的规定,合同无效或者被撤销后,因该合同取得的财产,应当予以返还;不能返还或者没有必要返还的,应当折价补偿。有过错的一方应当赔偿对方因此所受到的损失,双方都有过错的,应当各自承担相应的责任。而本案中双方仅对工程款的计算数额存在争议,双方当事人均未提起损害赔偿之诉,因此,过错责任的认定并不影响对于案涉工程款数额的计算。

要点评析:建设工程施工合同无效的过错责任不影响工程价款数额的确定。

十九、合同无效情形下违法所得的收缴问题

建设工程施工合同无效,《民法典》施行前法院可以收缴当事人非法所得的依据是2004年《建设工程司法解释一》第4条,即“承包人非法转包、违法分包建设工程或者没有资质的实际施工人借用有资质的建筑施工企业名义与他人签订建设工程施工合同的行为无效。人民法院可以根据民法通则第一百三十四条规定,收缴当事人已经取得的非法所得”。其上位法是《民法通则》第134条第2款规定:“人民法院审理民事案件……还可以……收缴进行非法活动的财物和非法所得……”

虽然有上述法律依据,但司法实践中法院在建设工程施工合同纠纷案件中收缴非法所得的情况几乎没有。事实上,最高人民法院一直不倾向于收缴。笔者通过各种检索方式均未查找到建设工程施工合同纠纷案件中收缴非法所得的案例。在司法实践中,本应收缴而未收缴,一定会导致至少一方因合同无效而受益。换言之,本应收缴的非法所得在当事人之间分配了。如果没有相对公平的分配原则和尺度,一定会有当事人因自身过错而受益。笔者并不赞同法院收缴建设工程施工合同纠纷案件中的非法所得。一方面,工程价款中哪些是成本,哪些是所得,哪些又是非法所得,法院很难分辨;另一方面,工程价款的构成比较复杂,有劳动报酬、材料费、设计费及措施费等,难以合理区分开。

《民法典》并未吸收《民法通则》上述规定,且2004年《建设工程司法解释一》被废止后,其第4条关于收缴非法所得的规定,因缺少上位法依据而未被2020年《建设工程司法解释》吸收。旧法规定收缴非法所得的目的之一就是平衡当事人之间的利益,但其作用一直未能有效发挥。该规定被废止后,民法典时代,如何平衡当事人之间的利益,显得更为重要。

二十、合同无效与质保金的返还

建设工程施工合同无效，质保金条款不属于法律所规定的不受合同效力影响的条款。工程价款结算时，质保金应返还还是保留，司法实践中存在争议。

首先，分析质保金的性质。《建设工程质量保证金管理办法》第 2 条第 1 款质保金的定义为："本办法所称建设工程质量保证金（以下简称保证金）是指发包人与承包人在建设工程承包合同中约定，从应付的工程款中预留，用以保证承包人在缺陷责任期内对建设工程出现的缺陷进行维修的资金。"但《建设工程施工合同（示范文本）》（GF－2017－0201）第 1.1.5.7 条规定："质量保证金：是指按照第 15.3 款〔质量保证金〕约定承包人用于保证其在缺陷责任期内履行缺陷修补义务的担保。"第 15.3.1 条规定："承包人提供质量保证金有以下三种方式：（1）质量保证金保函；（2）相应比例的工程款；（3）双方约定的其他方式。除专用合同条款另有约定外，质量保证金原则上采用上述第（1）种方式。"从上述规章及施工合同示范文本中可以看出，质保金一般是工程价款的一部分预留在发包人处或双方约定承包人以其他方式缴纳或提供担保，用以保证承包人在缺陷责任期内的缺陷维修义务。

其次，质保金是否返还，不影响承包人在缺陷责任期内应承担的缺陷维修义务，其差别只是在于承包人的缺陷维修义务有无相应的担保。

有观点认为，建设工程施工合同无效，在工程价款结算时，发包人应向承包人返还已收取的质保金。司法实践中，相对于合同解除而言，合同无效后质保金是否应当返还而引发的争议较少。其原因可能是，因合同无效而引发的质保金返还争议多发生在工程竣工后，尤其是双方在工程价款结算或支付事宜问题上产生争议时，此时建设工程已竣工验收合格，合同约定的质保金返还期限已将届满或早已届满。而合同解除后发生质保金返还争议时，工程往往尚未完工，合同约定的质保金返还时间尚未达到。

虽然关于合同无效后质保金的返还问题没有明确规定，返还与否也都有其合理之处，但鉴于质保金条款因建设工程施工合同无效而无效，笔者认为应按法律规定返还。理由如下：建设工程施工合同无效，首要解决的是建设工程质量是否合格，这是双方结算工程价款的前提。而在结算工程价款过程中双方因质保金何时返还产生争议时，工程应当已验收合格，当事人关于质保金何时返还的约定无效，视为双方未约定返还期限。根据 2020 年《建设工程司法解释》第 17 条第 1 款第 2 项之规定，当事人未约定工程质量保证金返还期限的，自建设工程通过竣工验收之日起满2年。相对于其他类型的合同而言，法律、行政法规为建设工程施工合同设定的无效情形更多，其重要原因就是确保工程质量合格，而将当事人关于质保金的无效约定视为没有约定，更有利于督促承包人承担工程质量责任。

典型案例裁判观点及评析

最高人民法院(2017)民终字第360号案件裁判观点：关于质保金，工程造价包括质保金，故发包人折价补偿的金额应包括质保金。案涉主体分部工程分别于2013年9月29日、2014年4月20日通过验收。承包人请求返还质保金具有合理性。根据查明事实，不能认定未能竣工验收系承包人的原因造成，发包人主张仍然按照《建设工程施工合同》约定的竣工验收后3年返还质保金，依据不足。

要点评析：建设工程施工合同无效，发包人按照合同约定折价补偿承包人的工程价款数额包括质保金。但该裁判观点不考虑质保金单独的返还时间，值得商榷。

青海省高级人民法院(2020)青民终133号案件裁判观点：鉴于案涉《建设工程施工合同》无效，故双方对质保金返还期限视为未约定。根据《建设工程司法解释二》第8条第1款第2项的规定，当事人未约定工程质量保证金返还期限的，自建设工程通过竣工验收之日起满2年，承包人有权要求发包人返还工程质量保证金。案涉工程于2017年9月8日完成竣工验收，迄今已满2年。现发包人主张扣留质量保证金，缺乏事实依据和法律依据，二审不予支持。

要点评析：建设工程施工合同无效，合同约定的质保金条款亦无效，视为当事人对质保金返还期限未约定。

第二章

建设工程施工合同解除问题研究

任何一种合同的解除都不是合同履行的常态,建设工程施工合同的解除也不例外。最高人民法院《民事案件案由规定》中虽无"合同解除纠纷"的案由,但合同解除却是合同纠纷类案件中常见的问题之一,建设工程施工合同纠纷案件也是如此。笔者对建设工程施工合同解除问题的格外关注乃至深入研究缘于一起诉讼案件,案件历经一审(本诉和反诉)、二审、高级人民法院再审审查后指令中级人民法院再审,中级人民法院再审后发回一审法院重审,一审法院重审后双方均提起上诉。笔者从申请再审开始着手代理工作,发现建设工程施工合同解除纠纷比正常履行完毕后的结算纠纷所涉及的法律问题要复杂得多,诉讼周期可能更长,既可能涉及工程造价鉴定,也可能涉及工程质量鉴定,并且发包方和承包方均承受着巨大的风险和压力。

建设工程施工合同作为常见的有名合同之一,同样适用于《民法典》及其相关司法解释关于合同解除的一般规定。但建设工程施工合同的解除有其特殊性,且实务中往往注重合同解除后的结算问题,而忽略其他。合同解除的前提是该建设工程施工合同合法有效。建设工程施工合同无效,不存在合同解除的问题。合同解除分为协议解除、约定解除和法定解除三种。合同解除后,不仅仅涉及工程价款的结算问题,还涉及合同解除的通知方式、合同解除时间、工程质量是否合格、违约损害赔偿、可得利益损失以及质保金的返还等一系列问题。

一、合同解除的条件、本质和解除权归属

原《合同法》第 91 条规定,合同解除是合同权利义务终止的情形之一;而《民法典》第 557 条第 2 款规定,合同解除的,该合同的权利义务关系终止。立法上的这一变化,标志着现行立法将合同解除与狭义的合同终止相区分。无论《合同法》合同终止广义模式下的合同解除,还是《民法典》狭义模式下与合同终止相区别的合同

解除,其核心要素都是当事人终结合同项下权利义务关系的意思表示,是当事人意思自治的范畴,并非法律干预的结果。一般来讲,建设工程施工合同解除需具备以下条件:其一,合同是依法有效成立的;其二,合同尚在履行期;其三,合同尚未实际履行或者尚未履行完毕;其四,因主客观情况的变化,合同存在履行上的障碍,或者至少有一方当事人不愿意再继续履行合同。正如王利明先生所称:“合同解除是指合同有效成立以后,当具备合同解除条件时,因当事人一方或双方的意思表示而使合同关系自始消灭或向将来消灭的一种行为。”〔1〕

根据《民法典》规定,合同解除分为协议解除、约定解除和法定解除。三种解除都是针对有效成立的合同,其目的都是摆脱存在履行障碍的合同的束缚、终结合同项下的权利义务关系。从协议解除到约定解除,再到法定解除,当事人的意思自治逐渐减弱,但均未超出当事人意思自治的范畴。

合同解除的效果在理论上存在多种学说:一是直接效果说,系德国以前的通说,该说主张解除不仅消灭没有履行的给付,而且将全部合同关系予以消灭。〔2〕二是间接效果说,该说主张合同解除并不导致全部合同消灭,而是产生一种对尚未履行债务的拒绝履行的抗辩权,从而使合同的作用发生停滞,而已履行的部分则产生一种返还之债。〔3〕三是折中说,该说主张解除权仅向未来发生消灭的效力,也就是未履行的债务自解除之时消灭,已经履行的债务并不消灭。〔4〕四是清算关系说,目前为德国主流观点。该说认为解除所导致的法律效果乃是基于这一单方法律行为而产生,并非因为法律的直接规定,解除不仅使当事人摆脱债权债务契约,而且产生返还给付的义务。“解除权的行使,于双方之给付义务已履行时,则建立了返还义务,解除权只是变更了契约的债之内容,其债之关系仍然存在,因解除而在内容上变更为‘清算关系’。”〔5〕

笔者认为,直接说不可取。若合同自始不存在,合同的违约金条款、争议解决条款等将无法适用,更为重要的是,该说更不适合继续性履行合同。间接说也不可取,不适合我国合同领域。因为《民法典》第566条规定“合同解除后,尚未履行的,终止履行”,当事人无须通过抗辩的方式拒绝履行。折中说,融合了直接说和间接

〔1〕 王利明:《违约责任论》,中国政法大学出版社1996年版,第520页。

〔2〕 黄立:《民法债编总论》,中国政法大学出版社2002年版,第529页。

〔3〕 韩世远:《合同法》(第3版),法律出版社2011年版,第525页。

〔4〕 郑玉波:《民法债编总论》,陈荣隆修订,中国政法大学出版社2004年版,第334页。

〔5〕 黄立:《民法债编总论》,中国政法大学出版社2002年版,第530页。

说的优点,可取之处是合同解除无溯及力的观点,但排除了当事人意思自治在已履行部分返还上的适用。清算关系说,既以合同解除无溯及力为基础,又以"清算关系"为当事人解决合同解除后续事宜留下了意思自治的空间。笔者认为,合同解除的本质是终结合同项下的债权债务关系,并形成一个新的债权债务法律关系。新的法律关系可能涉及恢复原状、返还财产、采取其他补救措施、赔偿损失等债权请求权中的一种或数种。尤其是协商解除,本身就是以一个新合同来终结原先订立的合同。因此,清算关系说较为符合我国目前的立法现状。合同解除的本质,是终结旧的法律关系,形成新的法律关系。

《民法典》只赋予合同当事人享有解除权。合同法时代通说认为只有守约方才有解除权,违约方不享有解除权。进入民法典时代后,特定情形下,也可以允许违约方解除合同。但无论如何,合同解除权只属于当事人,法律没有赋予法院解除合同的权利,法院不得超出当事人诉讼请求或依职权解除合同。司法实践中经常遇到以下两种现象。

一是法院帮原告找寻合同解除的理由。比如,原告以"被告明确表示或者以其行为表明不履行主要债务"为由要求解除合同,法院审理查明后却以"被告的违约行为致使不能实现合同目的"为由判决解除合同。笔者认为,作为请求解除合同的原告,应对其享有解除权或其诉讼请求符合法定解除情形负有举证责任,而法院在审理此类案件时,也应当查明原告要求解除合同的理由是否符合合同约定或法律规定,进而作出是否支持原告诉讼请求的裁决。简言之,虽然原告要求解除合同,但法院不应当依职权帮原告找寻解除合同的理由。道理很简单:纵使有再多可以解除合同的情形,只要当事人不主张,法院不应当主动干预。

二是法院超出当事人诉讼请求范围解除合同。当事人并未主张解除合同,法院却判决支持了只有基于合同解除才能主张的诉讼请求。此问题后文将详细论述。

合同解除,属当事人意思自治的范围,应当坚持"不告不理"的基本原则。如果法院偏离居中裁判的中立地位,对另一方当事人是不公平的。这样的判决结果属于广义上的"判非所诉",也是部分案件中当事人申请再审的理由。

二、发包人解除合同的情形

根据2004年《建设工程司法解释一》第8条的规定,发包人可以要求解除施工合同的理由主要有以下四种情形:一是承包人拒绝履行施工义务;二是承包人未按约定时间完工，经发包人催告，在合理期限内仍未完工；三是已完成部分工程质量不合格，且承包人拒绝修复；四是承包人将工程非法转包或违法分包。这是《合同法》第94条在建设工程施工合同解除问题中的具体适用，但《民法典》第806条第1款在吸收该条时只保留了“承包人将工程转包、违法分包”一种情形，剩余情形适用第563条的一般规定。

实务中，发包人想要解除合同的情形颇为常见，其原因综合来讲，合同履行过程中双方之间的矛盾日积月累而无法调和，进而影响工程进度或工程质量。一旦发包人提出解除合同，可能将面临承包人所采取的拒不退场、教唆工人闹事等抗拒措施。这也跟双方市场地位的变化有很大关系，发包人在合同签订过程中处于绝对优势地位，而合同签订完毕进入履行阶段后，承包人却又处于相对优势地位。如无承包人的配合，发包人想要将承包人清场出局是很难的。而且一旦解除合同，发包人可能面临巨大的风险。比如，因工程价款无法达成一致而导致的长期扯皮或漫长的工程造价鉴定，时间之久，发包人难以承受；已完工部分质量问题的处理风险及停工的损失风险等。在合同解除的原因或依据方面，因有《民法典》第563条的一般性规定和第806条的具体规定，实务中倒也无太多疑难问题。司法实践中下列问题容易引发争议。

第一，已经完成的建设工程质量不合格的举证责任分配问题及工程质量责任的划分问题。虽承包人有义务证实已完工工程的质量符合合同约定或国家强制性标准，但在发包人以工程质量不合格为由而主张解除合同时，工程质量不合格的举证责任应当分配给发包人，这也符合“谁主张，谁举证”的基本证据规则。关于工程质量问题系专业性较强的问题，可能需要借助工程质量鉴定。如果发包人向法院申请工程质量司法鉴定，除现有证据可证实建设工程存在质量问题外，法院不能以发包人未能完成初步举证责任为由不准许鉴定申请。因为申请鉴定是当事人的举证权利和举证方式。相关理由将在司法鉴定章节有详细阐述，在此不再赘述。工程质量责任由承包人承担为原则，发包人承担为例外。发包人因过错应承担的工程质量责任，相当于承包人是免责的，在这种情况下，虽有工程质量问题且承包人拒绝修复的，发包人能否要求解除合同，是存在争议的。笔者认为，承包人拒绝履行的，如果是其非主要义务且不足以导致合同目的无法实现的，或者承包人出于施工安全或工程质量考虑而拒绝按发包人的指示履行的，发包人无权要求解除合同。

第二，发包人默许承包人非法转包或违法分包的，其因承包人非法转包或违法分包而享有的解除权是否丧失？非法转包和违法分包虽然是法律、行政法规所禁止的违法行为,会有相应的否定性评价,但从发包人解除合同的事由这个角度来讲,如果发包人默许了这种违法行为,其不能再以此为由要求解除合同。有观点认为,合同解除权系形成权,只有除斥期间届满后,解除权人才丧失解除权。笔者认为这种观点本身没问题,但忽略了以下两个因素:一是发包人的默许代表其已默示放弃解除权,完全属于意思自治的范畴,事后不能再以此理由主张解除权;二是很多情况下,建设工程工期短于除斥期间,如果允许发包人在除斥期间内可任意反悔,施工合同能否继续履行始终会处于不确定的状态,不利于保障施工安全和工程质量。

典型案例裁判观点及评析

最高人民法院(2018)最高法民终74号案件裁判观点:承包人在发包人并不拖欠其工程进度款的情况下停工,且经发包人催告仍拒不履行约定的复工义务,而上述义务属于承包人在案涉合同中的主要义务,根据《合同法》第94条第3款和《建设工程司法解释一》第8条第1项之规定,发包人有权解除合同,故案涉合同自发包人向承包人发出的《关于解除建设工程施工合同的函》送达之日起解除。

要点评析:在合同履行期限届满前,承包人明确表示或以自己的行为表明不履行合同主要义务的,发包人有权解除合同,自发包人解除合同的通知到达承包人时合同解除。

最高人民法院(2015)民提字第193号案件裁判观点:承包人对市质监站以及此前发包人多次提出的质量问题存在拒绝修复的行为。依据《建设工程司法解释一》第8条第3项"已经完成的建设工程质量不合格,并拒绝修复的"的规定,发包人基于承包人存在的违约行为,亦有权解除双方合同。

要点评析:承包人已完成的建设工程质量不合格,并拒绝修复的,发包人有权解除合同。

三、承包人解除合同的情形

根据《民法典》第806条的规定,承包人可以要求解除合同的理由主要有三种情形:一是发包人未按约定支付工程价款,且在催告的合理期限内仍未支付的;二是发包人提供的主要建筑材料、建筑构配件和设备(俗称"甲供材")不符合强制性标准;三是不履行约定的协助义务。这也是《民法典》第563条在建设工程施工合同解除问题中的具体适用。除第三种情形源于《民法典》第 778 条承揽合同中的特殊规定外,其余两种情形均是发包人不履行合同主要债务的具体化。

实务中,即使发包人未按约定支付工程价款,承包人一般会选择垫资施工,或拖欠建筑工人工资、拖欠建筑材料供应商和设备租售商的款项而转嫁风险,即使选择停工,也是其索要工程价款的手段而非真心撤场。除非承包人认为发包人已无经济能力而不愿意再继续垫资施工,或承包人无能力继续垫资。所以承包人主动要求解除合同的情况相对较少。甚至有的承包人一开始选择的就是垫资施工直到竣工结算,这是目前建筑市场极不健康的表现,也是建设工程施工合同纠纷案件较多的重要原因之一。

承包人要求解除合同时,司法实践容易引发争议的问题集中在合同解除之后相关事宜的处理上。典型的问题有以下两类。

第一,已完工工程质量是否合格问题。由于建设工程尚未完工,承包人有义务证实已完工部分的工程质量合格,这是其主张合同解除后果即索要工程价款及利息的前提。承包人如何证明工程质量合格,除验收报告等凭证外,仍需通过工程质量鉴定的方式来确定是否合格。根据《民法典》第 806 条第 3 款之规定,如果已完成的工程质量不合格,参照《民法典》第 793 条之规定即由承包人修复。若修复后仍不合格,根据《民法典》第 793 条之规定,承包人无权请求参照合同关于工程价款的约定折价补偿,但并不意味着发包人不承担任何责任。此部分将在“工程质量责任”一章详细论述。

第二,承包人依据《民法典》第 806 条第 2 款主张解除合同,是否必须以催告发包人履行合同主要债务为前提?笔者认为,根据《民法典》第 563 条之规定,有三种情况是不用催告的:一是不可抗力致使合同目的无法实现;二是另一方明确表示或以自己的行为表明不履行主要债务的;三是另一方的违约行为致使合同目的不能实现的。对于承包人要求解除情形下的建设工程施工合同而言,除发包人不履行合同约定必要的协助义务外,其他均是不履行主要债务的行为,应当经催告后方可行使解除权,除非发包人明确表示或以自己的行为表明不履行该主要债务。虽然根据《民法典》第 806 条第 2 款之规定,发包人不履行合同约定的必要协助义务须以承包人催告作为解除合同的前提,但司法实践中此种情形无须催告也可以,因为此种情形往往导致合同目的无法实现,即使承包人不催告,也符合合同解除的法定情形。

典型案例裁判观点及评析

新疆维吾尔自治区高级人民法院(2018)新民终33号案件裁判观点:根据《建设工程司法解释一》第9条第3项“不履行合同约定的协助义务的”之规定,至本案法庭辩论终结前,发包人仍未办理涉案工程施工许可证,导致合同无法继续履行,承包人依据合同约定及法律规定均有权解除合同。

要点评析:发包人不履行合同约定的协助义务,承包人有权请求解除合同。但此种情形,不一定非要按照2004年《建设工程司法解释一》第9条(已被《民法典》第806条第2款吸收)之规定需以催告为前提,因为此种情形导致合同目的无法实现,即便承包人不催告,也符合合同解除的法定情形。

最高人民法院(2019)最高法民申5051号案件裁判观点:承包人在催告后,公证送达《解除合同通知书》,符合《合同法》第94条和《建设工程司法解释一》第9条的规定,且从本案的实际情况来看,承包人已经退场,合同的目的已经无法实现,原判决解除双方的合同并无不当。

要点评析:发包人不履行合同的主要义务,经承包人催告后在合理期限内仍未履行的,承包人有权请求解除合同。

四、民法典时代合同的解除方式及解除时间

原《合同法》第93条第1款规定了当事人协商解除合同,即协议解除,第2款规定了约定解除权。第94条规定了可以解除合同的法定情形,即法定解除权。根据其第96条第1款的规定,具备第93条第2款和第94条规定的情形时,当事人可以采用通知的方式解除合同,合同自通知到达对方时解除。实务中,更多的当事人采取的是通过诉讼的方式解除合同,可能是由于此种方式连同解除合同的法律后果一并处理得较为彻底的缘故。

但司法实践中对上述规定适用过程中存在的以下三种现象,值得反思。

第一,原告要求解除合同时,未明确其提起的是形成之诉还是确认之诉,甚至法院有时也不加以核实或区分。其实两种诉讼方式的审查内容是有区别的,比如,前者重点审查原告要求解除合同的理由是否符合约定解除或法定解除的情形,后者应重点审查原告是否享有解除权、是否有效通知到对方及对方有无在法定期限内提出异议等。此种现象容易导致两种后果:一是可能存在法院偏离当事人意思表示而依职权解除合同的情形;二是影响合同解除时间的确定。

第二,判决中合同解除的时间不明确,往往推断为判决生效之日。笔者收到的解除合同的判决中从未有载明明确的解除时间的。其中原因,除未加区分形成之诉和确认之诉外,对“自通知到达对方时解除”的理解存在偏差。争议最大的是,法院或仲裁机构的起诉状副本或者仲裁申请书副本送达对方时,是否可认定为“通知到对方”。笔者想要检索一份载明明确解除时间点的典型案例,结果却非常不理想。

第三,未明确发函要求解除合同的一方是否可以提起确认合同解除效力的确认之诉。比如,承包人发函要求解除合同的,发包人收到后有异议的,承包人是否可以提出确认合同解除效力的确认之诉,因《合同法》第 96 条未表述清楚,司法实践中容易想当然地认为承包人提起的就是形成之诉而非确认之诉。

《民法典》第 562 条除个别措辞外,与《合同法》第 93 条一致。《民法典》第 563 条第 1 款与《合同法》第 94 条一致。而《民法典》第 565 条在《合同法》第 96 条的基础上加以完善,弥补了不足,显得更为科学、严谨。其进步性体现在以下几个方面。

第一,明确了合同各种解除方式下的解除时间,尤其是明确将自起诉状副本或者仲裁申请书副本送达对方时确定为合同解除的时间点,将改变以往各级法院在判决中不确定解除时间的习惯性做法。同时,将解决以往各级法院对起诉状副本送达时间能否作为合同解除时间的争议。

第二,明确了发函要求解除合同的一方也可提起确认合同解除效力的确认之诉。这将有利于辨别形成之诉和确认之诉。

第三,增加了“限期履行义务,逾期合同自动解除”的解除方式。以往实务中通常要发两份函件才有可能达到解除合同的预期效果。第一份函件是要求限期履行义务并告知逾期未履行则解除合同,随后第二份函件才是解除合同通知书。《民法典》实施后,两份函可以合二为一,更加便捷,可操作性更强。

综上,《民法典》施行后,当事人解除合同的方式:一是双方协商一致,以协议方式解除合同;二是以通知的方式解除合同,其中可以是附履行期限的通知方式,依法可以达到合同自动解除的法律效果;三是以诉讼方式解除合同,包括形成之诉和确认之诉。合同解除时间是依法享有解除权人将解除合同通知送达对方时,包括通过法院或仲裁机构将起诉状副本或仲裁申请书副本送达对方时。

典型案例裁判观点及评析

最高人民法院(2016)最高法民再 53 号案件裁判观点:广东省广州市中级人民

法院(2006)穗中法民五初字第26号民事判决主文第一项表述为“解除”土木公司及三星公司于2004年12月31日签订的《和解协议》。广东省高级人民法院(2011)粤高法民一终字第1号民事判决主文第二项表述为“维持”(2006)穗中法民五初字第26号民事判决主文第一、七项。上述判项中并未注明解除《和解协议》的具体时间。若非该案判决生效的时间为解除上述《和解协议》的时间,则应写明具体解除时间。

要点评析:无论基于当事人何种解除合同的请求,法院判决或确认解除合同时,都应明确合同解除的时间。

江苏省高级人民法院(2016)苏民终946号案件裁判观点:虽然承包人提起本案诉讼之前,未向发包人发出过解除合同通知书,但其请求解除合同的主张在起诉状中已经予以列明,并且一审法院于2015年3月25日依法向发包人送达了起诉状副本等诉讼文书。发包人在接收有关诉讼文书后拒绝在送达回证上签字,不影响本案诉讼文书已送达的法律效力,故其拒绝签字之日应视为该起诉状副本送达之日,涉案合同应于2015年3月25日解除。一审判决认定合同解除之日为承包人起诉之日即2015年3月3日不当,本院予以纠正。

要点评析:事实上,在《民法典》施行前,当事人通过提起诉讼的方式解除合同的,也应当将起诉状副本送达对方的时间作为合同解除的时间。

五、民法典时代自动解除合同在建设工程施工合同中的运用

《民法典》第565条在《合同法》第96条的基础上新增了附期限解除合同的情形,即“通知载明债务人在一定期限内不履行债务则合同自动解除,债务人在该期限内未履行债务的,合同自通知载明的期限届满时解除”。“这里的附期限解除不同于当事人在合同中约定的解除合同的条件或期限。前者发生在合同有效成立之后,是解除权人在行使解除权时单方确定的条件或期限。后者发生在合同订立之时,是双方当事人合意确定的解除权发生的条件或期限。前者在通知所载明的履行期限届满而债务人仍未履行合同的情况下,即发生合同自动解除的法律效力,而无需再向债务人发出解除合同的通知。后者在条件成就时,仍须向对方发出解除合同通知,才发生解除合同的法律效力。”[1]

---

〔1〕 最高人民法院民法典贯彻实施工作领导小组主编:《中华人民共和国民法典合同编理解与适用(一)》,人民法院出版社2020年版,第655页。

发包人具有《民法典》第806条第2款所规定情形的,承包人要求发包人在一定期限内履行合同义务的通知中载明“若发包人在一定期限内不履行合同义务则合同自动解除”。发包人在通知中载明的期限内未履行合同义务的,合同自通知载明的期限届满时解除。

上述“一定期限内”应当是合理的期限内,具体可以与《民法典》第563条和第564条等条款中的合理期限一致。附期限解除合同的方式具有操作便捷、节省资源及事后单方行为即可决定等优点,或许在建设工程施工合同领域将会得到广泛运用。对于合同自动解除模式下当事人利益的平衡和救济,重点在于确认解除合同效力的确认之诉。关于确认之诉,将在后方重点探讨。

六、判决应载明明确的合同解除时间

从《民法典》较《合同法》新增的内容来看,《民法典》更注重合同解除时间的确定。司法实践中,很多解除合同的判决主文都未载明明确的合同解除时间,往往需要将判决生效之日推定为合同解除之日。严格来说,判决主文未载明合同解除时间而依赖于推定判决生效之日为合同解除时间的判决结果,是错误的。一方面,通过法庭调查,完全可以确定合同解除的具体时间而未调查清楚,可能存在认定案件事实不清的问题;另一方面,《合同法》第96条对合同解除时间有明确规定,可能存在违反该规定或法律适用错误的问题。事实上,《民法典》并未新增合同解除时间的规定,只是以更加明确的方式纠正了司法实践中部分未将“起诉状副本或者仲裁申请书副本送达对方时”作为“通知到达对方时”的错误认识。

在建设工程施工合同纠纷案件中,明确合同解除时间的意义在于以下几方面:

第一,合同解除的时间,是当事人合同项下权利义务终止的时间,同时也是新的法律关系形成的时间。正如合同成立和生效一样,合同解除也应当有明确的时间。笼统地将判决生效之日推定为合同解除之日至少是不准确的,不能准确反映当事人合同项下权利义务应当终止的时间。

第二,如果已完成的建设工程质量合格,发包人有义务按合同约定支付工程价款,合同解除的时间可能影响应付工程价款之日的确定和工程价款利息的起算等问题。如果已完成的建设工程质量不合格,承包人有义务进行修复,修复后最终还是涉及应付工程价款之日的确定和工程价款利息的起算等问题。另外,如果因承包人原因拖延修复,造成工程价款迟延结算的责任就在于承包人。

第三,建设工程施工合同的解除时间,还影响着承担违约责任的问题。比如,逾期完工的违约问题,合同解除时间推后一天,逾期完工的时间就增加一天,承包人应承担的违约责任也相应增大。

第四,建设工程施工合同的解除时间,还影响建设工程保修期限的起算问题。此问题在“建设工程质量责任问题研究”一章再展开论述。

第五,建设工程施工合同的解除时间,还影响工程价款优先受偿权期限的起算问题。例如,广东省深圳市中级人民法院《关于建设工程施工合同若干问题的指导意见》(2006 年)第 29 条规定:“在工程竣工验收合格前,建设工程合同被解除的,承包人对已完工程享有建设工程价款优先受偿权,承包人行使优先权的期限为六个月,自建设工程合同解除之日起计算。”

上述几点未必是合同解除时间的全部影响。无论合同法时代还是民法典时代,合同解除时间的确定均不缺少法律依据,而且合同解除时间的准确确定将影响当事人的诸多权益。尤其在《民法典》施行后,法院应查明解除合同通知或起诉状副本送达对方的时间,并在判决主文中明确载明合同解除时间。

典型案例裁判观点及评析

最高人民法院(2017)最高法民终 722 号案件裁判观点:原告起诉请求解除合同符合法定解除条件,据此法院以判决的方式判令案涉两协议予以解除,系人民法院行使公权力对于当事人私领域的商事交易行为的判定,其解除的时间应为本判决生效之日。本案中,虽然合同解除时间的确定对当事人的实体权利并无影响,但一审法院确认案涉两协议解除的时间为向被告送达起诉状的日期,属适用法律不当,本院予以纠正。

要点评析:《民法典》施行前,此种裁判观点也是错误的。将判决生效之日作为合同解除的时间,没有事实和法律依据。《民法典》施行后,已规定明确的解除时间,此类争议应当不会再发生。

最高人民法院(2018)最高法民申 3135 号案件裁判观点:涉案《建设工程施工合同》,已被另案 629 号判决判令解除,该判决于 2016 年 7 月 2 日被承包人签收至 2016 年 12 月 29 日向一审法院提起建设工程优先受偿权之诉,未超过 6 个月法定期限。

要点评析:判决主文应载明明确的合同解除时间,该时间也关系当事人的诸多权益。

最高人民法院(2017)最高法民终666号案件裁判观点：一审判决解除案涉《建设工程施工合同》及相关协议，双方均无异议，本院予以确认。二审中，双方自2018年3月29日经法院组织完成案涉工程场地移交，本院判定自2018年3月29日起解除案涉《建设工程施工合同》及相关协议。

要点评析：法院在审理案件过程中应当查明或认定合同解除的时间。

七、民法典时代的通知解除及异议权

《民法典》第565条在吸收《合同法》第96条的基础上完善了通知解除的相关规定，更加明确了合同通知解除的方式和法律后果，更贴近实务，可操作性也更强。《民法典》施行后，采用通知方式解除合同的情况，可能比以往要多。通知解除在合同法时代是最为模糊的解除方式，司法实践中也是如此，当事人明明要求的是确认解除合同的效力，法院却判决强制解除。笔者认为，通知解除应注意以下三个问题。

第一，是否享有解除权问题。解除权是合同当事人依照合同约定或法律规定享有的解除合同的权利，它的行使直接导致合同权利义务消灭的法律后果。合同解除权在性质上属于形成权，可依照解除权人单方意思表示就使合同解除。但前提是要求解除合同的人须依法享有解除权，才有可能实现合同解除的法律后果。《合同法》第96条规定的“当事人一方依照本法第九十三条第二款、第九十四条的规定主张解除合同”和《民法典》第565条第1款规定的“当事人一方依法主张解除合同”，强调的都应当是当事人享有解除权。

第二，要求解除合同的通知必须到达相对方。通知解除的送达方式分为三种：第一种，直接将解除合同通知送达对方。第二种，送达给对方的通知中载明：限债务人在一定期限内履行债务，若在该期限内不履行债务，则该期限届满时合同自动解除。第三种，直接以提起诉讼或者申请仲裁的方式向对方送达包含解除合同请求的起诉状或仲裁申请书。

第三，相对方的异议权。为了维护相对方即非解除权人的利益以及防止合同一方滥用解除权，在赋予一方享有解除权的同时，《合同法》也赋予了合同另一方异议权，即在解除通知到达相对方后，相对方有权对解除合同的效力提出异议。如果相对方对解除合同提出异议的，解除权人可以请求法院或者仲裁机构确认解除合同的效力，即提起请求法院确认相对方收到解除合同通知后合同已解除的确认之诉。相对方也可提起请求法院确认合同不发生解除效力的确认之诉。解除合同通知到达相对方后，任何一方均可提起解除合同效力的确认之诉，是《民法典》加以完善的内容。

但相对方提出异议是有期限限制的，对该期限合同有约定的，按照约定处理，无约定的，按照法律规定处理。《合同法》和《民法典》均未明确规定期限。《合同法解释二》第24条规定："当事人对合同法第九十六条、第九十九条规定的合同解除或者债务抵销虽有异议，但在约定的异议期限届满后才提出异议并向人民法院起诉的，人民法院不予支持；当事人没有约定异议期间，在解除合同或者债务抵销通知到达之日起三个月以后才向人民法院起诉的，人民法院不予支持。"《合同法解释二》废止后，需要新的司法解释对此问题进行明确。

司法实践中容易产生争议的问题是，相对方在3个月内未提起合同解除效力的确认之诉是否一定产生合同解除的法律后果？

最高人民法院在(2013)民申字第2018号案件中曾有这样的裁判观点："一方送达解除合同通知后，合同相对方在收到解除合同通知后应在异议期内请求人民法院确认解除合同的效力，但其如果没有提起确认解除合同是否有效的确认之诉，法院再对解除合同是否符合法定情形进行实质性审查，将使《合同法解释二》第24条的规定形同虚设，导致解除合同的效力长期处于不确定和不稳定状态，这与合同法立法目的相违背。"

最高人民法院院长信箱《关于如何理解与适用合同法解释(二)第24条问题的答复》曾这样答复："合同法解释二第24条规定：'当事人对合同法第九十六条、第九十九条规定的合同解除或者债务抵销虽有异议，但在约定的异议期限届满后才提出异议并向人民法院起诉的，人民法院不予支持；当事人没有约定异议期间，在解除合同或者债务抵销通知到达之日起三个月以后才向人民法院起诉的，人民法院不予支持。'如果合同当事人一方在不具有解除权的情况下，向对方发出了解除通知，对方在本条规定的异议期经过后才向人民法院起诉提出异议的，人民法院是否支持，无论是在学术界还是在各地法院的审判实践中均存在争议。肯定的观点主张，本条适用的前提是主张解除合同的一方应具有解除权，否则，对方提出异议的权利不受异议期的限制，本条不适用，人民法院对解除异议的诉讼请求仍应支持；否定的观点主张，异议期限经过，异议权不再受法律保护，此时无论解除合同的一方是否具有解除权，对方当事人均无权再对合同解除提出异议，故对此种情形下的异议诉请，人民法院不应支持。以上两种观点，均具有一定的理论依据和现实基础，根本差别在于对异议权的性质、异议期限经过的后果等认识不同。对此，最高法院将在进一步研究论证的基础上，以司法解释、司法政策或典型案例等形式，明确提出相应的意见，以统一裁判尺度。”

上述裁判观点，值得商榷。若要达到解除合同的效果，须以送达解除合同通知要求解除合同的一方享有解除权为前提。如果送达解除合同通知的一方压根就不享有解除权，法律就不能“强迫”另一方必须在一定期限内提起确认解除合同是否有效的确认之诉。无论相对方过多久未提异议，都不会导致合同解除的法律后果。无论是自认为享有合同解除权的人提起的形成之诉，还是相对方所提起的解除合同是否有效的确认之诉，法院都应当先审查自认为享有合同解除权的人是否依法或依约享有解除权。

最高人民法院研究室《对〈关于适用《中华人民共和国合同法》若干问题的解释（二）〉第二十四条理解与适用的请示的答复》（2013 年 6 月 4 日，法研〔2013〕79 号）中这样答复浙江省高级人民法院：“当事人根据合同法第九十六条的规定通知对方要求解除合同的，必须具备合同法第九十三条或者第九十四条规定的条件，才能发生解除合同的法律效力。当事人没有约定异议期间，一方当事人在《合同法解释（二）》施行前已依法通知对方当事人解除合同，对方当事人在《合同法解释（二）》施行之日起三个月以后才起诉的，人民法院不予支持。”

《九民纪要》第 46 条规定：“审判实践中，部分人民法院对合同法司法解释（二）第 24 条的理解存在偏差，认为不论发出解除通知的一方有无解除权，只要另一方未在异议期限内以起诉方式提出异议，就判令解除合同，这不符合合同法关于合同解除权行使的有关规定。对该条的准确理解是，只有享有法定或者约定解除权的当事人才能以通知方式解除合同。不享有解除权的一方向另一方发出解除通知，另一方即便未在异议期限内提起诉讼，也不发生合同解除的效果。人民法院在审理案件时，应当审查发出解除通知的一方是否享有约定或者法定的解除权来决定合同应否解除，不能仅以受通知一方在约定或者法定的异议期限届满内未起诉这一事实就认定合同已经解除。”

典型案例裁判观点及评析

最高人民法院（2018）最高法民申 1178 号案件裁判观点：依据合同法及相关司法解释的规定，当事人主张解除合同，应通知对方当事人，解除理由成立的，以通知到达对方当事人时间为合同解除时间；对方当事人对合同解除有异议但未在收到通知 3 个月内提起诉讼的，应认定合同自通知到达时已解除。

要点评析：享有解除权的一方当事人请求解除合同，解除合同通知到达相对方时，合同解除。相对方收到解除合同通知后未在3个内提起确认不发生解除效力的确认之诉，合同自解除通知到达时已解除，该裁判观点值得商榷。相对方的异议，除通过提起诉讼或申请仲裁的方式提出外，也可以向另一方当事人提出。

八、合同解除后违约损害赔偿的性质与范围

《民法典》第566条第1款规定："合同解除后……当事人可以要求……并有权要求赔偿损失。"

有观点认为，合同解除后的损害赔偿是违约损害赔偿和债权损害赔偿的结合。[1] 也有观点认为，合同解除场合的赔偿损失，依然是违约赔偿损失，赔偿范围以履行利益（包括合同履行后可以获得的利益）为主，在不发生重复填补问题的前提下，也可以包括其他损失的赔偿（信赖利益、固有利益）。[2] 笔者认为，从《民法通则》第111条到《合同法》第97条，再到《民法典》第566条，合同解除与债务不履行的损失赔偿责任是可以并存的，合同解除后不影响当事人要求赔偿损失的权利。合同解除后的损害赔偿，是一方当事人不履行合同义务所应承担的违约责任，相对方所遭受的损害也是因另一方的违约行为引起的，合同解除后，当事人合同项下的权利义务关系终止并形成新的损害赔偿关系。因此，合同解除场合的损害赔偿从性质上来讲依然是违约责任。比如，2004年《建设工程司法解释一》第10条第2款也是基于违约责任的规定。

民法上的损失，笼统地讲，包括直接损失和间接损失，其中间接损失又称可得利益损失。简单说，直接损失是指现有财产的减少。间接损失是指未来可得利益因侵害行为而没有得到。违约损害赔偿的范围包括直接损失，已基本无争议，但合同约定的违约责任不足以弥补实际损失时，如何处理？根据《合同法》第114条第2款和《合同法解释二》第28条之规定，违约方依据合同约定应承担的违约责任，不足以弥补守约方的实际损失时，守约方有权请求将违约责任增加至相当于因违约所造成的损失。《民法典》第585条第2款吸收了《合同法》第114条第2款，但《合同法解释二》废止后，尚未有新的司法解释替代，使增加违约金的数额如何限制及增加违约金后能否再主张赔偿损失等问题暂时缺乏相应的规定。期待民法典合同

---

〔1〕 林宏坚、曾祥生：《论合同解除后的损害赔偿》，载《法律适用》2010年第9期。

〔2〕 韩世远：《合同法总论》，法律出版社2018年版，第687页。

编司法解释尽快出台并解决此问题。

司法实践中争议较大的是,可得利益损失是否属于违约损害赔偿的范围。

根据住房和城乡建设部和原国家工商行政管理总局《施工合同示范文本 2017》通用条款第 16.1.4 条、第 16.2.4 条、第 17.4 条等规定,施工合同解除的,承包人根据解约的原因不同,可主张的损失赔偿范围包括以下全部或部分:(1)扣减承包人应支付的违约金(及其他款项);(2)扣减因解除合同给发包人造成的损失;(3)发包人要求承包人退货或解除订货合同而产生的费用,或因不能退货或解除合同而产生的损失;(4)承包人撤离施工现场以及遣散承包人人员的费用;(5)因解除合同给承包人造成的损失。

司法实践中,争议较多的上述第(5)项,一般理解为可得利益损失,即如正常履行合同可以获得的利益。根据《民法典》第 584 条(吸收了《合同法》第 113 条)之规定,违约损害赔偿的范围包括可得利益损失。这是可得利益损失赔偿的法律依据,但该规定毕竟是一般规定,因在建设工程施工合同案件中如何适用争议较大,多地高级人民法院出台了相应的指导意见。

广东省高级人民法院《关于审理建设工程合同纠纷案件的暂行规定》(2000年)第 22 条规定:"发包人与承包人签订建设工程合同后又毁约的,应赔偿承包人由此而造成的损失,该损失应当包括承包人履行合同后可以获得的利益。"

吉林省高级人民法院《关于商事案件适用合同解除制度若干问题的解答》(2014 年)第 34 条规定:"合同解除后,当事人主张按未履行完毕的合同期间计算可得利益损失的,人民法院不应支持。计算可得利益损失的期间应自对方违约致合同不能履行之日起至合同解除后的合理期间届满之日止。"

最高人民法院在(2018)最高法民申 2258 号案件中对"应当将可得利益损失纳入合同解除后的损失赔偿范围"的裁判理念是这样阐述的:"可得利益是合同履行后可以获得的利益,是对债务不履行的赔偿,法律规定可得利益的目的主要在于通过加重当事人的违约成本,以期遏制违约行为的发生,督促当事人诚信履约,保护守约方的信赖利益,并弥补守约方因对方违约而造成的实际损失。如在因违约方违约导致合同解除的情况下,将损害赔偿范围仅限定于守约方因对方违约而产生的损失,不将可得利益损失纳入其中,显然将会在一定程度上鼓励甚至纵容当事人违约行为的发生,亦不符合合同法关于赔偿可得利益损失的立法初衷。因而,可以并且应当将可得利益纳入合同解除后的损失赔偿范围,但应以不超过违约方在订立合同时预见或应当预见违反合同可能造成的损失为限。"

虽然《民法典》第584条的规定过于原则，但违约损失赔偿范围包括可得利益损失因有明确的法律依据已被普遍接受。

典型案例裁判观点及评析

最高人民法院(2020)最高法民申2786号案件裁判观点：涉案《会议纪要》与发包人多次催促承包人施工的函件能够证明工期延误系承包人造成，应承担工期延误的违约责任。发包人提交的证据可以证明因承包人工期延误产生的实际损失为2,549,040元。合同专用条款39.2约定工期延误的违约责任累计不超过50万元，过分低于实际损失，发包人请求调整，原判决依照《合同法》第114条第二款及《合同法解释二》第28条的规定，支持发包人关于实际损失2,549,040元的请求，具有事实和法律依据。

要点评析：因承包人原因导致合同解除，承包人应向发包人承担的损失赔偿数额应当相当于因违约所造成的损失，如果约定的违约责任不足以弥补发包人的实际损失，发包人可以请求增加违约责任至相当于因违约所造成的实际损失。

最高人民法院(2019)最高法民申5423号案件裁判观点：发包人违反《建设工程施工合同》约定，将承包人承包的小区服务中心广场工程项目，发包给案外人施工，原审判决发包人承担给付承包人承包小区服务中心广场工程项目预期利益损失的责任并无不当。

要点评析：因发包人原因导致合同解除给承包人造成损失的，发包人应承担赔偿损失的违约责任，损失赔偿数额包括合同履行后可以获得的利益。

九、合同解除情形下可得利益损失的认定问题

如前文所述，可得利益损失属于合同解除场合下违约损害赔偿的范围。司法实践中争议最大、最难以确定的就是可得利益损失的范围如何确定。笔者接受的咨询中，经常被问到的问题是：发包人擅自解除合同的，承包人如何主张可得利益损失。下面以发包人违约导致合同解除为例。

最高人民法院在《关于当前形势下审理民商事合同纠纷案件若干问题的指导意见》(2009年)中强调“区分可得利益损失类型，妥善认定可得利益损失”。

其第9条是关于可得利益损失类型的分类。即“根据交易的性质、合同的目的等因素，可得利益损失主要分为生产利润损失、经营利润损失和转售利润损失等

类型”。

其第10条是关于可得利益损失的计算或认定。即“人民法院在计算和认定可得利益损失时，应当综合运用可预见规则、减损规则、损益相抵规则以及过失相抵规则等，从非违约方主张的可得利益赔偿总额中扣除违约方不可预见的损失、非违约方不当扩大的损失、非违约方因违约获得的利益、非违约方亦有过失所造成的损失以及必要的交易成本。”

其第11条是关于认定可得利益损失时举证责任分配问题。即“违约方一般应当承担非违约方没有采取合理减损措施而导致损失扩大、非违约方因违约而获得利益以及非违约方亦有过失的举证责任；非违约方应当承担其遭受的可得利益损失总额、必要的交易成本的举证责任。对于可以预见的损失，既可以由非违约方举证，也可以由人民法院根据具体情况予以裁量。”

从上述指导意见来看，笔者总结以下几点。

第一，可得利益损失要根据交易性质和合同类型来认定。比如，建设工程施工合同中承包人的合同目的是通过承建工程而取得一定的利润，可以通过参考同行业的利润情况来认定承包人的可得利益数额，也可以根据合同约定或法律规定的工程价款结算方式，并通过鉴定的方式认定承包人的可得利益数额等。

第二，承包人于建设工程施工合同履行完毕后的利润，毕竟是在合同履行完毕的情况下理想的利润情况。如果存在承包人不当扩大的损失、已通过其他方式获得的利益、因自己过错造成的损失以及必要的支出费用，则均应从理想利润中扣除。而且要符合可预见规则，即《民法典》第584条规定的“不得超过违约一方订立合同时预见到或者应当预见到的因违约可能造成的损失”。

第三，对于发包人违约所造成的可得利益损失的数额，原则上应由承包人承担举证责任，最后由法院根据案件情况予以裁量。司法实践中，承包人举证的内容大概如下：招投标文件确定的合理最低参考值与合同约定价款的差额；通过鉴定意见载明的未完工工程的利润；建筑行业同类工程的参考利润；施工合同价格清单中载明的利润等。可得利益损失数额的认定，确实是一项复杂的工程，没有一个简单可套用的计算公式，需要法院根据案件情况综合予以认定。

典型案例裁判观点及评析

最高人民法院(2019)最高法民申5776号案件裁判观点：在合同履行过程中，因发包人迟延支付合同约定的每笔款项，明显违约，最后导致工程停滞，双方均请求解除合同。合同解除主要原因在发包人一方，承包人主张解除合同后剩余未完工程的预期可得利益损失，符合《合同法》第113条第1款的规定。对于案涉可得利益损失，二审法院在审理中委托鉴定机构进行工程造价鉴定，鉴定意见表明案涉合同的建筑安装工程未完工程利润为2,271,929元。本案又无相反证据予以推翻，二审法院根据鉴定意见认定可得利益损失，并无不当。

要点评析：可得利益损失数额的确定，可以通过鉴定的方式进行。

最高人民法院在(2019)最高法民申3284号案件中的裁判观点：因双方对案涉合同履行发生纠纷诉至法院，经法院多次调解不成而解除，解除原因亦非因发包人单方违约而形成。且鉴定意见书中单独列出的管理费用及利润补偿费用是以合同正常履行，承包人完成全部施工情况下可得费用，而承包人并未完成全部工程施工。原判决认定关于承包人可得利益损失的主张不能成立，有证据证明。

要点评析：非因一方原因导致的合同解除，当事人要求赔偿可得利益损失的，不符合《民法典》第584条(《合同法》第113条)规定的条件。

最高人民法院(2018)最高法民申4296号案件裁判观点：承包人本案诉请的112万元利润损失属可得利益范畴。违约损害赔偿的范围虽包括可得利益损失，但根据《合同法》第113条第1款、第119条第1款之规定，该可得利益损失亦应当受到不可预见规则和减轻损失规则的限制，即该可得利益损失不得超过违反合同一方订立合同时预见到或者应当预见到的因违反合同可能造成的损失；当事人一方违约后，对方应当采取适当措施防止损失的扩大，没有采取适当措施致使损失扩大的，不得就扩大的损失要求赔偿。本案中，合同签订时案涉工程尚不具备开工条件，双方当事人对此均是明知的。承包人对案涉合同无法履行应当是有预期的。承包人未提供证据证明其已为履行合同而购买机械设备、组织人员等，此虽为直接损失范畴，但亦能证明其对履行合同可以获得的利益缺乏合理预期，其请求按照合同完全履行后的利润率赔偿可得利益损失，依据不足。

要点评析：因一方违约给对方造成损失的，损失赔偿数额应当相当于因违约所造成的损失，包括合同履行后可以获得的利益，但不得超过违反合同一方订立合同时预见到或者应当预见到的因违反合同可能造成的损失。另外，对方应当采取适当措施防止损失的扩大，没有采取适当措施致使损失扩大的，不得就扩大的损失要求赔偿。

最高人民法院(2016)最高法民终497号案件裁判观点:一审法院依法委托鉴定机构对本案相关款项进行鉴定,鉴定意见载明:如果顺利履行该合同,承包人可获得利益为1,684,450.38元。对于该可得利益因在待工损失11,692,906元中临时设施、利润等损失共计5,117,362元得到支持了,其中已经包含"利润"一项,如果再行在待工损失项目以外,支持可得利益,应该是重复计算。

要点评析:当事人应得到的可得利益损失赔偿,已通过其他方式得以弥补的,不应当重复计算。

十、发包人能否按照承揽合同的规定解除建设工程施工合同

根据《民法典》第787条规定,承揽合同中的定作人可随时要求解除合同。建设工程施工合同虽是承揽合同的一种,《民法典》第808条亦规定"建设工程合同"一章没有规定的,适用承揽合同的有关规定。但建设工程施工合同毕竟不同于一般的承揽合同,有其特殊性,解除合同的后果比较复杂。另外,合同解除不是合同履行过程中的常态,《民法典》体现的立法精神和原则也在限制合同解除权的行使,其第806条更进一步明确了解除权行使的具体情形,从而达到限制合同解除的目的。发包人要求解除合同须符合《民法典》第563条的一般性规定或第806条的具体规定,不宜适用承揽合同的有关规定。这也是对发包人任意解除权的限制。

针对此问题,经检索,部分地方司法性文件的指导意见如下。

广东省高级人民法院《关于审理建设工程合同纠纷案件疑难问题的解答》(2017年)第4条规定:发包人或承包人行使建设工程合同的解除权应符合2004年《建设工程司法解释一》第8条和第9条的规定,其以《合同法》第268条和第287条规定为依据主张随时解除施工合同的,不予支持,合同另有约定的除外。

浙江省杭州市中级人民法院民一庭《关于审理建设工程及房屋相关纠纷案件若干实务问题的解答》(2010年)第8条第3款规定:"建设工程合同的发包人行使解除权必须符合《解释》第8条的规定,不应任意扩大解除权的行使范围。"

十一、当事人未请求解除合同却主张合同解除法律后果的该如何处理

本章开篇的案例中,承包人在建设工程工期届满后仍未完工且擅自停止施工,经发包人催告后仍未恢复施工。发包人诉至法院要求承包人按合同约定承担逾期完工的违约责任,承包人提起反诉要求据实结算并支付工程价款。双方均未请求解除合同。一审法院判决驳回发包人本诉全部诉讼请求,支持承包人反诉全部诉

讼请求。发包人不服一审判决,提起上诉。二审法院维持原判。笔者代理发包人申请再审时,其中一个理由就是《民事诉讼法》第 200 条第 11 项“原判决超出诉讼请求的”。大概理由为:承包人违反合同约定擅自停工,其行为已构成违约,在合同仍可继续履行的情况下,承包人应承担继续履行合同等违约责任;承包人未要求解除合同,但其在工程未完工且擅自停工的情况下要求据实结算工程价款的主张实为主张合同解除的法律后果,由于其反诉请求中并未主张解除合同,陈述的事实与理由也不涉及合同解除。原审判决支持承包人在未主张解除合同的前提下而基于解除合同才能主张的反诉请求,属于“原判决超出诉讼请求的”情形,应当再审。

上述案例引发思考一个问题:在建设工程施工合同合法有效的前提下,承包人未要求解除合同却主张基于合同解除才能主张的诉讼请求,法院应如何处理?

在这种情况下,法院判决驳回原告的诉讼请求,也并无不妥。毕竟在合同不解除的情况下,其诉讼请求确实不能成立。但笔者认为,法院直接判决驳回承包人诉讼请求,略显生硬。法院可通过释明的方式解决这一问题。法院可询问承包人其主张此项诉讼请求的理由,如果承包人陈述理由依据的是合同解除,可以向其释明是否要求解除合同,待承包人增加解除合同的诉讼请求后,法院审理后对于是否支持承包人的诉讼请求进行判决。如果承包人陈述的理由不涉及合同解除或拒绝将解除合同作为诉讼请求,则法院可判决驳回其诉讼请求。也有观点认为,如果承包人经法院释明后拒不增加诉讼请求的,法院也可以审查合同是否应当解除并在判决的“本院认为”部分阐述相应的依据。[1] 笔者不认同这种观点。其一,法院不能依职权审查合同是否应当解除,如果没有当事人的诉讼请求,法院也不能超出诉讼请求作出判决。其二,如同合同订立一样,合同解除的核心要素是当事人的意思表示,没有当事人的意思表示,合同无法解除。其三,进入民法典时代后,更强调“解除合同通知送达对方时”作为合同解除的时间,如果没有当事人的请求,就不可能有送达到对方的情形。

最高人民法院认为:“解除权诉讼是形成之诉,当事人未提出解除合同的诉讼请求,人民法院不能依职权直接判决解除合同。合同解除权为形成权,当事人关于形成权的纠纷即为形成之诉。形成权的行使必须基于权利人的意思表示。当事人

---

[1] 四川省高级人民法院《关于审理合同解除纠纷案件若干问题的指导意见》(2016 年)第 5 条规定:“当事人未明确提出解除合同,直接请求合同解除的法律后果的,人民法院应当向其释明是否将解除合同作为诉讼请求。当事人经释明后拒不明确解除合同请求的,人民法院应当对合同是否应当解除进行审理,并在裁判文书判决说理部分予以说明。”

在诉讼中若想达到解除合同的目的,必须提出相应的诉讼请求,人民法院也须基于该请求作出相应裁判。如当事人未提出解除合同的诉讼请求的,人民法院不能依职权判决解除合同。"[1]

十二、建设工程施工合同视为解除的情形

司法实践中,除协商解除、约定解除和法定解除建设工程施工合同外,也存在视为解除的情形。《破产法》第18条规定:"人民法院受理破产申请后,管理人对破产申请受理前成立而债务人和对方当事人均未履行完毕的合同有权决定解除或继续履行,并通知对方当事人。管理人自破产申请受理之日起二个月未通知对方当事人,或者自收到对方当事人催告之日起三十日内未答复的,视为解除合同。"建设工程施工合同同样适用上述规定,法院受理发包人破产案件后,管理人自破产申请受理之日起2个月未通知承包人,或者自收到承包人催告之日起30日内未答复的,视为解除建设工程施工合同。当然,承包人破产的,也适用上述规定。随着建筑市场的不景气,发包人和承包人破产的情况也随之多见。

典型案例裁判观点及评析

山东省日照市中级人民法院(2020)鲁11民终654号案件裁判观点:2017年1月3日,一审法院裁定受理发包人申请破产重整一案,同年3月15日,承包人向发包人管理人申报债权。对已付工程款数额,承包人与发包人确认为1,546,700元。一审法院确认承包人与发包人之间的施工合同于同年3月3日解除,符合《破产法》第18条的规定。

要点评析:法院受理发包人破产案件后,管理人自破产申请受理之日起2个月未通知承包人,或者自收到承包人催告之日起30日内未答复的,视为解除建设工程施工合同。

十三、合同解除与质保金的返还

如前述分析,质保金一般是工程价款的一部分预留在发包人处或双方约定承包人以其他方式缴纳或提供担保,用以保证承包人在缺陷责任期内的缺陷维修

[1] 最高人民法院民法典贯彻实施工作领导小组主编:《中华人民共和国民法典合同编理解与适用(一)》,人民法院出版社2020年版,第657页。

义务。

根据《建设工程质量保证金管理办法》第 2 条之规定,质保金的返还期限一般由双方在建设工程施工合同中约定,但不得超过 2 年。再根据 2020 年《建设工程司法解释》第 17 条之规定,质保金的返还存在以下三种情形:第一,合同约定的返还期限届满;第二,未约定返还期限的,自工程竣工验收之日起满 2 年;第三,因发包人原因未能按期竣工验收的,自承包人提交工程竣工验收报告 90 日后视为质保金返还期限届满,未约定返还期限的,自承包人提交工程竣工验收报告 90 日后起满 2 年。

而建设工程施工合同解除情形下质保金的返还期限,暂未有明确规定。有三个关键时间点值得注意:一是合同解除之日;二是确认工程质量合格之日;三是合同约定的返还期限。建设工程施工合同解除的,笔者建议按以下方式返还质保金。

第一,当事人有约定的,按照约定处理。包括但不限于建设工程施工合同中的约定和解除合同时的约定。

第二,合同解除之日和确认工程质量合格之日中后一个日期作为质保金返还期限的起算点,按照 2020 年《建设工程司法解释》第 17 条的规定处理。

第三,法院也可综合案件情况自由裁量,应考量的因素有当事人的约定;导致合同解除的过错责任;已完工部分工程量占总工程量比例等。比如,在当事人没有约定的情况下,因发包人违约导致合同解除的,可以倾向于发包人返还;因承包人违约导致合同解除的,可以倾向于上述第二种处理方式;已完工部分工程量占总工程量的比例较大的,可以考虑全额返还等。

总之,合同解除情形下质保金的返还问题,可由法院综合案情自由裁量,毕竟发包人返还工程质量保证金后,不影响承包人根据合同约定或者法律规定履行工程保修义务,但应把握的基本原则是,尽量平衡当事人之间的利益,不明显偏袒一方。

典型案例裁判观点及评析

最高人民法院(2015)民一终字第 8 号案件裁判观点:案涉施工合同已经解除,不应再按照合同约定扣除相应的工程质保金。在质保期间,如承包人施工的工程出现质量问题,发包人可另行主张权利。

最高人民法院(2017)最高法民终 936 号案件裁判观点:工程尚未完工、合同已经解除,发包人支付全部已完工程款后,并不影响其在质量保修期内如发现工程存在质量问题仍然可以依法向承包人主张权利,故对其要求扣减质保金的上诉请求,不予支持。

要点评析:此种裁判观点,值得商榷。质保金返还后不影响承包人承担工程质量责任,不能成为合同解除后发包人应当返还质保金的理由。此种裁判观点,是在合同解除后质保金返还问题没有明确规定的情况下,法院自由裁量的结果,事实上,对发包人是不公平的。法院可综合案件情况自由裁量,但也应当平衡当事人之间的利益。

第三章

建设工程价款结算问题研究

建设工程价款是建设工程施工合同的核心问题。支付工程价款是发包人最主要的合同义务，取得工程价款是承包人最基本的合同权利，也是承包人签订建设工程施工合同和组织人、材、机进行施工的目的之所在。建设工程价款结算牵涉双方的核心利益，往往成为当事人诸多争议所共同指向的焦点。建设工程价款结算，除涉及法律问题外，还涉及建设工程领域内的一些专业问题，具有较强的专业性和复杂性。原《合同法》中除关于折价补偿原则的一般性规定外，未涉及工程价款的结算，关于结算的概括性规定散见于建设工程施工合同领域两部司法解释中。《民法典》只有一个条文吸收了司法解释关于工程价款结算的概括性规定。当事人约定的计价标准和计价方法，以及工程量的变化与确认，非一般审判人员所能熟悉的，导致司法实践中裁判者因缺少相应的裁判依据和专业知识，增加了案件的审理难度，造成一定的司法困境。

《建设工程价款结算暂行办法》(财建〔2004〕369号)第3条规定："……建设工程价款结算，是指对建设工程的发承包合同价款进行约定和依据合同约定进行工程预付款、工程进度款、工程竣工价款结算的活动。"建设工程施工合同履行过程的复杂性和开放性必将导致工程价款结算的复杂性。工程价款结算往往夹杂着当事人约定、设计变更、工程量核增与核减、建设工期、工程质量、迟延结算责任推诿等问题。建设工程价款结算纠纷是建设工程施工合同纠纷案件中最为常见的纠纷。

一、建设工程价款结算规则

建设工程价款结算规则，是指工程价款结算时应遵循的原则，此处主要指工程价款结算依据的顺序排列。《建设工程价款结算暂行办法》第11条规定："工程价款结算应按合同约定办理，合同未作约定或约定不明的，发、承包双方应依照下列规定与文件协商处理：(一)国家有关法律、法规和规章制度；(二)国务院建设行政主管部门、省、自治区、直辖市或有关部门发布的工程造价计价标准、计价办法等有关规定;(三)建设项目的合同、补充协议、变更签证和现场签证,以及经发、承包人认可的其他有效文件;(四)其他可依据的材料。”

上述规定体现了当事人约定优先的原则,是值得肯定的。但笔者认为,建设工程施工合同对工程价款结算未约定或约定不明时,仍应通过其他方式确定当事人关于工程价款如何结算的真实意思表示,仍不能确定的,才按国家有关法律、法规和规章制度处理。建设行政主管部门发布的工程造价计价标准、计价办法等有关规定往往作为最后兜底式的参照适用标准。当事人的合意是合同领域权利义务确定的首要依据,只要不违反法律、行政法规的效力性强制性规定和社会公共利益,即为合法有效,应当作为结算的首要依据。在建设工程施工合同签订前后,只要系当事人真实意思表示且符合法律、行政法规规定的补充协议、经济签证、往来函件等其他有效文件均应作为工程价款结算的首要依据。

以《建设工程施工合同(示范文本)》(GF-2017-0201)为例。第一部分合同协议书第6条合同文件构成规定:“本协议书与下列文件一起构成合同文件:(1)中标通知书(如果有);(2)投标函及其附录(如果有);(3)专用合同条款及其附件;(4)通用合同条款;(5)技术标准和要求;(6)图纸;(7)已标价工程量清单或预算书;(8)其他合同文件。在合同订立及履行过程中形成的与合同有关的文件均构成合同文件组成部分。上述各项合同文件包括合同当事人就该项合同文件所作出的补充和修改,属于同一类内容的文件,应以最新签署的为准。专用合同条款及其附件须经合同当事人签字或盖章。”

《建设工程施工合同(示范文本)》第二部分通用合同条款第1.5条合同文件的优先顺序规定:“组成合同的各项文件应互相解释,互为说明。除专用合同条款另有约定外,解释合同文件的优先顺序如下:(1)合同协议书;(2)中标通知书(如果有);(3)投标函及其附录(如果有);(4)专用合同条款及其附件;(5)通用合同条款;(6)技术标准和要求;(7)图纸;(8)已标价工程量清单或预算书;(9)其他合同文件。上述各项合同文件包括合同当事人就该项合同文件所作出的补充和修改,属于同一类内容的文件,应以最新签署的为准。在合同订立及履行过程中形成的与合同有关的文件均构成合同文件组成部分,并根据其性质确定优先解释顺序。”

《建设工程施工合同(示范文本)》所列举的上述文件均属于建设工程施工合同的组成部分。文件载明的内容,只要不违反法律、行政法规的强制性规定,即为当事人合法有效的约定。此类约定应当优于法律规定而适用。与上述文件内容不一致的,按合同约定的优先顺序进行解释说明。同一类内容的约定,以最后的约定为准。

《建筑法》第 18 条第 1 款规定:"建筑工程造价应当按照国家有关规定,由发包单位与承包单位在合同中约定……"按此规定,建设工程施工合同,尤其是示范文本,已尽可能把国家有关规定转化为合同条款。但在建筑工程造价方面,国家有关规定多为指导价范畴,属任意性规范而非强制性规范。只有将上述任意性规范转化为当事人约定后,才对当事人有约束力。当事人对工程价款结算事宜没有约定或约定不明时,根据《民法典》第 511 条(《合同法》第 62 条)的规定,可以按照订立合同时履行地的市场价格或者政府指导价进行结算,但实务操作中在当事人对工程价款计价标准和计价方法没有约定的情况下,往往以政府指导价,即上述没有转化为当事人约定的任意性规范作为结算的依据,尤其是以工程造价鉴定方式确定工程价款的,基本都是以政府指导价作为结算依据的。这是由建设工程施工合同的特殊性决定的,相对于市场询价,"套定额"更为公平合理且操作简便。这也是 2004 年《建设工程司法解释一》第 16 条和 2020 年《建设工程司法解释》第 19 条与上述规定存在细微差别的原因。

在工程价款结算纠纷中,往往涉及结算规则的争议,因为当事人对如何结算工程价款所产生的争议在本质上就是对结算规则的争议。当事人完全没有约定结算依据或结算方法的情况几乎没有,更多的是约定不明确。此外,还涉及当事人的约定、法律法规的任意性规定、司法鉴定意见和公平原则的运用等复杂问题。总结起来,建设工程价款结算规则大概如下:

第一,充分尊重当事人约定的原则。此原则应包含以下三个方面:一是当事人有约定的,按照约定结算工程价款。此处的约定是指当事人关于工程价款结算事宜的一切有效约定,而非局限于建设工程施工合同文本的约定。二是当出现当事人的约定不一致时,应通过合同约定的优先解释顺序进行解释后确定可以作为结算依据的约定。此种情况切忌按约定不明确处理。另外,即便当事人约定不明确,如果通过对合同文本、文件进行解释说明等方式可以探究到当事人真实意思表示的,也不应按约定不明确处理。换言之,未穷尽方式确定当事人约定前,不宜认定为约定不明确。三是即便建设工程施工合同无效,但建设工程质量合格的,原则上也应参照当事人约定进行结算工程价款。

第二,当事人对工程价款结算依据或结算方法没有约定时,或者穷尽一切方式、方法仍不能确定当事人之间明确的约定时,按照签订建设工程施工合同时当地建设行政主管部门发布的计价方法或者计价标准结算工程价款。

第三,工程质量合格是工程价款结算的基础。如前文所述,建设工程施工合同领域存在大量的合同无效和解除的情形,只要建设工程经竣工验收合格或已完工部分质量合格,承包人均可参照合同约定结算和主张工程价款。根据2020年《建设工程司法解释》第19条第3款之规定,建设工程施工合同有效的,工程价款结算同样以工程质量合格为基础。

实务中,狭义的工程价款结算,是指建设工程竣工结算和合同终止履行时具有清算性质的结算。

典型案例裁判观点及评析

最高人民法院(2020)最高法民终481号案件裁判观点:案涉合同第一部分协议书约定本工程项目进行EPC工程总承包。合同中对工程价款的约定有以下几部分:(1)合同第二部分通用条款第23条"合同价款及调整"中23.1约定协议书中表明的合同价款为固定合同总价,任何一方不得擅自改变,同时约定了合同价款调整的情形及合同价款所包含的风险。第31条"变更价款的确定"约定了对合同价款做出调整的具体操作及遵循的原则。(2)合同第三部分合同专用条款第7条"合同价款、支付及调整"中约定,本合同价款(暂定价)7800万元。本院认为,该合同通用条款23.1约定合同价款为固定合同总价,但合同第一部分协议书、第二部分通用条款中均没有约定具体的合同价款,第三部分合同专用条款7.1约定合同价款(暂定价)为7800万元。按照合同第三部分合同专用条款2.2"合同文件及解释优先顺序"中约定的合同条款解释顺序,合同价款应理解为固定总价(暂定价)7800万元。该合同附件十一"项目投资估算表"对该工程各项造价分项估算计算出的建设投资总计7808万元,与合同约定的价款7800万元相符。约定合同价款为固定总价并非不能变更,根据合同的约定,在符合通用条款23.1约定的情形时按照该部分第31条"变更价款的确定"的约定可对合同价款进行变更。

要点评析:通过合同约定的优先解释顺序确定当事人关于建设工程的计价标准或者计价方法。当事人的约定存在冲突或矛盾时,应穷尽一切办法探究当事人真实意思表示,切忌动辄就按约定不明处理。

黑龙江省高级人民法院(2016)黑民初8号案件裁判观点:双方按2012年5月30日会议纪要作为模板工程价款结算规则已经形成合意,承包人已据此履行。因发包人对数额有异议,双方虽未能完成模板工程价款结算,但已确定的结算规则具有约束力,双方应遵照2012年5月30日会议纪要内容结算模板工程价款。

要点评析:当事人在会议纪要等文件中所达成的关于工程价款结算规则的合意,对当事人具有约束力。

江西省上饶市中级人民法院(2019)赣11民终566号案件裁判观点:依据《建设工程司法解释一》第1条第1项规定,承包人未取得建筑施工企业资质的,其签订的建设工程施工合同无效。但案涉房屋已办理房屋所有权证,原审认定应视为已竣工验收合格的意见也无不妥。再依据前述司法解释第二条规定,建设工程施工合同无效,但建设工程经竣工验收合格,承包人可请求参照合同约定支付工程价款。因此,原审法院参照双方合同约定的工程价款结算规则,计算本案工程价款并无不当。

要点评析:建设工程施工合同无效,原则上也应按照当事人约定的工程价款结算规则进行结算。

二、建设工程的计价标准或计价方法

《建筑法》对建设工程的计价标准有原则性规定。该法第18条规定:"建筑工程造价应当按照国家有关规定,由发包单位与承包单位在合同中约定。公开招标发包的,其造价的约定,须遵守招标投标法律的规定。发包单位应当按照合同的约定,及时拨付工程价款项。"

2014年2月1日起施行的《建筑工程施工发包与承包计价管理办法》(2013年)中也有具体规定。该办法第3条第1款规定:"建筑工程施工发包与承包价在政府宏观调控下,由市场竞争形成。"第12条规定:"招标人与中标人应当根据中标价订立合同。不实行招标投标的工程由发承包双方协商订立合同。合同价款的有关事项由发承包双方约定,一般包括合同价款约定方式,预付工程价款、工程进度款、工程竣工价款的支付和结算方式,以及合同价款的调整情形等。"第13条规定:"发承包双方在确定合同价款时,应当考虑市场环境和生产要素价格变化对合同价款的影响。实行工程量清单计价的建筑工程,鼓励发承包双方采用单价方式确定合同价款。建设规模较小、技术难度较低、工期较短的建筑工程,发承包双方可以采用总价方式确定合同价款。紧急抢险、救灾以及施工技术特别复杂的建筑工程,发承包双方可以采用成本加酬金方式确定合同价款。"第14条规定:"发承包双方应当在合同中约定,发生下列情形时合同价款的调整方法:(一)法律、法规、规章或者国家有关政策变化影响合同价款的;(二)工程造价管理机构发布价格调整信息的;(三)经批准变更设计的;(四)发包方更改经审定批准的施工组织设计造成费用增加的;(五)双方约定的其他因素。"

《建设工程价款结算暂行办法》第8条规定:"发、承包人在签订合同时对于工程价款的约定,可选用下列一种约定方式:(一)固定总价。合同工期较短且工程合同总价较低的工程,可以采用固定总价合同方式。(二)固定单价。双方在合同中约定综合单价包含的风险范围和风险费用的计算方法,在约定的风险范围内综合单价不再调整。风险范围以外的综合单价调整方法,应当在合同中约定。(三)可调价格。可调价格包括可调综合单价和措施费等,双方应在合同中约定综合单价和措施费的调整方法,调整因素包括:1.法律、行政法规和国家有关政策变化影响合同价款;2.工程造价管理机构的价格调整;3.经批准的设计变更;4.发包人更改经审定批准的施工组织设计(修正错误除外)造成费用增加;5.双方约定的其他因素。"

上述规定均是要求或指导当事人在合同中如何约定建设工程的计价标准或计价方法。当事人依法进行约定建设工程计价标准或计价方法,是按照约定进行处理的前提。根据2020年《建设工程司法解释》第19条规定,当事人有约定的,应充分尊重当事人意思自治,在工程价款结算时按照当事人约定的计价标准或者计价方法进行结算。即使建设工程施工合同无效,只要工程质量合格,原则上也应参照当事人关于计价标准或计价方法的约定。2004年《建设工程司法解释一》第2条规定的"参照合同约定支付工程价款"和《民法典》第793条规定的"参照合同关于工程价款的约定折价补偿"都是基于建设工程施工合同中当事人的约定所确定的折价补偿方案。

在建设工程施工合同纠纷中,经常遇到当事人在合同中有特别约定。比如,笔者代理的某案件中,当事人约定工程结算价在工程总造价的基础上下浮9%,诉讼中承包人以下浮9%不合理为由要求撤销或改变原约定。根据《民法典》的自愿和诚实信用原则,只要当事人的约定不违反法律和行政法规的强制性规定,即为有效约定,至于当事人关于建设工程计价标准或计价方式的约定是否合理,法院不宜干预。在此种情况下,仍应按照当事人约定进行结算。

典型案例裁判观点及评析

最高人民法院(2018)最高法民终258号案件裁判观点:对于工程计价标准或计价方法应遵从有约定依约定、无约定或不能达成一致参照政府指导价确定的原则。发包单位与承包单位如果在承包合同中约定了计价方法和计价标准,只要该约定不违反法律、行政法规的强制性规定以及不损害当事人的利益,就应依据当事人约定的工程计价标准来确定工程价款。建设工程定额标准是各地建设主管部门根据本地建筑市场建筑成本的平均值确定的,可以理解为完成单位工程量所消耗的劳动、材料,以及机械台班等的标准额度,属于政府指导价范畴,属任意性规范而非强制性规范,其并不禁止合同当事人随行就市订立与定额标准不一致的工程结算价格。建设工程施工合同约定的工程款结算标准与建筑行业主管部门颁布的工程定额标准和造价计价办法不一致的,应以合同约定为准。

要点评析:当事人对建设工程的计价标准或者计价方法有约定的,优先于建设行政主管部门发布的计价标准或计价方法而适用。

最高人民法院(2018)最高法民再166号案件裁判观点:因案涉工程均已竣工验收合格并办理竣工验收备案手续,依照《建设工程司法解释一》第2条之规定,案涉施工合同虽为无效,但原则上诉争工程价款的结算仍应依法参照合同约定予以认定。

要点评析:建设工程施工合同无效,建设工程质量合格的,原则上仍应按照当事人约定结算工程价款。

三、建设工程定额计价标准

建设工程定额标准是国家或地方建设主管部门根据本地建筑市场建安成本(房屋建筑成本和房屋设施设备安装成本)的平均值确定的,可以理解为完成单位工程量所消耗的劳动、材料以及机械台班等的标准额度,属于政府指导价范畴,非强制性规范,应当允许合同当事人随行就市订立与定额标准不一致的工程结算价格。[1] 定额标准为任意性规范,准许合同约定与定额标准不相一致。建设工程施工合同约定的工程价款结算标准与建筑行业主管部门颁布的工程定额标准和造价

---

〔1〕 最高人民法院民事审判第一庭编著:《最高人民法院建设工程施工合同司法解释的理解与适用》(第2版),人民法院出版社2015年版,第121页。

计价办法不一致的,应以合同约定为准。当事人以合同约定与定额标准不一致为由,请求按照工程定额标准结算的,人民法院不予支持。2020年《建设工程司法解释》第19条第2款中"当地建设行政主管部门发布的计价方法或者计价标准"就是建设工程定额标准。其特点可以归纳为一个字——"套",即套定额。工程造价从业人员根据工程图纸计算出工程量,然后套定额单价,求得直接费,再根据直接费套用有关定额取费费率,求得工程造价。[1] 在建设工程施工合同纠纷案件中,经当事人申请,法院委托的工程造价司法鉴定,除合同明确约定了计价标准和计价方法外,鉴定机构就是采用定额标准完成工程造价鉴定的。

因工程造价定额标准不属于法律、行政法规的强制性规定,即使建设工程施工合同约定的标准低于定额标准的,也不会因此而无效。承包人以合同约定的标准过低从而显失公平为由主张撤销合同的,依据《民法典》第151条等条款处理。

典型案例裁判观点及评析

最高人民法院(2014)民申字第1781号案件裁判观点:左某所施工工程已竣工验收合格并交付发包人使用,根据《建设工程司法解释一》第2条之规定,发包人应向其支付工程价款。鉴于施工工程系交通建设工程,双方亦未就工程计价标准或计价方法达成过任何书面或口头约定,根据《建设工程司法解释一》第16条之规定,根据施工期间的2008年版《交通建设工程清单计价规范》通过工程造价鉴定的方式确定工程价款,并无不当。

要点评析:当事人对建设工程计价标准和计价方法没有约定的,按照建设行政主管部门发布的计价标准或者计价方法结算工程价款。

河南省高级人民法院(2016)豫民终1408号案件裁判观点:由于双方在合同中对于工程价款的计价标准或计价方法约定不明确,且双方未能协商一致,一审法院根据申请,委托鉴定机构进行工程造价鉴定,鉴定意见以《河南省建筑和装饰工程综合基价》(2002年版)以及施工期间当地建设行政主管部门发布的建设工程计价标准或计价方法结算工程价款于法有据,该鉴定意见可以作为认定工程价款的依据。

要点评析:当事人对建设工程计价标准或计价方法约定不明的,按照建设工程

---

[1] 最高人民法院民事审判第一庭编著:《最高人民法院建设工程施工合同司法解释的理解与适用》(第2版),人民法院出版社2015年版,第122页。

施工合同签订时(非合同履行时)当地建设行政主管部门发布的计价标准或者计价方法结算工程价款。

四、有关建设工程造价的部门规章的法律位阶亟须提高

部门规章与地方政府规章在法律体系中处于较低的位阶,不能直接作为法院裁判的依据,可以作为参照,当然也可以不参照。最高人民法院《关于裁判文书引用法律、法规等规范性法律文件的规定》(法释〔2009〕14 号)第 6 条规定:“对于本规定第三条、第四条、第五条规定之外的规范性文件,根据审理案件的需要,经审查认定为合法有效的,可以作为裁判说理的依据。”根据上述规定,规章可以作为判决说理的依据。

《建设工程施工发包与承包计价管理办法》(2013 年修订)是国务院建设行政主管部门制定的部门规章,是我国进入市场经济后国家颁发的第一个具有规范性文件性质的造价管理文件,应该成为人民法院审理建设工程施工合同工程价款纠纷案件的依据之一,尤其是工程价款结算纠纷。但在司法实践中,由于最高人民法院对此没有明确的司法解释,相关的案例中也很少涉及该部门规章的适用,导致各地法院对此类案件的处理结果大相径庭,甚至对该部门规章不予理睬,导致一些案件在工程结算问题上存在偏差。比如,承包人未及时提交竣工结算资料,导致迟延结算的,最终责任还是算在发包人头上,承包人不但无责反而可能因此受益。笔者认为,对于这样一个专业性较强的部门规章,结合施行过程中存在的问题,总结经验和教训,将其中的精华部分上升为行政法规,必将有利于解决建筑领域的工程价款结算等问题。

在笔者检索到的案例中,很多当事人依据《建设工程施工发包与承包计价管理办法》的相关规定进行抗辩或申请再审,法院几乎没有对此部门规章给予任何评价,“本院认为”部分采用回避的方式未置可否。极少数裁判文书对《建设工程施工发包与承包计价管理办法》第 16 条(2013 年修订前是第 16 条,修订后是第 18 条)的评价也是作为不适用 2004 年《建设工程司法解释一》第 20 条(已被 2020 年《建设工程司法解释》第 21 条吸收)的佐证。

典型案例裁判观点及评析

天津市高级人民法院(2016)津民申 722 号案件裁判观点:关于承包人主张其报送结算件后发包人没有及时答复,故参照《建设工程施工发包与承包计价管理办

法》第16条第2项之规定,发包方逾期未答复的,竣工结算文件视为已被认可。对此问题,依照最高人民法院《建设工程司法解释一》第20条规定:“当事人约定,发包人收到竣工结算文件后,在约定期限内不予答复,视为认可竣工结算文件的,按照约定处理。承包人请求按照竣工结算文件结算工程价款的,应予支持。”因双方在合同中对上述问题并无明确约定,故承包人公司该主张依法不能成立。

要点评析:司法实践中,适用《建设工程施工发包与承包计价管理办法》第18条第2项的前提是当事人对“默认竣工结算文件”有约定。

重庆市高级人民法院(2015)渝高法民终字第00040号案件裁判观点:《甩项工程施工合同》及《补充协议》中均未约定发包人收到竣工结算文件后进行答复的期限,也未约定发包人逾期不答复视为认可竣工结算文件。至于承包人提到的《建设工程施工发包与承包计价管理办法》并非法律法规,不能作为本案裁判依据。

要点评析:规章不能作为裁判依据,应以当事人约定为准,这确实符合现行法律规定,无可非议。但《建设工程施工发包与承包计价管理办法》这一重要部门规章的价值有待进一步挖掘。

五、建设工程竣工结算问题

《建筑工程施工发包与承包计价管理办法》第18条规定:“工程完工后,应当按照下列规定进行竣工结算:(一)承包方应当在工程完工后的约定期限内提交竣工结算文件。(二)国有资金投资建筑工程的发包方,应当委托具有相应资质的工程造价咨询企业对竣工结算文件进行审核,并在收到竣工结算文件后的约定期限内向承包方提出由工程造价咨询企业出具的竣工结算文件审核意见;逾期未答复的,按照合同约定处理,合同没有约定的,竣工结算文件视为已被认可。非国有资金投资的建筑工程发包方,应当在收到竣工结算文件后的约定期限内予以答复,逾期未答复的,按照合同约定处理,合同没有约定的,竣工结算文件视为已被认可;发包方对竣工结算文件有异议的,应当在答复期内向承包方提出,并可以在提出异议之日起的约定期限内与承包方协商;发包方在协商期内未与承包方协商或者经协商未能与承包方达成协议的,应当委托工程造价咨询企业进行竣工结算审核,并在协商期满后的约定期限内向承包方提出由工程造价咨询企业出具的竣工结算文件审核意见。(三)承包方对发包方提出的工程造价咨询企业竣工结算审核意见有异议的,在接到该审核意见后一个月内,可以向有关工程造价管理机构或者有关行业组织申请调解，调解不成的，可以依法申请仲裁或者向人民法院提起诉讼。发承包双方在合同中对本条第(一)项、第(二)项的期限没有明确约定的，应当按照国家有关规定执行；国家没有规定的，可认为其约定期限均为28日。”

上述规定是关于工程竣工结算的具体规定。实务中，应当注意两个问题。

一是承包人在工程完工后，未在约定期限内提交竣工结算文件或提交的不完整，影响工程竣工结算。双方由此产生争议，承包人要求结算、支付工程价款，并以发包人拖延结算为由追究其违约责任。发包人认为承包人未按约定提交竣工结算文件是导致迟延结算的原因，由于无法进行结算，工程造价无法确定，欠付工程价款数额亦无法确定，不存在逾期支付工程价款的情形，故不承担违约责任。笔者认为，承包人在工程完工后的约定期限内提交竣工结算资料是其法定义务和竣工结算的必经程序，直接影响竣工结算的进度。按照正常的逻辑，尽快结算符合承包人的利益最大化，迟延结算往往使得发包人的利益最大化。但实务中，确实有不少承包人因种种原因怠于提交竣工结算资料，笔者曾代理的案件中，承包人在工程竣工后1年多后才提交竣工结算资料，这肯定会影响竣工结算的进度，也是导致迟延结算的重要原因。此种情况下，承包人对迟延结算负有过错，应承担相应的责任。但法院在处理此种情况时，一般不考虑承包人的过错及责任，其逻辑在于发包人因已占有使用建筑物而受益，理应承担工程价款利息。笔者认为，此种处理结果表面上看虽有一定的合理之处，但是非不明、对错不分，完全不值得提倡。在迟延结算问题上，双方均有过错的，应根据各自过错大小承担相应的责任，这是最基本的处理原则。总之，法律不能一味保护怠于行使权利的人，更不能一味保护怠于履行义务的人。当然，有时是承包人不能提供有效证据证实其已提交或提交的具体时间，但这只是举证责任和证据规则的问题，不应是免责的理由。

二是承包人提交竣工结算文件后，发包人置之不理的，应如何处理。根据《建筑工程施工发包与承包计价管理办法》第18条之规定，发包人应当在收到竣工结算文件后的约定期限内予以答复。逾期未答复的，按照合同约定处理，合同没有约定的，竣工结算文件视为已被认可。合同对答复期限没有明确约定的，可认为约定期限均为28天。司法实践中，承包人依据合同约定的结算文件请求法院按照结算文件中的工程价款数额进行判决时，发包人认为竣工结算文件是承包人单方制作的，不能作为支付工程价款的依据。此类争议在司法实践中不占少数。

《建筑工程施工发包与承包计价管理办法》第18条的规定，是基于建筑领域内有的发包人收到承包人提交的工程结算文件后，迟迟不予答复或者根本不予答复，借此达到拖欠工程价款的目的。该规定的出发点是好的,也可以起到督促发包人及时审核竣工结算文件、尽快结算并及时支付工程价款等作用。但该规定也有偏颇之处。一方面,一味强调保护承包人的权益,忽视了发包人应有的权益;另一方面,逾期答复的,可要求发包人承担拖欠工程价款利息的责任,不宜推断为逾期不予答复等于"认可结算报告",这样不但有失严谨,也不利于平等保护双方的合法权益。但当事人有明确约定的除外。正如2020年《建设工程司法解释》第21条规定:"当事人约定,发包人收到竣工结算文件后,在约定期限内不予答复,视为认可结算文件的,按照约定处理;承包人请求按照竣工结算文件结算工程款的,人民法院应予支持。"最高人民法院《关于发包人收到承包人竣工结算文件后,在约定期限内不予答复,是否视为认可竣工结算文件的复函》认为:同意你院审委会的第二种意见,即:适用该司法解释第20条(2004年《建设工程司法解释一》)的前提条件是当事人之间约定了发包人收到竣工结算文件后,在约定期限内不予答复,则视为认可竣工结算文件。承包人提交的竣工结算文件可以作为工程款结算的依据。建设部制定的建设工程施工合同格式文本中的通用条款第33条第3款的规定,不能简单地推论出,双方当事人具有发包人收到竣工结算文件一定期限内不予答复,则视为认可承包人提交的竣工结算文件的一致意思表示,承包人提交的竣工结算文件不能作为工程款结算的依据。

因此,须有当事人明确约定发包人收到竣工结算文件后,在约定期限内不予答复,则视为认可竣工结算文件。

典型案例裁判观点及评析

最高人民法院(2016)最高法民申259号案件裁判观点:根据双方合同约定,工程竣工验收报告经发包人认可后,承包人向发包人递交竣工结算报告及完整的结算资料,双方按照协议书约定的合同价款及专用条款约定的合同价款调整内容,进行工程竣工结算。在承包人未能提供证据证明已经提交了上述资料或其他能够确定其已完工程量的施工资料的情况下,其请求发包人进行结算并支付剩余工程款的条件尚不具备。

要点评析:承包人向发包人递交竣工结算报告及完整的结算资料,是工程竣工结算的前提。承包人未及时提交竣工结算材料,导致结算迟延的,承包人负有过错,应承担相应的后果。

六、建设工程施工合同约定固定价的调整问题

固定价合同,包括固定总价合同和固定单价合同。如果合同约定的是固定单价,完成合同约定的全部工程量且无核增和核减的情况下,固定单价和固定总价是完全一样的。如果合同约定了按固定价结算,则系当事人对自身风险的预判,应按照约定结算,法院原则上不宜干预。由于建设工程施工合同履行周期较长,时间跨度较大,合同履行过程中原材料价格可能会发生重大变化,设计变更、工程量增加导致工程质量标准发生变化。实务中,有观点认为如再按原合同结算工程价款,势必导致承包人承担亏损,对承包人显失公平,故应允许对合同价款予以调整。

笔者认为,上述观点虽有一定道理,但建设工程施工合同中对工程价款如何结算的约定系当事人意思自治的范畴,应当尊重当事人约定。即使建设工程施工合同无效,按照2020年《建设工程司法解释》和《民法典》的规定,工程验收合格后,原则上仍应参照合同关于工程价款的约定折价补偿承包人。如因客观情况发生重大变化导致当事人利益失衡的情况下,可遵循以下原则对固定价进行调整。

第一,是否调整取决于合同约定。如合同约定的是可调价,则可调整。如合同约定的是不可调价,则不予调整。

第二,关于调整的幅度问题,有约定的按照约定调整,没有约定的,应结合建筑市场的利润率、合同的约定、招投标等情形综合确定,不使利益过分失衡,但又要避免调整过大,损害发包人的利益。

当然,在合同履行过程中,也存在原材料大幅降价或设计变更等情况导致施工成本明显变小。这种情况在实务中出现的可能性相对较小。如确实存在,也应遵循上述原则处理。这就要求招投标或签订施工合同时,当事人应充分考虑市场因素变化等客观情况。

在固定价格合同之外存在因设计变更导致建设工程的工程量或者质量标准发生变化的,根据2020年《建设工程司法解释》第19条第2款和第31条之规定就工作联系单或工作签证中的工程量通过鉴定的方式结算工程价款,与其第28条之规定和建设工程约定的固定价格并不矛盾。

典型案例裁判观点及评析

最高人民法院(2019)最高法民申2454号案件裁判观点:《建设工程装修施工合同》专用条款第9.2条约定,结算方式:合同总价款+变更签证+工程联系单。

根据《建设工程司法解释一》第16条第1款之规定，在案涉合同为固定价格且承包人已完成合同固定价2100万元范围内的全部项目的前提下，原审判决未再对合同项下工程项目进行鉴定，而根据承包人申请委托鉴定机构对合同外已经双方质证的签证单、工程联系单等资料进行鉴定并据此结算，有事实和法律依据。

要点评析：当事人约定按照固定价结算工程价款，原则上不对建设工程造价进行鉴定，但施工过程中工程量的增减变化超出合同约定的固定价范围的，对工程量增减部分按照双方约定的计价标准、计价方法或者通过鉴定的方式进行结算。

最高人民法院(2019)最高法民申6923号案件裁判观点：合同专用条款部分第23.2条明确约定"本合同价款采用固定价格合同"；补充协议第10条第2项约定"本工程因发包人和设计变更等原因引起工程量发生增减变化的，增减工程量在0.8%以内的，工程价款不作增减调整。超出0.8%(不含)的部分工程量按《江苏省建筑与装饰工程计价表》(04定额)计算的直接费部分进行调整，其他费用项目不作调整"。尽管承包人主张案涉工程存在工程量的变更，但在无证据证明变更部分已超出0.8%的情况下，二审判决据此认定双方实际履行的合同为固定价格合同，并无不当。

要点评析：建设工程施工过程中，工程量发生增减变化的，只要未超出合同约定的范围，都不改变按合同约定的固定价格进行结算的原则。

七、建设工程施工合同解除后工程价款的结算问题

关于合同解除是否具有溯及力的问题，理论界存在不同的理论学说，实务界在处理具体问题时也存在诸多争议。但是否具有溯及力又与合同解除的法律后果紧密相关，是合同解除制度必须回答的问题。纵使存在诸多理论学说和争议，但根据《民法典》第566条第1款和第806条第3款等规定，建设工程施工合同解除，原则上没有溯及力，仅仅是"面向未来的解除"，未履行的部分不再履行，已履行的部分继续有效。这是由建设工程施工合同系持续性合同的特性以及承包人已将劳动成果物化为建设工程而无法恢复原状的客观状况决定的。

建设工程施工合同解除时，如合同尚未开始实际履行，则应当具有溯及力，此时可以达到恢复原状的法律效果。但司法实践中存在结算纠纷的，都是已开始履行但尚未履行完毕的合同。换言之，建设工程施工合同解除时，建设工程往往是"半截子"工程。此种情况下的工程价款结算，需以已完成的建设工程质量合格为

前提。如果工程质量合格,依据双方约定的计价标准或计价方法等进行结算。如果双方没有约定,且又不能协商一致的,司法实践中通常的做法是按照当地建设行政主管部门发布的计价标准或计价方法即俗称的“定额”结算工程价款。如果已完成的建设工程质量不合格,则应参照《民法典》第793条处理,即由承包人进行修复,修复合格后再结算工程价款,但修复费用由承包人承担。修复后不具有使用价值的,可不予支付工程价款。

司法实践中争议较大的是约定固定价的合同解除时工程价款的结算问题。固定价又分为固定单价和固定总价。

固定单价相对简单,尤其是工程量清单计价模式下的综合单价,更为科学、合理。司法实践中通常的做法是:通过鉴定的方式确定实际完成的工程量,乘以合同约定的固定单价或工程量清单中的综合单价,得出已完工工程对应的工程价款。

约定固定总价的建设工程施工合同解除后,工程价款的结算要复杂一些。该复杂性源自建筑市场的一种现象:双方议价的工程价款往往低于采用建设行政主管部门发布的定额标准而计算出的工程价款。这个规律虽不绝对但胜似绝对。建设工程施工合同约定的固定总价是以合同完全履行为前提的,在施工合同未完全履行完毕的情况下,再以合同约定的固定总价进行结算,显然不符合合同约定。此种情况下的工程价款结算,需通过鉴定的方式进行。但存在两种不同的鉴定方式:第一种,根据已实际完成的工程量,以建设行政主管部门发布的定额标准核定工程价款;第二种,由鉴定机构用同一取费标准分别鉴定出已完工部分工程造价和未完工部分工程造价,进而确定已完成的工程量占全部工程量的比例,按已完成工程量的比例乘以合同约定的固定总价,计算出按合同约定标准下已完工部分的工程价款。

第一种方式不够合理。如果对已完工工程的造价进行鉴定,依据鉴定意见由发包人向承包人支付已完工部分的工程价款,对发包人是不利的。同样,如果对未完工工程的造价进行鉴定,依据鉴定意见从固定总价中减去未完工部分工程价款后由发包人支付剩余价款,对承包人是不利的。因为通过定额标准鉴定出来的已完工工程造价和未完工工程造价之和往往都是大于合同约定的固定总价。

第二种方式相对较为合理,且符合当事人以固定总价为结算方式的真实意思表示。河北省和江苏省两个高级人民法院的指导意见都持此观点。

河北省高级人民法院《建设工程施工合同案件审理指南》(2018年)第12条规定:“建设工程施工合同约定工程款实行固定价,如建设工程尚未完工,当事人对已完工程造价产生争议的,可将争议部分的工程造价委托鉴定,但应以合同约定的固定价为基础,根据已完工工程占合同约定施工范围的比例计算工程款。即由鉴定机构在同一取费标准下分别计算出已完工程部分的价款和整个合同约定工程的总价款,两者对比计算出相应系数,再用合同约定的固定价乘以该系数,确定工程价款。当事人一方主张以定额标准作为造价鉴定依据的,人民法院不予支持。"

江苏省高级人民法院《关于审理建设工程施工合同纠纷案件若干问题的解答》(2018 年)第 8 条规定:"建设工程施工合同约定工程价款实行固定总价结算,承包人未完成工程施工,其要求发包人支付工程款,发包人同意并主张参照合同约定支付的,可以采用'按比例折算'的方式,即由鉴定机构在相应同一取费标准下计算出已完工程部分的价款占整个合同约定工程的总价款的比例,确定发包人应付的工程款。但建设工程仅完成一小部分,如果合同不能履行的原因归责于发包人,因不平衡报价导致按照当事人合同约定的固定价结算将对承包人利益明显失衡的,可以参照定额标准和市场报价情况据实结算。"

上述两个指导意见略有不同。江苏省的指导意见有三个细节值得思考:一是建设工程施工合同不能履行的过错归责;二是实际完成工程量的比重;三是侧重于利益平衡,尤其是保护无过错方的利益。最高人民法院也曾在个案中为保护无过错方的利益而未同意采用"按比例折算"的方式计取工程价款。

笔者认为,根据建设工程施工合同约定的固定总价以"按比例折算"的方式计取工程价款,是相对公平合理且最符合当事人真实意愿的结算方式。尤其是发包人和承包人均无过错的情况下,采用此种结算方式,最为公平。但固定总价模式毕竟是一种不平衡的报价方式,或者是发包人压低价格后承包人妥协的结果。此种结算方式,对承包人而言没有优势。如果因发包人原因导致施工合同不能履行,承包人在同意固定总价时以其作出的妥协或让步换来的利益可能无法实现,如果再以约定的固定总价为基数"按比例折算"工程价款,对承包人更为不利。因此,如果合同不能履行的过错归责于发包人,采用定额标准据实结算工程价款,有利于平衡双方利益。如果合同不能履行的过错归责于承包人或非任何一方,根据约定的固定总价"按比例折算"工程价款,符合双方利益且公平合理。

以工程量清单计价模式下的综合单价乘以实际完成的工程量计取工程价款,也可能存在利益失衡的问题。笔者认为,此种结算方式下的差异可以忽略,以固定单价乘以实际完成的工程量计取工程价款基本符合双方利益。

典型案例裁判观点及评析

最高人民法院(2016)最高法民申892号案件裁判观点：发包方不按约履行支付工程进度款的合同义务，致使承包人无法继续施工，承包人遂依据约定解除合同。由于合同约定的固定单价结算是以合同完全履行为前提，而本案所涉合同未完全履行，且合同解除的过错方为发包人，故发包人要求按照固定单价折算已完工程造价，不符合合同约定。在案涉工程没有完工的情况下，应当按照实际完成的工程量据实结算。鉴定报告系按照内蒙古自治区2009年工程定额的计价标准，对实际完成工程量作出的造价鉴定，二审法院采信此鉴定报告，并无不当。

要点评析：约定固定单价的建设工程施工合同因发包人原因解除的，不宜按照合同约定的固定单价折算已完工工程价款，一般按照合同签订时履行地建设行政主管部门发布的定额标准进行结算。此种裁判观点是裁判者根据当事人的过错责任自由裁量的结果，具有合理性。

八、建设工程造价司法鉴定结算问题

司法实践中，工程造价司法鉴定意见是确定工程造价的重要方式之一。建设工程价款的确定，以当事人约定的计价标准或计价方法为主，以建设行政主管部门发布的定额计价标准为辅。由于建设工程的施工工艺、施工资料等专业性极强，在当事人对工程造价发生争议，尤其是当事人对计价标准或计价方法没有约定或约定不明时，事后又未能达成一致意见的情况下，实践中往往由当事人申请或者法院依职权启动司法鉴定程序对案涉工程的造价进行鉴定。法院委托具有相应鉴定资质的鉴定机构，对工程建设所花费的费用，即从筹建到竣工验收交付使用的全部建设费用进行鉴定。建设费用由建筑安装工程费、设备、工器具购置费、工程建设其他费和预备费以及税金组成。当然，鉴定机构仍应以当事人对约定的计价标准或计价方法为主要依据，当事人没有约定或约定不明时，再采用建设工程定额计价标准确定工程价款，如无相应的定额标准，鉴定机构可通过市场询价等方式确定工程造价。关于工程造价司法鉴定的相关问题，笔者在建设工程造价司法鉴定一章着重探讨。

典型案例裁判观点及评析

最高人民法院(2020)最高法民申722号案件裁判观点：承包人虽对审核报告

持有异议,但经原审法院释明后仍未申请鉴定,依据《建设工程司法解释二》第14条第1款的规定,承包人未能按照上述规定履行相关义务,应承担举证不能的法律后果。故原审判决采信审核报告确认的工程款数额,进而在此基础上认定工程款总额并无不当。至于承包人提出应当以其编制的工程结算金额认定工程最终结算价款的主张,按照案涉合同补充条款关于"竣工结算共同委托一家事务所进行计算"的约定,发包人收到工程结算书后又委托鉴定机构对工程价款进行审核,且承包人在审核过程中也进行了协助和配合,原审判决借此认为这一行为系双方对工程结算书的否定,故而未适用《建设工程司法解释一》第20条规定,并无不当。

要点评析:对建设工程造价负有举证责任的当事人未申请工程造价司法鉴定,经释明仍未申请鉴定的,应当承担举证不能的法律后果。

九、结算协议作为建设工程价款结算依据问题

结算协议是建设工程施工合同当事人就合同履行过程中产生的包括工程价款结算在内的所有争议"一揽子"解决的具有清算债权债务关系性质的协议。一般来讲,工程竣工验收合格后,或发包人将建筑工程实际使用后,或合同终止履行后,才进行结算。

从签订时间来看,双方达成结算协议时,工程是否竣工、是否验收、质量是否合格、是否存在逾期竣工、是否存在停工和窝工损失、是否存在逾期付款及采用何种结算依据等争议是非常清楚的。结算的目的是最终确定因施工合同履行而产生的债权债务数额,除结算协议中明确约定工程价款之外的争议另行解决外,其他影响工程价款的争议都会充分考虑和协商并予以解决,这也符合日常经验逻辑和目前建筑市场的交易惯例。如果在存在影响工程价款结算的诸多争议事项的情况下,双方仅就工程价款数额达成协议,搁置其他争议且不在结算协议中另行约定,这在目前的建筑市场是难以想象且不符合交易惯例的。

因此,结算协议达成后,除结算协议另有约定外,双方之间其他关于结算的争议均已解决,发包人不得以承包人原因导致工程质量问题或逾期竣工为由而拒付或减付工程价款,承包人也不得以发包人原因导致工程延期为由而要求赔偿停工、窝工损失等。当然,双方达成结算协议并不影响承包人承担质量保修责任。北京市高级人民法院《关于审理建设工程施工合同纠纷案件若干疑难问题的解答》(2012年)有类似的解答,该解答第7条规定:"当事人在诉讼前已就工程价款的结算达成协议,一方在诉讼中要求重新结算的,不予支持,但结算协议被法院或仲裁

机构认定为无效或撤销的除外。建设工程施工合同无效,但工程经竣工验收合格,当事人一方以施工合同无效为由要求确认结算协议无效的,不予支持。”第24条规定:“结算协议生效后,承包人依据协议要求支付工程价款,发包人以因承包人原因导致工程存在质量问题或逾期竣工为由,要求拒付、减负工程价款或赔偿损失的,不予支持,但结算协议另有约定的除外。当事人签订结算协议不影响承包人依据约定或法律、行政法规的规定承担质量保修责任。结算协议生效后,承包人以因发包人原因导致工程延期为由,要求赔偿停工、窝工等损失的,不予支持,但结算协议另有约定的除外。”

实务中有观点认为,只要结算协议中未明确表示放弃的权利,在结算协议达成后,当事人依然可以主张该权利。笔者认为,持有此观点的人大概是未能正确理解结算协议的性质,未弄清楚结算协议的核心内容是“清理”和“结算”。

典型案例裁判观点及评析

最高人民法院(2018)最高法民申74号案件裁判观点:由于宋某与中建七局签订两份协议的时间是在案涉工程竣工之后,其目的是双方对案涉工程进行最终结算,包括对案涉工程量及工程价款的最终确认,是当事人对自己权利的处分,法院应当予以尊重。由于该两份协议未被依法撤销,亦不存在法定无效的情形,因此该两份结算协议可以作为认定本案工程量及工程价款的依据。

要点评析:结算性质的协议,其效力独立于建设工程施工合同。该类协议不存在法定无效情形的,应当作为结算工程价款的依据。

最高人民法院(2017)最高法民申4328号案件裁判观点:在建设工程施工合同无效的情形下,当事人签订的结算协议一般亦应认定为无效,如果结算协议独立于建设工程施工合同存在,系对既存债权债务关系的结算与清理,则可以认定为有效。

要点评析:该裁判观点不完全正确,裁判思路也值得商榷。结算协议的效力独立于建设工程施工合同的效力,即便无效,也不是因建设工程施工合同无效而无效。

最高人民法院(2018)最高法民终556号案件裁判观点:关于承包人应否承担超额审计费及利息问题。发包人与承包人签订《结算协议》时,已将补充协议中应付承包人的全部价款考虑在内,其中并未约定扣减超额审计费及利息,应视为并不存在该笔费用或者发包人已经放弃。发包人基于《补充协议1》的约定要求承包人承担超额审计费用缺乏依据。

要点评析:结算协议系当事人就合同履行过程中产生的包括工程价款结算在内的所有争议"一揽子"解决的具有清算性质的协议。结算协议中未载明另行解决的,原则上不应再主张。

最高人民法院(2019)最高法民申1306号案件裁判观点:在建设工程竣工验收后,承包人为结算工程款而对原合同进行工程价款的部分调整,属双方当事人之间正常的合同变更内容,并不会导致双方利益失衡,亦不属于"阴阳合同"应当无效的情形。因此,该结算协议系双方真实意思表示,内容不违反法律行政法规的强制性规定,亦不会损害第三人合法权益,且发包人在诉讼前对该协议从未提出异议,故该协议应认定为合法有效,原审法院依据案涉《补充协议》认定工程价款并无不当。

要点评析:结算协议系当事人关于建设工程施工合同项下工程价款结算事宜所达成的协议,与建设工程施工合同不属于"黑白合同"情形。

最高人民法院(2018)最高法民终1310号案件裁判观点:结算支付协议第10条明确约定"甲乙双方除本协议及结算协议约定的权利义务外,不再履行原建设工程施工合同的权利义务",也即双方在签署结算协议和结算支付协议后,双方的权利义务争议限于结算协议和结算支付协议中规定的权利义务,而终止履行原建设工程施工合同,不再根据原合同主张有关权利和义务。从发包人提供的违约金支付情况看,大部分违约金支付于结算协议和结算支付协议签订之前,也即2015年11月2日之前,但双方对此并未在结算支付协议签订中予以明确和处理,发包人在本次诉讼前亦未对此提出主张,也能间接证明爱家公司对上述约定是认同的,其在本次诉讼中依据原建设工程施工合同再行主张延期竣工违约金,有违双方的合同约定。

要点评析:当事人所达成的结算协议系对建设工程施工合同项下债权债务的清理,除结算协议中载明可另行主张外,结算协议载明的权利义务就是双方最终的权利义务。

山东省高级人民法院(2019)鲁民申1585号案件裁判观点:该对账函系申请人

在案涉工程竣工验收后出具的，对账函记载事项清晰，欠款数额明确，且对账函在建设工程合同中通常具有对账结算协议的性质，因此，二审判决采信该对账函作为确认涉案工程价款的依据亦符合建设工程领域的常理。

要点评析：双方在建设工程竣工验收后就工程价款数额所签署的对账函，应当作为确认工程价款的依据。

十、建设工程施工合同无效后的折价补偿原则

如前文所述，建设工程施工合同无效情形尤多。无效合同的工程价款结算问题也是司法实践中争议较多的问题。《民法典》第157条规定："民事法律行为无效、被撤销或者确定不发生效力后，行为人因该行为取得的财产，应当予以返还；不能返还或者没有必要返还的，应当折价补偿……"该规定是关于合同无效后果的原则性规定。合同无效后，应当返还财产使合同恢复签约时的原始状态。在不能返还或没有必要返还时，应当折价补偿。不能返还通常包括两种情况：一是事实上不能返还，如建筑材料已经物化成建设工程；二是法律上不能返还，如财产已经转让给善意第三人，善意第三人已依法取得该财产所有权。建设工程施工合同有其特殊性，合同的履行过程就是承包人将劳动及建筑材料物化到建设工程的过程。合同被认定无效后，无法适用返还的方式使合同恢复到原始状态，只能采用折价补偿的方式进行处理。《民法典》第799条、《建筑法》第61条及《建设工程质量管理条例》第16条均规定，工程竣工验收合格方可交付使用。在合同无效的情况下，工程验收合格、工程验收不合格及工程未经验收擅自使用的，是否均适用折价补偿原则？

有观点认为，建设工程施工合同无效，工程验收合格的，发包人应当返还建设工程的造价成本。造价成本与合同价款的差额为损失，按照《民法典》第157条规定的过错原则各自承担相应责任。其理由为：无效合同的不得履行性导致的直接结果是承包人不应取得合同约定的利益，所以发包人只能按照建设工程的造价成本对承包人予以折价补偿。造价成本与合同约定价款的差额作为损失，由双方按照过错责任分担。笔者认为，此种观点从《民法典》的一般性原理而言，似乎并无不妥，但建筑行业和建设工程施工合同的特殊性在于法律、行政法规强制干预合同效力的原因是保证工程质量，当建设工程经验收合格后，区分合同效力已无太大意义。故工程验收合格后，工程质量有了保障，参照合同约定折价补偿承包人，有利于平衡发包人和承包人之间的利益。2004年《建设工程司法解释一》第2条应当也

是基于此方面的考虑而设立的条款,《民法典》第 793 条吸收并完善了该条款。

司法实践中,有两个问题较为复杂:一是工程验收不合格,包括中途解除建设工程施工合同和工程竣工两种情况下的验收不合格,承包人因施工而遭受的损失如何承担? 二是工程未验收但发包人擅自使用的,包括中途解除建设工程施工合同和工程竣工后两种情况下的未验收,是否适用折价补偿原则?

工程质量不合格也包括建设工程经二次或多次验收后的最终不合格。建设工程施工合同属于特殊的承揽合同,承包人的主要合同义务就是按照合同约定或法律规定向发包人交付合格的建设工程,如果承包人交付的建设工程质量不合格,发包人订立合同的目的就无法实现,发包人不仅可以拒绝受领该工程,而且可以不支付工程价款。这是民事法律调整加工承揽关系的原则,同样适用于建设工程领域。根据《民法典》第 793 条规定,承包人对经验收不合格的建设工程可以进行修复,经过修复建设工程质量合格的,发包人应当按照约定折价补偿承包人。如果经修复建设工程仍不合格的,该工程就没有建筑工程的使用价值,在这样的情况下让发包人支付工程价款是不公平的。关于建设工程经验收不合格,无论建设工程施工合同是否有效,发包人均可以不支付工程价款。只要工程质量不合格,就不符合交付使用的前提。只要发包人不擅自使用工程,其可拒绝支付工程价款,也谈不上折价补偿问题。但发包人有过错的,应根据其过错程度承担相应的责任。

工程未经验收或验收不合格后,发包人擅自使用的,如何折价补偿? 根据 2020 年《建设工程司法解释》第 14 条之规定,建设工程未经竣工验收,发包人擅自使用的,推定已使用部分的建设工程质量合格。根据《民法典》第 793 条之规定,就已完工部分参照合同约定折价补偿承包人。

典型案例裁判观点及评析

新疆维吾尔自治区高级人民法院(2016)新民终 198 号案件裁判观点:人民法院适用《建设工程司法解释一》第 2 条规定进行判决时,应当注意适用条件(即:建设工程经竣工验收合格)。本案中,涉案工程未施工完毕,承包人中途退场,按照合同约定进行结算缺乏现实基础和可操作性,应当就承包人实际完成工程量,据实结算工程价款,故鉴定机构以定额方式采用综合费率进行工程造价鉴定正确,一审法院对其鉴定意见予以采用亦正确,本院依法予以确认。

要点评析:该裁判观点是对 2004 年《建设工程司法解释一》第 2 条规定狭隘的理解。建设工程未施工完毕,包括解除合同和终止履行的情形下,只要已完工部分工程质量合格，都可以根据2004年《建设工程司法解释一》第2条之规定折价补偿。另外，由于承包人原因导致合同无法履行的，采用定额标准据实结算工程价款，使承包人基于自身过错而受益，对发包人也不公平。

十一、设计变更导致工程量或质量标准发生变化后的结算问题

2020年《建设工程司法解释》第19条第1款和第2款规定："当事人对建设工程的计价标准或者计价方法有约定的，按照约定结算工程价款。因设计变更导致建设工程的工程量或者质量标准发生变化，当事人对该部分工程价款不能协商一致的，可以参照签订建设工程施工合同时当地建设行政主管部门发布的计价方法或者计价标准结算工程价款。"

从上述规定来看，对于因设计变更导致工程量或质量标准发生变化后的结算问题，处理方式有三种：一是合同有约定，按照合同约定结算工程价款；二是根据双方确认的工程量，以协商的方式进行结算工程价款；三是参照合同签订时当地的定额标准结算工程价款。而第三种处理方式也是《民法典》第511条第2项"价款或报酬不明确的，按照订立合同时履行地的市场价格履行；依法应当执行政府定价或者政府指导价的，按照规定履行"规定的具体体现。

《民法典》第511条第2项和2020年《建设工程司法解释》第19条第2款的规定中均有一个重要的时间节点和限定的地点，即合同签订时合同履行地的市场价格或政府指导价。实务中，合同履行地的价格相对容易确定，市级政府没有指导价，参照省级政府的指导价，省级政府没有指导价的，参照国家的指导价。按适用范围来讲，均可找到合同履行地的指导价格。但合同签订的年份若没有政府指导价，则该如何处理？

新疆维吾尔自治区高级人民法院(2016)新民初47号案件中认为："承包人与发包人并未对该部分材料价格另行达成补充协议，且亦未在庭审中对此协商一致，故依据上述法律规定，应当按照订立合同时履行地的市场价格履行。虽然双方安装合同签订的时间是2011年，但承包人实际施工的时间为2012年。而鉴定机构采用的《电力建设工程常用设备材料价格信息》(2012年版)即为2012年装置性材料的全国市场平均价格水平。发包人对此提出异议，但并未提出合同订立时履行地装置性材料的价格信息，应当承担举证不能的法律后果。"

双方不服一审判决，均提起上诉。最高人民法院在(2019)最高法民终1878号案件中认为："鉴定机构对比发包人当时采购价格与《电力建设工程常用设备材料

价格信息》(2012年版)价格,两者价格相差不大,虽然双方安装合同签订的时间是2011年,但承包人实际施工的时间为2012年,故一审判决认定并无不当。发包人对于鉴定机构的该鉴定意见有异议,应当提供相应的证据证明自己的主张,不能提供的应当承担举证不能的责任,故发包人的该上诉理由不成立。"

从实质结果上讲,一审和二审法院对此问题的处理可能并无不妥,但若作为具有指导性意义的裁判观点来讲,值得商榷。理由有二:其一,《民法典》第511条和2020年《建设工程司法解释》第19条均有明确规定,协商不成,参照合同签订时的政府指导价。案件中合同签订时间是2011年,故应当参照2011年的政府指导价。但由于2011年没有对应的政府指导价,故应参照2011年的市场价格。案件中已委托鉴定机构进行工程造价鉴定,且当事人花费上百万元的鉴定费,鉴定机构完全可以通过市场询价等方式来确定2011年的市场价格。如果仅因此问题专门委托鉴定机构进行市场询价,可能有点小题大做,但如果鉴定机构在鉴定过程中的工作稍微细致一点,此争议即可解决。其二,当法律有明确规定参照合同签订时即2011年的市场价格时,将关于2011年的市场价格的举证责任分配给发包人是不妥的,毕竟已委托专业鉴定机构进行审价且鉴定机构参照的是2012年的价格。

典型案例裁判观点及评析

湖北省高级人民法院(2015)鄂民申字第00470号案件裁判观点:根据最高人民法院《建设工程司法解释一》第16条第2款的规定,因设计变更导致建设工程的工程量或质量标准发生变化,当事人对该部分工程价款不能协商一致的,可以参照签订建设工程施工合同同时当地建设行政主管部门发布的计价方法或者计价标准结算工程价款。本案中,双方在合同中明确约定工程量增减部分据实结算,当事人自己可以按照这个原则结算工程价款,也可以委托具有审价资质的机构按照此原则审定最终工程造价。

广西壮族自治区高级人民法院(2014)桂民再字第4号案件裁判观点:根据《通用合同条款》第39.6条规定的"变更影响本项目和其他项目的单价或合价,按第39.1条进行的任何一项变更引起本合同工程或部分工程的施工组织和进度计划发生实质性变动,以致影响本项目和其他项目的单价或合价时,发包人和承包人均有权要求调整本项目和其他项目的单价或合价",以及根据最高人民法院《建设工程司法解释一》第16条之规定,在双方对计价标准和物价补差问题不能协商一致的情况下,本案工程套用97水电定额进行造价鉴定,不仅符合当时的客观事实和前引合同条款以及司法解释的规定,而且符合发包人原来的概算投资本意。

要点评析:因设计变更导致建设工程的工程量或者质量标准发生变化的,由当事人协商确定如何结算工程价款,不能协商一致的,原则上应参照建设工程施工合同订立时当地建设行政主管部门发布的定额标准结算工程价款。

十二、建设工程施工合同"黑白合同"的结算问题

"黑白合同"并非一个法律术语,常见于建筑领域。发包人和承包人出于某种利益考虑,就同一工程项目签订的工程价款或者履行方式等内容存在差异的两份建设工程施工合同。一份用于在主管部门登记备案,一份仅由双方当事人持有。其中登记备案的合同,称为"白合同",仅由当事人持有的合同称为"黑合同"。"黑白合同"的存在往往是基于非法目的,所以,法律和行政法规对其有严格的限制。2004 年《建设工程司法解释一》第 21 条规定:"当事人就同一建设工程另行订立的建设工程施工合同与经过备案的中标合同实质性内容不一致的,应当以备案的中标合同作为结算工程价款的根据。"2020 年《建设工程司法解释》虽未吸收上述第 21 条,但其在第 2 条第 1 款保留了 2018 年《建设工程司法解释二》第 1 条第 1 款,即:"招标人和中标人另行签订的建设工程施工合同约定的工程范围、建设工期、工程质量、工程价款等实质性内容,与中标合同不一致,一方当事人请求按照中标合同确定权利义务的,人民法院应予支持。"即应当以"白合同"作为结算工程价款的依据。"黑合同"一般也是当事人真实意思表示,但由于合同形式不合法,不产生变更"白合同"的法律效力。故原则上应当以备案的中标合同即"白合同"作为结算的依据,但司法实践中常会遇见以下特殊情况。

第一,"黑白合同"均无效时,工程价款应当如何结算?根据 2004 年《建设工程司法解释一》第 21 条之规定,应当以备案的中标合同作为结算工程价款的根据。但如果备案的中标合同"白合同"无效,工程价款如何结算?在 2018 年《建设工程司法解释二》施行之前,司法实践中此问题争议较大。2020 年《建设工程司法解释》保留了 2018 年《建设工程司法解释二》此部分内容。最高人民法院个案中的裁判观点认为 2004 年《建设工程司法解释一》第 21 条适用的前提是备案的中标合同为有效合同。如果备案的中标合同也无效,就不应适用该规定。最高人民法院在(2017)最高法民终 175 号案件中这样认为:"经过招投标程序订立的建设工程施工合同(备案合同)与当事人另行订立的'实质性内容不一致'的建设工程施工合同(黑合同)都被认定为无效的。在无法确定双方当事人真实合意并实际履行的合同

时,应当结合缔约过错、已完工程质量、利益平衡等因素。根据《合同法》第58条规定由各方当事人按过错程度分担因合同无效造成的工程款差价损失。”

笔者认为该裁判观点值得商榷,理由如下。

首先,按此裁判观点,发包人和承包人中必定有一方因合同无效而获得的收益多于合同有效时的收益,将导致当事人之间利益失衡,也不符合任何人都不应从自身过错中受益的原则。

其次,2004年《建设工程司法解释一》第2条(已被《民法典》第793条吸收)对合同无效时工程价款如何结算已有明确的规定。至于哪个合同可以作为结算的依据,取决于实际履行的合同是哪个,而实际履行的合同难以确定,只是证据的审查认定问题,不应因此而改变工程价款的结算原则。建设工程施工合同无效,工程价款结算的原则就是参照合同关于工程价款的约定进行折价补偿,而非按过错原则进行结算。

针对上述结算原则及实际履行的合同难以确定的情况,2020年《建设工程司法解释》第24条再次进行重申或补充规定,即“参照实际履行的合同关于工程价款的约定折价补偿承包人”,且进一步明确了实际履行的合同难以确定时,“参照最后签订的合同结算建设工程价款”。这也是《民法典》当事人意思自治原则和折价补偿原则的体现。

第二,未经招投标程序但备案的合同,且存在多份施工合同,工程价款如何结算?首先看该工程是否为强制性招标范围内的工程。如果是必须招投标而未招投标的工程,则所签订的施工合同,无论是两份还是多份,无论是否备案,都因违反法律所规定的效力性强制性规定而无效。数份施工合同均无效的,根据2020年《建设工程司法解释》第24条之规定,参照实际履行的合同约定的工程价款折价补偿。这与《民法典》第793条第1款的规定相一致。

需要注意的是,非强制性招标范围内的工程,也未经招投标程序的,不适用《招标投标法》第46条的规定,也不适用2020年《建设工程司法解释》第2条第1款的规定。因为这两个条文的适用对象都是招标人和中标人在中标合同外再行订立背离合同实质性内容的其他协议的情形。

如果是非强制性招标的工程,也未经招标程序,仅仅只是自主备案的合同,则根据实际履行的合同结算即可,不适用上述规定。如果合同均无效,则根据2020年《建设工程司法解释》第24条的规定进行结算。

第三,非强制性招投标范围内的工程,经招投标程序后,签订数份施工合同的,是否属于“黑白合同”，工程价款如何结算？

一种观点认为，非强制性招标范围内的工程，当事人自愿招投标的，中标合同之外另行签订施工合同的，不存在“黑白合同”问题，根据实际履行的合同结算工程价款即可。另一种观点认为，当事人自愿进行招投标的，也属于《招标投标法》的调整范围。因为该法不仅保护特定招标人和中标人的利益，而且要保护不特定招标人和潜在投标人的利益保护，并维护招投标市场秩序。中标合同之外另行签订的合同，属于“黑合同”。

笔者赞同第二种观点。自愿招标，也称自主招标，不同于前述只备案的情况。如果当事人选择了招投标方式并将中标合同备案了，则其影响并非只局限于合同当事人，还影响其他投标人和招投标市场秩序，应当适用《招标投标法》第 46 条的规定。当然，“黑白合同”均无效的，同样适用 2020 年《建设工程司法解释》第 24 条的规定。

第四，“黑合同”何种情况下可以作为工程价款结算的依据？司法实践中一般认定“黑合同”无效，不作为工程价款结算的依据。但前已论述，“黑合同”未必当然无效。如果“白合同”无效，而“黑合同”有效，则“黑合同”应当作为工程价款结算的依据。而当“黑白合同”均无效，“黑合同”为实际履行的合同时，参照“黑合同”结算工程价款，或者无法确定哪个合同为实际履行的合同时，“黑合同”签订时间在后，也可参照“黑合同”结算工程价款。

典型案例裁判观点及评析

最高人民法院(2018)最高法民申 542 号案件裁判观点：《建设工程司法解释一》第 21 条关于“当事人就同一建设工程另行订立的建设工程施工合同与经过备案的中标合同实质性内容不一致的，应当以备案的中标合同作为结算工程价款的依据”之规定针对的是当事人在中标合同之外另行签订建设工程施工合同，以架空中标合同、规避中标行为和行政部门监管的情形，适用前提是备案的中标合同为有效合同，而如前文所述，本案中标合同应认定无效，故本案不适用该条规定。

要点评析：2004 年《建设工程司法解释一》第 21 条适用的前提是备案的中标合同有效。中标合同无效的，不适用该规定，而应适用 2018 年《建设工程司法解释二》第 11 条(已被 2020 年《建设工程司法解释》第 24 条吸收)和 2004 年《建设工程司法解释一》第 2 条(已被《民法典》第 793 条吸收)的规定结算工程价款。

最高人民法院在(2019)最高法民申1246号案件中的裁判观点:《建设工程司法解释一》第21条之规定适用前提是备案的中标合同合法有效。本案当事人签订并备案的《建设工程施工合同》因违反《招标投标法》第43条规定而无效,承包人不能以该合同为备案合同为由主张依据该备案合同结算工程款。《建设工程司法解释一》第2条规定:“建设工程施工合同无效,但建设工程经竣工验收合格,承包人请求参照合同约定支付工程价款的,应予支持。”在当事人签订的两份承包合同均无效的情况下,原判决考虑到《建筑工程承包合同》系双方当事人真实履行的合同,该合同约定的结算条款更符合当事人的意思表示,故认定涉案工程款参照该合同约定结算,并无不当。

要点评析:同一建设工程所签订的两份建设工程施工合同均无效的,以实际履行的合同作为结算工程价款的依据。其法律依据是2018年《建设工程司法解释二》第11条(已被2020年《建设工程司法解释》第24条吸收)和2004年《建设工程司法解释一》第2条(已被《民法典》第793条吸收)。

十三、建设工程价款债权诉讼时效问题

建设工程价款债权适用诉讼时效的相关规定,在司法实践中经常遇到以下问题。

第一,由于建设工程存在结算周期长、付款周期长、迟延付款等情况,发包人分期分笔付款是常态,那么,发包人支付部分款项的行为是否会导致整个工程价款债权诉讼时效中断?《诉讼时效若干规定》(2020年12月23日修正)第14条规定:“义务人作出分期履行、部分履行、提供担保、请求延期履行、制定清偿债务计划等承诺或者行为的,应当认定为民法典第一百九十五条规定的‘义务人同意履行义务’。”因此,发包人支付部分工程价款的行为或承诺,引起全部工程价款债权诉讼时效中断。司法实践中也有相应的案例,如重庆市高级人民法院在(2016)渝民终211号案件中认为:“发包人在2004年至2012年期间向承包人多次支付工程款,且间隔时间均短于两年,本金债权时效因而中断。”

第二,约定或法定的应付款之日,工程价款可能尚未结算,不具备支付条件,工程价款债权诉讼时效如何起算?2020年《诉讼时效若干规定》第4条规定:“未约定履行期限的合同,依照民法典第五百一十条、第五百一十一条的规定,可以确定履行期限的,诉讼时效期间从履行期限届满之日起计算;不能确定履行期限的,诉讼时效期间从债权人要求债务人履行义务的宽限期届满之日起计算……”建设工程

结算周期长达数年之久的情况,在司法实践中并不少见,甚至工程价款结算数额确定时,发包人应付工程价款的时间已超过诉讼时效期间。如果按照发包人应付款时间作为诉讼时效的起算时间,对承包人是不公平的,应当待工程价款数额确定时开始起算诉讼时效期间。当然,建设工程施工合同约定固定总价的除外。最高人民法院在(2017)最高法民再229号案件中认为:“案涉工程虽然未经竣工验收,但发包人认可于2010年10月已交付并使用,因此发包人依法应于2010年10月起支付拖欠的工程款。承包人虽于2013年8月才提起诉讼,但因双方对案涉工程未进行结算,发包人欠付承包人工程款的具体数额未确定,工程造价鉴定意见出具的时间是2014年11月20日,故承包人提起本案诉讼并未超过诉讼时效。”

第三,诉讼时效期间届满后,发包人支付部分工程价款,是否产生承包人全部债权诉讼时效重新计算的效果?2020年《诉讼时效若干规定》第19条规定:“诉讼时效期间届满,当事人一方向对方当事人作出同意履行义务的意思表示或者自愿履行义务后,又以诉讼时效期间届满为由进行抗辩的,人民法院不予支持。”但发包人只支付部分工程价款,并未作出同意支付剩余工程价款的意思表示的,如何处理?最高人民法院在(2017)最高法民再63号案件中认为:“诉讼时效届满后,债权人的债权转化为自然之债。债务人对诉讼时效届满的债权进行部分清偿,并不能恢复或者复活其余部分的诉讼时效。”但是各级法院对该问题亦有不同看法,部分法院认为债务人对诉讼时效届满的债权进行部分清偿,产生诉讼时效中断的法律后果。笔者赞同上述裁判观点。诉讼时效期间届满,发包人实际支付部分工程价款的行为,不能视为发包人同意支付“剩余工程价款”。

第四,发包人在一审期间未提出诉讼时效抗辩的,能否在二审期间提出?2020年《诉讼时效若干规定》第3条规定:“当事人在一审期间未提出诉讼时效抗辩,在二审期间提出的,人民法院不予支持,但其基于新的证据能够证明对方当事人的请求权已过诉讼时效期间的情形除外。”根据上述规定,发包人在一审期间未提出诉讼时效抗辩的,其在二审期间提出的,原则上不予支持,但有新证据能够证明承包人的诉讼请求已超过诉讼时效期间的除外。

第五,企业询证函是否能引起诉讼时效中断?一般认为,如果在诉讼时效期间内,承包人向发包人发询证函,则即使承包人没有催款的明确意思表示,发包人对询证函中的欠付工程价款数额予以确认,或虽对询证函中欠付数额有异议,但回复意见中载明了其认可的欠付数额的,通常可以作为诉讼时效中断的依据。这也是司法实践中就诉讼时效问题较为宽松的做法。

如果发包人收到询证函后未进行任何回复，此时应区分询证函中是否有催款的意思表示。如有催款的意思表示，则诉讼时效中断。如无催款的意思表示，则不产生诉讼时效中断的后果。

如果已经超过诉讼时效期间，承包人向发包人发询证函，询证函内容上有催收的意思表示的，则可以视作催款函；如果发包人在此类询证函上签字或签章予以确认，则视为对原债务的重新确认，诉讼时效可以重新起算。如发包人明确回复已超过诉讼时效期间而不认可，或仅仅只是送达到发包人而发包人没有任何同意履行诉讼时效期间已经届满的付款义务的意思表示，则不产生诉讼时效期间重新计算的后果。2020 年《诉讼时效若干规定》第 19 条第 3 款也有类似的规定。

第六，质保金的诉讼时效是否单独起算？关于质保金的性质在实务中一直存在争议，一种观点认为，其应当属于工程价款的一部分，依此观点，可以认为所有工程欠款从质保金到期后开始起算诉讼时效；但是另一种观点认为，质保金和工程价款性质不完全一样，有其特殊性，质保金应当单独对待，单独计算诉讼时效。实践中大部分观点则是将质保金和工程价款分开计算诉讼时效。笔者认为，工程价款的诉讼时效与质保金的诉讼时效应当分开计算，但其依据并非两种款项的性质所导致的，而是源于两种款项应付时间的不同。诉讼时效期间从应付之日起开始计算。对于工程价款的应付之日，当事人有约定的，从其约定；无约定或约定不明的，依据 2020 年《建设工程司法解释》第 27 条之规定可确定。而质保金的应付之日，依据 2020 年《建设工程司法解释》第 17 条可确定。另外，质保金与工程价款并非不同性质的款项，只是质保金有其特殊的作用或功能。质保金系从应付的工程价款中预留的一部分资金，用以保障承包人在缺陷责任期内对建设工程出现的缺陷进行维修。

十四、工程质量保证金的返还

关于工程质量保证金（俗称“质保金”“保修金”），《合同法》《建筑法》及 2004 年《建设工程司法解释一》均未涉及。已失效的《建设工程质量保证金管理暂行办法》（2005 年）确定了建设工程保证金制度。《建设工程质量保证金管理办法》（2017 年）第 2 条第 1 款关于工程质量保证金是这样定义的：“……建设工程质量保证金（保修金）是指发包人与承包人在建设工程承包合同中约定，从应付的工程价款中预留，用以保证承包人在缺陷责任期内对建设工程出现的缺陷进行维修的资金。”该条第 2 款是这样界定缺陷的：“缺陷是指建设工程质量不符合工程建设强制性标准、设计文件，以及承包合同的约定。”司法实践中，在工程价款结算或支付时往往涉及质保金的扣留或返还问题。

建设工程保证金制度，对于保证建设工程质量和施工安全，规范保证金预留行为，减少有关纠纷的发生，以及维护建筑市场秩序等方面都具有重要的意义。但关于质量保证金的返还时间没有明确规定，《建设工程施工合同（示范文本）》（2013年版和2017年版）的通用条款约定的缺陷责任期自实际竣工日期起计算，而实务中很多建设工程发生纠纷时尚未竣工，导致关于工程质量保证金的返还纠纷较多。2018年《建设工程司法解释二》第8条（已被2020年《建设工程司法解释》第17条吸收）首次规定了三种返还时间：当事人对返还期限有约定的，约定期限届满后；未约定返还期限的，自建设工程通过竣工验收之日起满2年；因发包人原因未如期竣工验收且双方未约定返还期限的，自承包人提交工程竣工验收报告90日后起满2年。

上述规定中关于质保金的返还时间的规定已很明确。对于建设工程尚未竣工和合同无效情形下质保金的返还问题，在前文已述。

质保金所担保的缺陷责任有别于保修期内的保修责任，实务中容易将两个概念混为一谈。这是两种不同性质的责任。前者源于《建设工程质量保证金管理办法》的规定，后者源于《建设工程质量管理条例》的规定。发包人返还工程质量保证金后，也不影响承包人根据合同约定或者法律规定所应承担的保修责任。关于缺陷责任期限，承发包双方可协商确定，但约定的缺陷责任期最长不超过24个月。

需注意的是，工程质量保修期和缺陷责任期也是两个不同的概念。工程质量保修期源于《建设工程质量管理条例》确定的质量保修制度，目的是加强对建设工程质量的管理，保证建设工程质量，保护人民生命和财产安全。缺陷责任期源于《建设工程质量保证金管理办法》确定的工程质量保证金制度，目的是落实工程在缺陷责任期内的维修责任。二者的期限也不一样，工程质量保修期按工程部位不同分别规定了最低保修期限，当事人可约定保修期限，但约定的保修期限不得低于规定的最低期限。缺陷责任期的期限一般为6个月、12个月、24个月，具体由承发包双方进行约定。此外，二者的起算时间也不一样。工程质量保修期，自工程竣工验收合格之日起计算。缺陷责任期的起算时间详见2020年《建设工程司法解释》第17条规定的三种情形，在此不再赘述。

建设工程施工合同被认定无效的，建设工程仍实行质量保修制度。工程质量保证金一般是用以保证承包人在工程质量保修期内对建设工程出现的质量缺陷进行维修的资金。虽然工程质保金可以由当事人双方在合同中约定,但从性质上讲,工程质量保证金是对工程质量保修期内工程质量的担保,是一种法定义务,故不应以合同效力为认定前提。

典型案例裁判观点及评析

最高人民法院(2018)最高法民终920号案件裁判观点:承包人对保修期自2015年4月30日起算无异议。根据合同专用条款第26.3条约定,至2020年4月30日,剩余的1%质保金全部到期。综合考虑本案实际情况,为避免当事人诉累,本院认定,在计算案涉工程总价款时,不再扣除质保金。当然,是否扣除质保金不影响施工人按照合同约定对工程质量承担保修责任,如发包人有证据证明承包人施工的工程出现质量问题,自可另行主张权利。

要点评析:质保金是否返还,不影响承包人依法依约承担保修责任。此前,就质保金的返还问题,法院自由裁量空间较大。2020年《建设工程司法解释》施行后,根据第17条规定处理即可。

十五、发包人默认竣工结算文件问题

2020年《建设工程司法解释》第21条规定:"当事人约定,发包人收到竣工结算文件后,在约定期限内不予答复,视为认可竣工结算文件的,按照约定处理。承包人请求按照竣工结算文件结算工程价款的,人民法院应予支持。"

根据最高人民法院民事审判庭在《关于发包人收到承包人竣工结算文件后,在约定期限内不予答复,是否视为认可竣工结算文件的复函》(〔2005〕民一他字第23号)中的意见,须有当事人明确的约定方可适用2004年《建设工程司法解释一》第20条的规定,不能根据《建设工程施工合同》通用条款的规定,简单地推论出,双方当事人具有发包人收到竣工结算文件一定期限内不予答复,则视为认可承包人提交的竣工结算文件的一致意思表示。《建筑工程施工发包与承包计价管理办法》(2013年)第18条的适用,也应当以当事人有约定为前提。

江苏省高级人民法院也有相应的指导意见。该院《关于审理建设工程施工合同纠纷案件若干问题的解答》(2018年)第9条明确指出:"建设工程施工合同专用条款中明确约定发包人收到竣工结算文件后,在合同约定的期限内不予答复视为认可竣工结算文件,当事人要求按照竣工结算文件进行工程价款结算的,应予支持。建设工程施工合同专用条款中未明确约定,当事人要求按照竣工结算文件进

行工程价款结算的,不予支持。"

根据司法解释和最高人民法院的答复,参考规章及地方高级人民法院的指导意见,结合建设工程结算的特殊性,笔者认为,司法实践中应注意以下问题。

第一,承包人提交的竣工结算文件中的工程造价,实务中称"报审价",一般都会明显高于工程的实际造价,与双方最终确定的"审定价"相比,报审价都存在核减的问题,甚至有的核减比例高达30%之多。如果按承包人提交的竣工结算文件结算工程价款,容易造成当事人之间的利益失衡,不利于保护发包人的利益。司法实践中,应坚持严格适用的原则。

第二,默认竣工结算文件适用的前提,须有当事人在合同中明确约定限期答复及逾期不答复的法律后果,而且该约定须在合同的专用条款而非通用条款中。因为通用条款是为提高施工合同签订的规范性和效率而供当事人选择适用的示范文本,其本身对当事人不具有约束力,而专用条款的约定才是当事人的真实意思,对当事人具有约束力。通用条款和专用条款约定不一致时,应以专用条款为准。

第三,应注意审查发包人有无及时回复承包人。比如,对竣工结算文件提出异议、明确表示不予认可、要求补充资料等,均视为发包人对承包人的答复。无论答复中的异议或理由是否成立,只要发包人有证据证明在合同约定的期限内及时答复的,承包人要求按照竣工结算文件结算工程价款的,不予支持。

第四,默认竣工结算文件的适用,还应具备法律规定的工程价款结算条件。比如,以建设工程竣工验收合格为前提的,已进行工程竣工验收并合格等。在工程价款结算条件不具备时,即使发包人不予答复,也不能按承包人的竣工结算文件进行结算。

第五,2020年《建设工程司法解释》第21条所规定的默认竣工结算文件条款的出发点无疑是好的,可以起到督促发包人及时审核竣工结算文件、及时结算工程价款、维护承包人的合法权益等作用。但若司法实践中不严格适用该条款,可能会忽视甚至损害发包人的合法权益。

另外,延伸思考一个问题:建设工程施工合同无效,能否适用2020年《建设工程司法解释》第21条对默认竣工结算文件的规定?合同无效,除法律有特殊规定外,合同的条款亦无效。建设工程施工合同无效,没有参照适用合同中关于对竣工结算文件约定的法律依据。如果双方在结算过程中达成的补充协议或形成的会议纪要中对默认结算文件进行了约定,符合法律规定的,可以适用第21条的规定。

典型案例裁判观点及评析

最高人民法院(2019)最高法民再110号案件裁判观点:通用合同条款确定了发包人对承包人结算资料的审查时限,同时也确定了发包人逾期未提交审查意见的法律后果(即视为认可承包人提交的竣工结算文件);专用合同条款仅约定发包人对承包人结算资料的审查时限,而未约定发包人逾期未提交审查意见的法律后果。这种情况下不能作出发包人即接受了通用合同条款所预设的法律后果的解释,因为"视为认可承包人提交的竣工结算文件"这一责任后果,相对于发包人承担的在约定期限内不予答复的不利后果而言,并不具有唯一性。因此,在本案中不应作出双方已就"视为认可竣工结算文件达成了一致约定"的认定。

要点评析:当事人关于"视为发包人认可竣工结算文件"的约定,合同通用条款和专用条款约定不一致时,以专用条款为准。

最高人民法院(2020)最高法民申2786号案件裁判观点:《建设工程施工合同》通用条款37.6约定"发包人收到竣工结算报告及结算资料后在本条规定期限内对结算报告及结算资料没有提出意见则视为认可",合同专用条款未作相应约定。此种情形下,原判决综合全案事实,参照《最高人民法院民事审判庭关于发包人收到承包人竣工结算文件后,在约定期限内不予答复,是否视为认可竣工结算文件的复函》,认定不宜以通用条款简单推论发包人认可承包人决算意见,进而按照专用条款约定的结算程序和方式,准许承包人工程造价鉴定申请,并依据鉴定意见确定工程造价,具有事实和法律依据,并无不当。

要点评析:从严适用"视为发包人认可竣工结算文件"的约定,不宜以通用条款简单推论发包人认可。

十六、仅有监理人员签字的签证的结算问题

实务中乃至司法实践中,对监理机构与发包人之间的关系存在错误的观点:监理机构是发包人聘请的,监理机构在工程项目上代表发包人,监理机构的履职行为后果应由发包人承担。这种错误的观点源于对监理制度和监理职责缺乏正确的认识。监理人员在现场签证上的签字是否对发包人具有约束力,需要根据监理人员的法定职责、授权范围等进行认定。

我国《建筑法》第30条第1款规定:"国家推行建筑工程监理制度。"第32条第1款规定:"建设工程监理应当依照法律、行政法规及有关的技术标准、设计文件和

建筑工程承包合同,对承包单位在施工质量、建设工期和建设资金使用等方面,代表建设单位实施监督。"《建设工程质量管理条例》第3条规定:"建设单位、勘察单位、设计单位、施工单位、工程监理单位依法对建设工程质量负责。"第36条规定:"工程监理单位应当依照法律、法规以及有关技术标准、设计文件和建设工程承包合同,代表建设单位对施工质量实施监理,并对施工质量承担监理责任。"第37条规定:"工程监理单位应当选派具备相应资格的总监理工程师和监理工程师进驻施工现场。未经监理工程师签字,建筑材料、建筑构配件和设备不得在工程上使用或者安装,施工单位不得进行下一道工序的施工。未经总监理工程师签字,建设单位不拨付工程款,不进行竣工验收。"

从上述法律和行政法规的相关规定来看,工程监理单位是建筑市场上独立存在的一方主体。监理单位虽然受建设单位委托才得以进入施工项目,但建设单位与监理单位之间不是单纯的民事委托代理关系,而是一种特殊的委托代理关系,因为监理单位的职权范围不完全依据监理合同的约定,监理单位还负有法定职责。监理单位在受托为建设单位提供监理服务,维护建设单位合法权益的同时,也依法负有对工程项目进行监督和维护施工单位合法权益的职责。监理单位对其监理的工程质量独立承担监理责任。这是由其市场地位独立性和职责法定性决定的。

鉴于在现行建筑法律法规框架内,工程监理单位具有特殊的市场地位和职责范围,在没有建设单位明确授权的情况下,不应将监理单位视为建设单位在施工项目上的授权代表。

《建设工程价款结算暂行办法》第26条规定:"凡实行监理的工程项目,工程价款结算过程中涉及监理工程师签证事项,应按工程监理合同约定执行。"笔者对该规定的理解是,由于监理工程师不具备代表建设单位签认涉及工程量签证的法定职责,所以,应看工程监理合同中是否有此项内容的授权。《建设工程监理合同(示范文本)》(GF-2012-0202)第1.1.5条对"监理"的定义如下:"'监理'是指监理人受委托人的委托,依照法律法规、工程建设标准、勘察设计文件及合同,在施工阶段对建设工程质量、进度、造价进行控制,对合同、信息进行管理,对工程建设相关方的关系进行协调,并履行建设工程安全生产管理法定职责的服务活动。"在示范文本的通用条件中,监理单位的工作内容也只是其法定职责范围,没有其他内容的特别授权。所以,仅有监理工程师签名或监理单位签章的签证能否作为工程价款结算的依据,取决于监理合同中的专用条件有无此项授权。

北京市高级人民法院《关于审理建设工程施工合同纠纷案件若干疑难问题的

解答》(2012 年)第 10 条规定:"工程监理人员在监理过程中签字确认的签证文件,涉及工程量、工期及工程质量等事实的,原则上对发包人具有约束力,涉及工程价款洽商变更等经济决策的,原则上对发包人不具有约束力,但施工合同对监理人员的授权另有约定的除外。"

笔者赞同上述指导意见。涉及工程量、工期及工程质量的签证,监理人员签字的,原则上对发包人具有约束力,但发包人有相反证据推翻的除外。比如,有证据证明监理人员签字的涉及工程量的签证与施工现场的现状不符的。涉及工程价款洽商变更等经济决策的签证,仅有监理人员的签名,对发包人不具有约束力,除非发包人有授权或追认。司法实践中,监理合同有约定的,按约定授权处理;没有约定并且超出监理单位的法定职责范围的,尤其是涉及建设单位核心利益的,不宜赋予监理单位确认权限。

典型案例裁判观点及评析

江苏省苏州市中级人民法院(2019)苏 05 民终 3100 号案件裁判观点:关于承包人主张的因发包人基坑塌陷导致的索赔,发包人提供的签证单仅有监理人员签字,但无充分证据证明该监理人员有相应的签字权限,承包人在一审中也未通知签字人员到庭证明签字的真实性,承包人应承担举证不能的不利后果。

要点评析:仅有监理人员签字的签证是否对发包人有约束力,取决于签证内容是否属于监理人员的法定职权或有无发包人的授权。

重庆市高级人民法院(2016)渝民终 510 号案件裁判观点:《关于停工费用及工期损失情况报告的函》上记载的损失数额系承包人单方报送,虽有监理签字,但监理的权限并不包括确定损失赔偿标准。而发包人并未签字或盖章确认,不能认定发包人已认可该函确认的金额。

要点评析:监理人员超出权限签字的签证,不能认定为发包人认可签证的内容。

吉林省长春市中级人民法院(2015)长民一终字第 110 号案件裁判观点:虽然该部分工程签证单上只有监理单位加盖公章并由监理人员签字,无发包人工作人员签章,但因该部分签证单内容系对承包人额外施工工程量的事实确认,并未涉及工程价款洽商变更等经济决策,属于工程监理人员的法定职权范畴,由工程监理人员签字并加盖监理单位公章的该部分签证单对发包人具有法律效力,发包人应当向承包人支付该增加部分的工程价款。发包人虽然主张依合同约定工程监理人员无权擅自进行经济签证,但因发包人与承包人并未就签证事项及权限在合同中进行特殊约定,而该部分签证又仅为工程量的事实确认,并非经济类签证,不存在监理人员擅自签证问题。

要点评析:监理人员在法定职权范畴内的签证行为,对发包人具有约束力。

第四章

工程造价鉴定和工程质量鉴定共性问题研究

工程造价司法鉴定和工程质量司法鉴定,是建设工程施工合同纠纷案件中最为常见的两种鉴定。无论哪种鉴定,都需要鉴定机构具备相应的专业资质,都需要法院的委托。前者是指鉴定机构依据国家的法律、法规、各级政府颁布的工程造价定额标准和当事人约定的结算依据,根据专业的鉴定方式确定涉及诉讼活动的建设工程的造价并提供鉴定意见的活动。后者是指鉴定机构对涉及诉讼活动的建筑工程质量、材料和安全等与建筑工程相关的专业性问题进行鉴定与判定,并提供鉴定意见的活动。

随着我国社会经济的迅猛发展,建筑工程项目越来越多,建设工程施工合同纠纷案件频发,新情况、新问题层出不穷。工程造价司法鉴定已成为建设工程施工合同纠纷案件中常见的结算方式之一,工程质量司法鉴定是认定工程质量是否合格、有无修复价值及修复费用的重要参考依据,但由于此类案件具有较强的专业性和复杂性,司法实践中存在对司法鉴定意见的依赖性强、司法鉴定委托不规范、鉴定程序混乱以及"以鉴代审"等问题。

一、鉴定程序的启动方式

司法鉴定程序的启动方式,无非当事人申请和法院依职权启动两种。《民事诉讼法》第 76 条规定:"当事人可以就查明事实的专门性问题向人民法院申请鉴定……当事人未申请鉴定,人民法院对专门性问题认为需要鉴定的,应当委托具备资格的鉴定人进行鉴定。"这是司法鉴定程序两种启动方式的法律依据。

根据《民事诉讼法》及《证据若干规定》等规定中所确定的证据规则,申请鉴定属于当事人举证责任的范畴,应由承担举证责任的当事人提出鉴定申请。法院不宜依职权启动鉴定程序。对于双方当事人均不提出鉴定申请,但又非经鉴定才能使案件得到处理的,法院可根据举证责任分配的方式向负有举证责任的当事人释明,以便其提出鉴定申请。如经释明,当事人仍不提出鉴定申请,法院可以证据不足且经释明后未提出鉴定申请证实其主张为由,不予支持其主张,而无须依职权启动鉴定程序。此问题已在《证据若干规定》中得以规范化。其第30条规定:"人民法院在审理案件过程中认为待证事实需要通过鉴定意见证明的,应当向当事人释明,并指定提出鉴定申请的期间。符合《民事诉讼法解释》第九十六条第一款规定情形的,人民法院应当依职权委托鉴定。"上述规定明确了应当向当事人释明并指定期限,将法院依职权启动鉴定程序的范围限定在与依职权调查收集证据的范围一致。其第31条第2款规定:"对需要鉴定的待证事实负有举证责任的当事人,在人民法院指定期间内无正当理由不提出鉴定申请或者不预交鉴定费用,或者拒不提供相关材料,致使待证事实无法查明的,应当承担举证不能的法律后果。"

法院依职权启动鉴定程序的,在司法实践中较为少见,且修订后的《证据若干规定》已有相对明确的规定。在此问题上无太多可探讨空间,笔者着重探讨依当事人申请而启动的鉴定程序。

申请鉴定的权利是法律为保障当事人诉讼权利而设定的一种举证方式。鉴定机构受法院委托而出具的鉴定意见是常见的证据种类之一。当事人提出鉴定申请系其举证行为,应受举证期限的限制。根据《证据若干规定》第31条规定,当事人申请鉴定应当在法院指定期间内提出,对需要鉴定的事项负有举证责任的当事人在指定期间内无正当理由不提出鉴定申请的,可能对待证事实承担举证不能的法律后果。根据《民事诉讼法解释》第121条之规定,当事人可以在举证期限届满前提出鉴定申请,故当事人提出鉴定申请原则上应当在举证期限届满前,否则,其鉴定申请可能不被准许并承担举证不能的法律后果。

二、法院审查鉴定申请后决定是否准许

法院收到当事人的鉴定申请,应当依职权进行审查以便作出是否准许的决定。提出鉴定申请,是当事人的举证权利,但依法决定是否准许该鉴定申请,则是法院的职责范围。正如当事人申请法院调取证据一样,法院除审查该证据是否属于当事人及其诉讼代理人因客观原因不能自行收集的证据外,还需要审查与待证事实有无关联、对证明待证事实有无意义等,而不是一味准许或只能准许当事人的申请。同样的道理,当事人提出的鉴定申请,法院也需要审查。审查的内容包括但不

限于申请人是否负有举证责任、提出鉴定申请的时间、申请鉴定事项与待证事实有无关联性和鉴定的必要性等。

司法实践中，有观点认为："申请鉴定是当事人依法享有的权利，法院无权剥夺当事人的权利，既然当事人提出了鉴定申请，法院只能先准许，至于最终的鉴定意见是否采纳由法院结合其他证据综合予以认定，至于其诉讼请求或辩解理由能否成立另当别论。"这样的观点在司法实践中并非少数。笔者曾遇到过两三起这样的案件，其中在一起建设工程施工合同纠纷案件中，原告于开庭当日申请对工程造价进行鉴定，在各方当事人均到庭的情况下，法院以原告申请工程造价鉴定待鉴定意见作出后再另行安排开庭为由宣布延期审理。二被告的代理律师均认为没有鉴定的必要，并提出能否先按时开庭待法庭调查或进行简单的询问后再决定是否准许鉴定申请的建议。法官未采纳此建议并答复：申请鉴定是当事人的权利，法院不应妨碍其权利，至于其诉讼请求能否成立是另一层面的问题。审判人员上述观点，片面地强调当事人申请鉴定的诉讼权利，忽略了法院审查的职权及案情是否需要等问题。

鉴定程序的启动仅有当事人申请还不够，法院准许后才能正式启动。根据《民事诉讼法解释》第 121 条规定，申请鉴定的事项与待证事实无关联，或者对证明待证事实无意义的，人民法院不予准许。从该规定来看，法院应当审查当事人的鉴定申请并作出是否准许的决定，审查的内容是与待证事实之间有无关联性或有无意义（必要性）。与待证事实的关联性，指的是能否证明待证事实。如能证明待证事实则具有关联性，反之则无关联性。所谓有无意义，指的是必要性。有时虽可证明待证事实，但启动鉴定程序却没有意义或必要。比如，对方已自认待证事实而无须再举证的，或者其他证据足以可以证实待证事实，完全没有必要再通过鉴定意见予以证实。除此之外，法院还应当审查提出鉴定申请的时间是否符合相关规定、逾期申请鉴定有无正当理由或虽逾期申请鉴定但根据案情需要确有必要准许的情况，以及关于不应准许鉴定申请的其他规定。

有的审判人员并非不清楚上述规定或审查的必要性，而是不愿意审查，甚至不敢拒绝当事人的鉴定申请，主要原因可能有以下两方面。

第一，是否应当准许有时不好把握，准许了本没必要进行的鉴定，无非是申请人额外支出了鉴定费和延长了案件审理周期等，但对法院或审判人员来讲则无风险。

第二，如果本应准许的鉴定而未准许，案件的审理会遇到困难，且二审法院的处理方式往往是发回重审，一审法院迫于工作需要和考核的压力等原因，往往不愿意审查是否应当准许而直接同意准许鉴定申请。此种情况在基层法院尤为常见。当然也有其他因素，尤其是基层法院案多人少且多适用简易程序审理案件，准许鉴定申请后，简易程序转为普通程序，审限延长 3 个月且鉴定期间可从审限中扣除，结案的急迫性自然就解决了。

以上是司法实践中关于法院未经审查直接准许鉴定申请的现象。法院审查当事人鉴定申请并决定是否准许鉴定的职责，早在 2002 年 4 月 1 日起施行的《证据规定》中就有相应的规定，2015 年 2 月 4 日起施行的《民事诉讼法解释》也有相应规定，但司法实践中依然重视不够。这可能也是 2020 年 9 月 1 日起施行的《法院委托鉴定审查规定》的背景之一。该规定共六部分内容，其中五部分内容都是关于法院对鉴定事宜进行“审查”的规定，且五个大标题中都包含“审查”，由此可见最高人民法院对法院委托鉴定审查工作的重视。

综上，司法鉴定程序需经当事人申请并由法院依职权审查后方可启动。这样才能保证鉴定的必要性，减少当事人诉累、避免浪费司法资源。正如浙江省高级人民法院《关于审理建设工程施工合同纠纷案件若干疑难问题的解答》（2012 年）中的意见：“法院应当避免随意、盲目委托鉴定和不必要的多次、重复鉴定。根据双方当事人的合同约定或者现有证据，足以认定工程量和工程价款的，不应再就工程价款委托鉴定。”

对鉴定申请进行审查的基本态度为：可以不鉴定的，尽量不鉴定；能不全部鉴定的，尽量缩小鉴定范围；必须鉴定的，尽量减少鉴定次数；能不重新鉴定的，原则上不重新鉴定；能通过补充鉴定解决的，补充鉴定；一审已鉴定的，二审原则上不重新鉴定；一审未鉴定的，二审经当事人同意，可以不发回重审，在二审中直接鉴定。

典型案例裁判观点及评析

最高人民法院（2017）最高法民申 955 号案件裁判观点：在《基坑降水合同》应当作为确定本案工程造价依据的情况下，根据约定优先之法律适用标准，人民法院也无须再对工程造价进行鉴定或调取工程所在地施工期间的市场价格。故一、二审法院依据《民事诉讼法解释》第 121 条“申请鉴定的事项与待证事实无关联，或者对证明待证事实无意义的，人民法院不予准许”的规定，对承包人的鉴定申请不予准许，符合法律规定。

要点评析：根据当事人约定或案件已查明的事实，待证事实已无须通过鉴定的方式予以明确,当事人的鉴定申请不予准许。

北京市第二中级人民法院(2015)二中民终字第08229号案件中的裁判观点:上诉人称,本案无须委托鉴定,因涉案工程变更洽商部分的劳务费及相关费用,双方存在较大争议,且并无充分证据表明该部分工程量费用的准确性与合理性,原审法院对此启动鉴定程序,系为查明事实的职权行为,本院不持异议。同时,经本院审查,上诉人在原审笔录中亦曾多次对鉴定程序相关事宜表示同意和配合,现在其认为鉴定结论不利的情况下,再行重新称无须鉴定,本院不予支持。

要点评析:法院应审查当事人的鉴定申请,与待证事实无关联的,不予委托鉴定,但双方当事人均同意鉴定的除外。

三、不予鉴定的情形

《民事诉讼法解释》第121条从实体上规定了不应准许鉴定的两种情形:与待证事实无关联;虽与待证事实有关联,但没有必要鉴定。修订后的《证据若干规定》未保留2002年《证据若干规定》第28条逆向规定不应准许鉴定的情形:一方自行委托的鉴定,另一方申请重新鉴定时无足够的证据反驳。2020年《建设工程司法解释》第28条规定了不予鉴定的情形:双方约定按固定价结算工程价款,一方又对工程造价申请鉴定的。2020年《建设工程司法解释》第29条和第30条各规定了一种不应准许鉴定的情形:当事人在诉前已达成结算协议;双方在诉前已共同委托鉴定机构出具咨询意见且双方明确表示受此约束。《法院委托鉴定审查规定》规定了十种不予委托鉴定的情形,但核心的有两种情形:一是与待证事实无关联的问题;二是对证明待证事实无意义的问题。对工程造价司法鉴定而言,该规定并非新增不予委托鉴定的情形。

在上述规定中,一方当事人自行委托鉴定的效力是值得商榷的。如按上述规定,恶意自行委托鉴定将会越发凸显,同时也加重了未委托鉴定一方的举证责任。修订后的《证据若干规定》未保留该条款。笔者认为做如下修改更为合理:当事人一方自行委托具有相应资质的鉴定机构作出的鉴定意见的效力,一般不予认可,但对方当事人认可的和对方当事人虽不认可但亦不同意申请鉴定的除外。

除上述规定外,结合实务经验,笔者认为以下情形也应当不予准许。

双方共同选定具有相应资质的鉴定机构作出的鉴定意见,可以作为认定案件事实的依据。诉讼中一方当事人要求重新鉴定的,一般不予准许,但有证据证明该鉴定意见具有《证据若干规定》第27条第1款规定情形除外。

承包人请求按照竣工结算文件结算工程价款，经审查，符合2020年《建设工程司法解释》第21条规定的，发包人申请工程造价司法鉴定的，不予准许。

审查再审申请期间，再审申请人提出鉴定申请的，根据《民事诉讼法司法解释》第399条之规定，法院不予准许。

典型案例裁判观点及评析

最高人民法院(2018)最高法民终153号案件裁判观点：承包人主张案涉工程存在增量，应当通过鉴定确定增量，从而调整合同价款。综合分析来看，其相关主张难以成立。一审认定，本案不存在超过合同约定的足以影响工程价款计算的工程增量并无不当。承包人仅以其单方出具的工程联系单为依据主张鉴定确定工程增量，未能提供其他证据佐证，不足以动摇以上认定，一审不予准许鉴定也无不当。

要点评析：在无证据证明存在工程量核增的情况下，一方当事人请求对工程量核增的事实和造价进行鉴定的，不予准许。

最高人民法院(2015)民申字第2795号案件裁判观点：承包人和发包人对工程设计是否变更以及实际工程量存有争议。但双方已通过《补充协议书》，协商确认了发包人应付工程尾款的最终数额。《补充协议书》合法有效，对双方当事人具有约束力，双方均应按照约定履行权利义务。《补充协议书》签订后，承包人又重新提出设计变更并申请鉴定以确定工程款的要求，没有法律依据。原判决综合考虑所有事实，不予采信承包人关于案涉工程存在设计变更的主张，并不予准许鉴定申请，并无不当。

要点评析：双方已达成结算协议的，一方当事人申请对工程造价进行鉴定的，不予准许。

最高人民法院(2019)最高法民终695号案件裁判观点：本案工程造价鉴定由承包人于诉前单方委托，由具有相关鉴定资质的专业鉴定机构，依据《施工合同》，经现场勘查，剔除未施工内容后，作出《工程造价编制报告》。发包人不认可该报告，但经一审法院释明，发包人不对工程造价申请鉴定，亦未能提交证据证明该报告存在程序违法或结论缺乏依据等不应被采信的情形，应承担举证不能的法律后果。一审法院采信《工程造价编制报告》并据此确定本案工程造价，具有法律依据。

要点评析：一方于诉前单方委托具有相应鉴定资质的鉴定机构出具的鉴定意见，另一方不认可，且经法院释明，亦不申请鉴定。经法院审核，鉴定机构资质符合要求，鉴定意见依据充分，可以作为结算的依据。

四、法院应确定鉴定事项和范围

除审查当事人鉴定申请并决定是否准许鉴定外，法院还有另一重要职责，就是进一步确定鉴定事项和范围。这是法院在委托鉴定之前需要做的工作。司法实践中，对此项工作和审查鉴定申请均未引起足够的重视，导致不必要的鉴定事项被准许以及依据鉴定意见作出有失公平的判决的情形时常发生。

关于确定鉴定事项和范围所应遵循的原则或方法，可借鉴江苏省高级人民法院民一庭《建设工程施工合同纠纷案件司法鉴定操作规程》（2015 年）中的三个原则——必要性原则、关联性原则和鉴定范围最小化原则。必要性原则和关联性原则的要求，基本与法院决定是否准许鉴定的审查内容一致。必要性和关联性审查是手段，鉴定范围最小化是目标。必要性原则排除的是通过当事人的举证（包括自认）对争议事实已达到高度盖然性证明标准的事项，此事项已无必要再通过鉴定的方式予以证实。关联性原则确保鉴定事项与待证事实具有充分关联性并能够为查明待证事实提供依据。鉴定范围最小化原则，是指缩小争议事实，只对无法解决的争议事项进行鉴定。必要性原则和关联性原则是鉴定范围最小化的保障。

确定鉴定事项和范围的程序性工作是：法院根据诉辩意见归纳争议焦点，组织当事人举证质证确定争议事项，再根据《民事诉讼法》及其司法解释和 2020 年《建设工程司法解释》等相关规定合理确定鉴定事项。另外，还可通过调解工作排除无争议事项，进一步缩小鉴定事项的范围。

司法实践中，尤其基层法院基本不确定鉴定事项，致使鉴定程序中出现诸多不规范的现象。为纠正此类现象，2018 年《建设工程司法解释二》用了 5 个条文对鉴定行为进行规范，而 2020 年《建设工程司法解释》用了 7 个条文进行规范，其中 2020 年《建设工程司法解释》第 33 条（吸收 2018 年《建设工程司法解释二》第 15 条）针对的就是法院应确定鉴定事项和范围。

司法实践中还存在一种不规范的现象：当事人申请鉴定，法院通常做法是延期开庭审理，反正一次庭审开不完，需二次开庭，何不待鉴定意见出具后一次性开完呢？此种现象在基层法院尤为突出。当然基层法院有其特殊性，如案多人少、审判压力大等。但如果不开庭审理直接准许鉴定申请并委托鉴定,是否准许鉴定如何审查?案件争议事项如何确定?鉴定事项和范围如何确定?如何组织当事人对鉴定材料举证质证?鉴定机构出具的鉴定意见,如不能为查明案件待证事实提供依据时,如何处理?当然,实务中有时通过法官询问的方式进行调查核实并制作询问笔录,但这种方式无法替代庭审,往往可能流于形式。《民事诉讼法》及其司法解释和2020年《建设工程司法解释》等相关规定,虽没有明确规定必须要开庭审理,事实上,上述相关规定是有具体要求的。做到这些要求,最好的方式就是通过开庭审理决定是否准许鉴定申请、确定鉴定事项和范围、组织当事人对鉴定材料进行举证质证等。

修订后的《证据若干规定》要求法院向鉴定机构出具委托书应当载明鉴定事项、鉴定范围、鉴定目的和鉴定期限。《法院委托鉴定审查规定》所规定的"对鉴定事项的审查"和"对鉴定材料的审查"两部分内容,都对法院审查鉴定申请、确定鉴定事项和范围等提出了要求。

典型案例裁判观点及评析

最高人民法院(2019)最高法民终754号案件裁判观点:《建设工程司法解释一》第23条规定,当事人对部分案件事实有争议的,仅对有争议的事实进行鉴定,但争议事实范围不能确定,或者双方当事人请求对全部事实鉴定的除外。两份统计表明确了案涉工程款造价无争议部分,也载明了案涉工程造价有争议的部分。根据前述司法解释的规定,本案应对双方当事人有争议部分的事实进行鉴定。发包人认为两份统计表中的工程款无异议部分和有异议部分有关联,很难区分。但根据一审法院查明的事实,部分鉴定方法系将两份统计表中无异议部分和有异议部分工程量中的关联部分,按照鉴定规范和职业准则进行计算及筛选后,重新进行计算,并与无异议部分进行对比得出结论,"有异议"与"无异议"两部分工程量,在鉴定结论中不存在交叉,发包人该上诉理由不能成立。一审法院采信鉴定机构就案涉有争议部分工程造价的鉴定结论,并无不当,本院予以确认。

要点评析:法院应根据审理查明的内容确定争议的事实,然后再确定鉴定事项和范围。

最高人民法院(2020)最高法民申2223号案件裁判观点:关于停工损失鉴定范围和依据问题,建工公司申请鉴定事项及法院委托鉴定事项均是对"停(窝)工损失及合同解除(终止)给申请人造成的损失(含预期利润)进行鉴定”,鉴定报告并未超出法院委托的范围。

要点评析:鉴定机构应当根据法院确定的鉴定事项和鉴定范围进行鉴定。

五、法院应向鉴定机构移交的资料

司法实践中,有些法院准许当事人的鉴定申请后,只向鉴定机构移交《委托函》和当事人提交的鉴定申请书,然后就是等待鉴定机构出具鉴定意见。至于鉴定机构所需要的鉴定资料,一般由鉴定机构通知当事人提交并由鉴定机构组织双方质证,或者直接由鉴定机构选用。遇到对方当事人不配合的,甚至有的鉴定机构依据鉴定申请人一方提供的证据进行鉴定。也就是说,鉴定机构接受委托后,法院将主导权下放给鉴定机构,由鉴定机构主导整个鉴定过程。造成一种司法实践中极为常见的错误现象——法院将审判权下放给鉴定机构,过分依赖鉴定意见,而鉴定机构“以鉴代审”。

关于法院应向鉴定机构移交的资料,《民事诉讼法》及其司法解释和修订前的《证据若干规定》均未作明确规定。修订后的《证据若干规定》也只是对法院应当出具的委托书中须载明的事项进行了明确。但关于法院需移交给鉴定机构的资料,没有进一步明确。就连《法院委托鉴定审查规定》也只是对鉴定材料的审查提出了要求。

广东省高级人民法院《关于审理建设工程施工合同纠纷案件若干问题的指导意见》(2011 年)第 7 条规定:“人民法院委托司法鉴定机构进行工程造价鉴定的,应当对当事人提交的鉴定材料进行质证,并将鉴定材料和质证意见移送鉴定机构。人民法院不得将鉴定材料的质证和审核认定工作交由鉴定机构完成。”

江苏省高级人民法院民一庭《建设工程施工合同纠纷案件司法鉴定操作规程》(2015 年)第 10 条规定:“鉴定事项确定后,对于常见鉴定事项应由人民法院鉴定管理部门先行向当事人出具基本鉴定资料准备清单,鉴定机构确定后应当在十日内由鉴定机构向当事人出具鉴定资料准备清单。”第 13 条第 1 款规定:“人民法院应当在鉴定资料移交鉴定机构前组织当事人进行逐项质证,经质证认可或人民法院予以认定的资料可以移交鉴定机构使用。”

住房和城乡建设部于 2018 年 3 月 1 日起实施的国家标准《建设工程造价鉴定规范》第 4.2.1 条规定:“委托人移交的证据材料宜包含但不限于下列内容:1. 起诉状(仲裁申请书)、反诉状(仲裁反申请书)及答辩状、代理词;2. 证据及《送鉴证据材料目录》;3.质证记录、庭审记录等卷宗;4.鉴定机构认为需要的其他有关资料。”上述虽为部门规章,但有极高的参照价值。

笔者认为,即使法律及相关司法解释未有明确规定,但基于法院是司法鉴定的委托人,除鉴定机构自行准备的鉴定资料外,鉴定所需的其他资料均由当事人提交给法院,由法院组织双方当事人进行质证后,连同质证笔录一并提交给鉴定机构。由于此前法律及司法解释未有明确规定,很多法院在鉴定意见作出前不组织当事人对鉴定材料进行质证。2020年《建设工程司法解释》第33条规定,法院应组织双方当事人对争议的鉴定材料进行质证。《法院委托鉴定审查规定》也规定对鉴定材料的审查要求。上述规定为必须对鉴定材料进行质证提供了具体要求。

在司法实践中,有的法院事先不组织当事人对鉴定材料进行质证,而是待鉴定意见出来后在法院调查阶段与双方的证据一并质证。2020年《建设工程司法解释》第34条规定:“……鉴定人将当事人有争议且未经质证的材料作为鉴定依据的,人民法院应当组织当事人就该部分材料进行质证。经质证认为不能作为鉴定依据的,根据该材料作出的鉴定意见不得作为认定案件事实的依据。”上述司法解释也支持事后质证,但笔者认为,这种做法虽是一种事后补救措施,但有待商榷,其理由为:一方面,使第33条的规定流于形式,不够严肃;另一方面,一旦鉴定意见作出后,如果部分鉴定材料不能作为鉴定依据,其所对应的鉴定意见可能无法明显区分开,甚至法院在采纳鉴定意见时可能出现将错就错的情况。不如直接规定:未经质证的鉴定材料不得作为鉴定依据。《法院委托鉴定审查规定》明确规定:“未经法庭质证的材料(包括补充材料),不得作为鉴定材料。”同时,也规定了因无法直接联系当事人和当事人放弃质证的情形下,“鉴定材料应当经合议庭确认”。质证后,当事人对鉴定材料有争议的,“应当由人民法院予以认定,不得直接交由鉴定机构、鉴定人选用”。可见,《法院委托鉴定审查规定》不支持鉴定意见出具后进行补充质证的做法。

委托人向鉴定机构直接移交的鉴定材料,应注明质证及证据认定情况,未注明的,鉴定机构应提请委托人明确质证及证据认定情况。

典型案例裁判观点及评析

最高人民法院(2019)最高法民申5742号案件裁判观点:根据《建设工程司法解释二》第15条、第16条规定,人民法院组织双方选定鉴定机构后,该鉴定机构所依据的鉴材应由当事人质证方能进行鉴定,未进行质证,相关鉴定结论不应采信。

要点评析：当事人提供的鉴定材料，法院组织质证并审核认定后方可移交鉴定机构使用。未经法院组织质证的鉴定材料，不得作为鉴定依据。

六、鉴定中需法院判定的事项

鉴定过程中需要确定的事项属于法院司法审判权范畴的，应当由法院依法确定，而不能交由鉴定机构确定，否则，就存在"以鉴代审"的问题。江苏省高级人民法院民一庭《建设工程施工合同纠纷案件司法鉴定操作规程》(2015年)第37条规定："当事人对施工合同效力、结算依据和标准、签证文件的真实性及效力、举证责任分配、应否下浮、奖惩、缴纳管理费等问题存在争议的，应由人民法院进行审查并作出认定，法院未作出明确认定的，鉴定机构应当对该部分争议鉴定后列入鉴定意见的争议项，由法院判定。"该条款规定的内容确属法院司法审判权的范畴，不应由鉴定机构作出认定。但有些事项须由法院提前作出认定，不宜由鉴定机构搁置争议，如合同效力、结算依据和标准不宜事后判定。

建设工程施工合同的效力，法院在委托鉴定函中予以明确较为合适。如果合同无效，法院还应当明确按何种标准或方法进行鉴定。当事人要求中途解除建设工程施工合同，法院应当判定是否应当解除，并明确承包人实际施工的范围。按照当事人约定进行鉴定，还是按照定额标准进行鉴定，须由法院判定后告知鉴定机构。当事人对鉴定材料有争议的，应由法院认定后移交鉴定机构使用，而不能直接交由鉴定机构选用。

综上，需由法院判定的事项，都属于审判权的范畴，只能由法院行使审判权，鉴定机构无权行使，否则，属于严重的程序违法。

典型案例裁判观点及评析

海南省高级人民法院(2015)琼环民终字第13号案件裁判观点：《民事诉讼法》第6条规定，民事案件的审判权由人民法院行使。鉴定机构接受人民法院的委托对本案工程造价的专门性问题进行鉴定，并提供正确鉴定意见的前提是据以鉴定的有关证据材料必须是经人民法院查证实属的证据材料，鉴定机构无权代替人民法院行使审判权。在原审法院并没有对作为涉案工程造价鉴定依据的证据材料进行相应的认证的情况下，鉴定机构在对有关鉴定的证据材料进行取舍后作出鉴定意见；在当事人就鉴定意见初稿所依据的有关证据材料提出异议时，鉴定机构在并无原审法院审判人员参加的情况下组织对有关异议的证据材料进行质证，又在原审法院未对有关异议证据材料认证的情况下,调整鉴定意见。因此,鉴定机构事实上代行人民法院审判权作出鉴定意见,严重违反法定程序。

要点评析:组织当事人对鉴定材料进行举证质证并审核认定,属于应当由法院行使的审判权范畴。法院将审判权下放给鉴定机构行使或鉴定机构擅自行使等"以鉴代审"现象,均属于鉴定程序严重违法,应当重新鉴定。

七、需要法院释明的事项

建设工程施工合同纠纷一般多为疑难复杂案件,专业性较强,本着尽量缩短审理周期、有效解决纠纷的原则,需注重法官释明权的运用。笔者认为,在此类案件审理过程中,以下三种情形下需由法官进行释明。

一是当事人对工程价款存在争议,不能协商一致,也无法采取其他方式确定的,或者当事人对工程质量问题存在争议,且当事人未申请鉴定的,应由法官向负有举证责任的当事人一方进行释明,告知其在本案中若不进行鉴定可能存在的不利后果。当事人仍不申请鉴定的,应由其承担举证不能的法律后果。该项释明权,最早由浙江省高级人民法院在《关于审理建设工程施工合同纠纷案件若干疑难问题的解答》中有涉及,后在2018年《建设工程司法解释二》、修订后的《证据若干规定》和2020年《建设工程司法解释》中也有明确规定。

二是当事人对司法鉴定意见有异议且未主动申请鉴定人出庭作证的,应由法官向有异议的当事人进行释明,问其是否申请鉴定人出庭作证。其法律依据是《民事诉讼法》第78条规定,即"当事人对鉴定意见有异议,鉴定人应当出庭作证。经人民法院通知,鉴定人拒不出庭作证的,鉴定意见不得作为认定事实的根据"。从该规定可以看出,只要当事人对鉴定意见有异议的,鉴定人就应当出庭作证,如果法院不通知鉴定人出庭,法院的审理程序就存在瑕疵。此时,如果法官询问有异议的当事人是否申请鉴定人出庭作证,此种风险或瑕疵就可以避免。另外,鉴定人出庭作证,接受当事人对工程造价鉴定意见书的质询,回答与鉴定事项有关的问题,有利于争议的解决。

三是法院通知鉴定人出庭时,应向其释明如不出庭,将按照《民事诉讼法》第78条的规定处理,即鉴定意见不得作为认定事实的依据且当事人可要求返还鉴定费用。修订后的《证据若干规定》虽然完善了当事人申请鉴定人出庭的相关规定,但鉴定人不出庭的后果,仍需法院向鉴定人进一步明确或释明。

典型案例裁判观点及评析

最高人民法院(2019)最高法民终843号案件裁判观点：在没有各方认可的证据下，一审法院根据《建设工程司法解释二》第14条之规定，向黄某释明了其应申请鉴定及未申请鉴定的后果。在释明后黄某仍不申请鉴定的情况下，认定黄某承担举证不能的后果并无不当。

要点评析：当事人对工程造价等专门性问题有争议，法院认为需鉴定的，应向负有举证责任而未申请鉴定的当事人释明，经释明未申请鉴定的，才可判决该当事人承担举证不能的法律后果。

八、应重视对鉴定意见的依据及当事人质证意见的审查

鉴定机构出具鉴定意见后，该鉴定意见将作为证据出现在法庭调查阶段，由法院组织当事人进行质证。以笔者的经验来看，司法实践中存在以下问题，严重影响此类案件的审判质量。

第一，当事人对鉴定意见的质证意见准备不充分，没有深入鉴定意见中查找问题并有理有据地表达出来，只是以简单的“不认可”来表达对鉴定意见的态度，甚至有的当事人只是简单表达此案中没必要或不应当委托该鉴定。当事人可以围绕下列内容进行质证。

鉴定程序违法的情形：鉴定材料(包括补充的鉴定材料)是否经过质证；当事人有争议的鉴定材料是否经过法院审核认定；是否存在鉴定机构行使审判权的情形等。

鉴定意见存在的实体错误：鉴定依据是否符合当事人约定；鉴定依据是否充分，与其他证据是否矛盾；同一鉴定意见书之间的内容是否相互矛盾；鉴定意见是否明确且准确；鉴定机构是否对当事人提出的异议有针对性地进行回复，回复的依据是否充分等。

第二，审判人员倾向于让当事人把鉴定意见作为一个整体进行质证，不希望当事人过多地分析、评价鉴定意见，尤其是在当事人准备不充分或表达不清楚时，审判人员很少引导当事人有理有据地提出异议并将此作为法庭调查的重点，更多的则是要求当事人围绕“证据的三性”发表质证意见。其实审判人员更倾向于听到简洁的质证意见，不希望当事人深挖鉴定意见。

事实上，对鉴定意见的质证不应局限于证据的真实性、合法性和关联性，审判人员应当引导当事人对鉴定意见的依据、鉴定方法、有异议的具体内容及有无反驳

证据等方面进行质证。

在司法实践中,有的审判人员倾向于让当事人在法庭辩论阶段再对鉴定意见发表详细的意见,而不希望当事人在法庭调查阶段详细阐述质证意见。这种观点明显是错误的,是对"听取当事人质证意见是法庭审理查明案件事实的基本方式"缺乏正确的认识,或者认为质证仅仅是一个法定程序而已。鉴定意见作为证据之一,当事人对鉴定意见所发表的意见属于法庭调查的范畴,属于当事人质证的范畴。不让当事人就鉴定意见充分发表质证意见,不利于法院查明争议事实,不利于提高审判质量,不利于让当事人服判息诉。虽允许在法庭辩论阶段充分发表意见,但法庭辩论无法替代法庭调查。如果审判人员认真听取辩论意见后及时恢复法庭调查还可以避免不利影响,如果法庭辩论只是流程式的程序,那么,法院对鉴定意见的审核认定可能也只停留在形式上或程序上。以笔者的经验,作为当事人或代理律师,应充分准备质证意见并形成书面质证意见提交法院。

第三,由于审判人员可能不具备有关工程造价方面的专业知识,对鉴定所需证据材料及鉴定意见的内容和公正性、准确性无法完全审查,导致审判人员对鉴定意见依赖性过强,甚至只能根据鉴定意见来判决。

第四,即使审判人员认为鉴定意见确实存在瑕疵或错误,但如果不采纳鉴定意见,审判人员没有更好的方式解决争议事实,最终只好以"鉴定程序上的公正"驳回当事人对鉴定意见的异议。

上述问题,有当事人自身的问题,也有法院的问题,更多的可能还是审判人员主持庭审及对待鉴定意见的态度问题。这些问题导致的结果是严重干扰或影响了法院对案件事实的调查及独立裁判权,可能导致案件判决结果有失公平、当事人意见大、服判息诉率低等问题。笔者刚进法院工作不久,在担任一起建设工程施工合同纠纷案件的法庭记录时,审判人员在当事人对鉴定报告发表质证意见后,就鉴定报告中的内容逐项向当事人核实意见,询问当事人不认可的理由及有无反驳证据。庭审效果非常好。虽然庭审的工作量很大,但工程造价鉴定意见作为案件的关键证据,是值得当事人和法官在此问题上花费精力的。

另外,依笔者的经验,即使一方当事人认为案件没必要或不应当进行鉴定,但一旦法院准许另一方当事人的鉴定申请而启动鉴定程序时,该鉴定过程及鉴定意见就可能与当事人利益或案件结果息息相关,必须认真对待、全程参与、充分发表意见并提供相应的证据。笔者曾遇到一个案件,大致情况为:当事人因合同约定的是固定总价而认为不应当委托鉴定机构进行工程造价鉴定,一审时未遵照法院要求前去施工现场配合鉴定工作,导致鉴定意见与施工现状严重不符,鉴定意见出具后,也只是一味否认鉴定意见。一审依据鉴定意见判决,虽然工程未完工,但鉴定出来的工程造价总金额远高于合同约定的固定总价,二审维持原判。当事人虽有抱怨对方的不诚信、鉴定机构和法院的不公,但也深知因未按法院要求配合鉴定工作导致现在的被动和尴尬。

虽然《证据若干规定》第36条和《法院委托鉴定审查规定》第10条都规定了法院应当审查鉴定书的内容,但上述规定的重点仍在审查鉴定书形式上的规范性。笔者认为,更应当注意对鉴定意见的依据和当事人的质证意见进行审查,这些内容才是当事人争议的焦点。

典型案例裁判观点及评析

最高人民法院(2017)最高法民再329号案件裁判观点:《民事诉讼法解释》第104条规定:"人民法院应当组织当事人围绕证据的真实性、合法性以及与待证事实的关联性进行质证,并针对证据有无证明力和证明力大小进行说明和辩论。能够反映案件真实情况、与待证事实相关联、来源和形式符合法律规定的证据,应当作为认定案件事实的根据。"从比较证据证明力大小的情况看,(2015)工鉴字第7号工程造价鉴定意见书能够反映施工人施工的真实情况,其证据效力明显大于结算单的证明力。故一审法院对结算单不予认可,以鉴定意见书所汇总的工程造价作为涉案工程总造价,并无不当。

要点评析:鉴定意见作为证据的种类之一,当事人应围绕其"三性"进行质证,但如果一味强调鉴定意见的"整体性"而忽略鉴定意见的具体内容,包括鉴定意见的依据、鉴定方法、鉴定结论是否准确、鉴定意见前后有无矛盾或鉴定意见与现有证据是否矛盾等,容易导致当事人对鉴定意见的质证及法院审核认定工作变成流程式的程序化工作。

海南省高级人民法院(2015)琼环民终字第13号案件裁判观点:鉴定意见采用的计价方式既没有完全按照合法有效的施工合同的约定,即对该合同有关装饰部分、硬景部分和变更或增加的施工合同外等工程的计价方法未予以采用,又对同样合法有效的收尾施工合同对收尾工程的计价方式的特别约定也没有采用。本院要求鉴定机构对承包人上诉中提出异议的有关证据及其理由进行书面答复,但其并没有针对性地解答,而是仍然以其在原审中组织的无原审法院审判人员参加的"听证会”和据该听证会所作鉴定意见调整函作为答复依据，该异议答复仍不能采信。因此，鉴定意见亦违反客观鉴定的原则。

要点评析：鉴定机构一定要依据当事人合法有效的约定进行鉴定，针对当事人提出的异议，鉴定机构须进行有理有据且有针对性的答复，不能应付了事。

福建省高级人民法院(2020)闽民申759号案件裁判观点：关于本案一审法院委托作出的鉴定意见，正宏公司在本案一审和二审期间，仅对鉴定的必要性提出异议，并未对鉴定意见的依据、方法或结论提出明确异议，且未申请鉴定人出庭作证。原判决依据该鉴定意见认定本案事实，适用程序并无不当。

要点评析：当事人对鉴定意见有异议的，不宜简单发表“不认可”或“没必要鉴定”的质证意见，还应当对鉴定意见的依据、方法或结论提出明确的异议，如有必要，还可申请鉴定人出庭的接受质询。

九、重新鉴定或补充鉴定问题

在个案中申请重新鉴定的，并非少数，但被准许的，寥寥无几。关于重新鉴定的条件，司法解释和地方高级人民法院的指导意见都持慎重态度，原则上是不准许的。

修订后的《证据若干规定》第40条第1款(修订前为第27条第1款)规定：“当事人申请重新鉴定，存在下列情形之一的，人民法院应当准许：(一)鉴定人不具备相应资格的；(二)鉴定程序严重违法的；(三)鉴定意见明显依据不足的；(四)鉴定意见不能作为证据使用的其他情形。”

《法院委托鉴定审查规定》第11条第1款规定：“鉴定意见书有下列情形之一的，视为未完成委托鉴定事项，人民法院应当要求鉴定人补充鉴定或重新鉴定：(1)鉴定意见和鉴定意见书的其他部分相互矛盾的；(2)同一认定意见使用不确定性表述的；(3)鉴定意见书有其他明显瑕疵的。”

重庆市高级人民法院《关于当前民事审判若干法律问题的指导意见》(2007年)第11条规定：“……审判实践中，还应注意以下问题：建设工程的造价或者工程款的数额不通过鉴定可以确定的，不作鉴定；能不全部鉴定的，则不进行全部鉴定；必须通过鉴定才能确定工程价款的，要尽可能减少鉴定次数；能不重新鉴定的，则不重新鉴定；能通过补充鉴定修正鉴定结论的，则可以补充鉴定。在一审诉讼中已经委托鉴定的，如果鉴定机构或者鉴定人具有相应的资格，鉴定程序合法，且经过一审庭审质证，当事人在二审诉讼中请求重新鉴定的，原则上不予支持。一审诉讼中未对工程款进行鉴定，二审诉讼中经询问当事人同意在二审中鉴定的，可以不发回重审，由二审法院委托鉴定机构对当事人争议的工程款予以鉴定。”

北京市高级人民法院《关于审理建设工程施工合同纠纷案件若干疑难问题的解答》（2012年）第33条规定：“……诉讼中一方当事人要求重新鉴定的，一般不予准许，但有证据证明该鉴定结论具有《最高人民法院关于民事诉讼证据若干规定》第二十七条第一款规定情形除外。”

浙江省高级人民法院民事审判第一庭《关于审理建设工程施工合同纠纷案件若干疑难问题的解答》（2012年）第17条规定：“……诉讼中一方当事人要求重新鉴定的，不予准许，但确有证据证明鉴定结论具有最高人民法院《关于民事诉讼证据若干规定》第二十七条第一款规定的情形除外。一审诉讼期间对工程价款进行了鉴定，当事人在二审诉讼期间申请重新鉴定或补充鉴定的，不予准许，但确有证据证明鉴定结论具有最高人民法院《关于民事诉讼证据若干规定》第二十七条第一款规定情形的除外……人民法院应避免随意、盲目委托鉴定和不必要的多次、重复鉴定。根据双方当事人的合同约定或者现有证据，足以认定工程量和工程价款的，不应再就工程价款委托鉴定。”

无论是修订前后的《证据若干规定》，还是地方高级人民法院的指导意见，对重新鉴定的规定均较为苛刻，重程序、轻实体。《法院委托鉴定审查规定》规定的应当重新鉴定或补充鉴定的三种情形，是从实体角度纠正鉴定意见中存在的错误或问题，已从原来的“重程序、轻实体”向“程序和实体并重”转变。笔者对重新鉴定也持慎重态度，但同时也认为必要时，还是要支持重新鉴定。具体观点如下。

第一，因工程造价鉴定工作量大、鉴定费用高、鉴定周期长，对于存有瑕疵的鉴定意见，可通过鉴定人出庭作证并接受当事人质询、组织当事人对有争议的内容补充举证质证等方式解决，必要时，可以进行补充鉴定，尽量避免重新鉴定。

第二，法院应慎重对待鉴定意见，尤其是当事人争议较大时，应重点审查当事人对鉴定意见所提出的异议或质证意见，经审查异议或质证意见成立的，应当对该异议部分不予采信或进行补充鉴定。如果有证据足以推翻鉴定意见的，应当准许重新鉴定。

第三，当事人有证据证明鉴定意见违反当事人对鉴定程序、鉴定依据等有效约定，并对鉴定结果造成实质性影响，而且不能通过补充鉴定等方式解决的，应准许重新鉴定。

第四，最为关键的是，从审查鉴定申请、归纳争议焦点、确定鉴定事项和范围到组织当事人对鉴定材料举证质证，法院一定要认真、慎重对待，切忌"一切待鉴定意见出来后再说"。在可以通过细致的工作使案件实体更公正时，不能以形式上的"程序正义"掩盖客观存在的问题。此处的"形式上的程序正义"是指只注重程序，包括鉴定程序和质证程序等，程序走完后依据鉴定意见即行裁决，不注重对鉴定意见和当事人异议的实质性审查。

典型案例裁判观点及评析

最高人民法院(2016)最高法民申3772号案件裁判观点：根据《证据若干规定》第27条规定，当事人对鉴定意见有异议申请重新鉴定，有证据证明存在下列情形的，人民法院应予准许：鉴定机构或鉴定人员不具备相关鉴定资格的；鉴定程序严重违法的；鉴定意见明显依据不足的；经过质证不能作为证据使用的其他情形。本案中，没有证据表明一审鉴定意见存在上述应当重新鉴定的情形。二审法院未通过补充鉴定、重新质证等方式解决双方当事人对一审鉴定意见的争议，径行委托重新鉴定，不符合司法解释的规定，依据不足。

要点评析：修订前后的《证据若干规定》对重新鉴定的规定较为苛刻，重程序、轻实体，但鉴定意见作为证据的一种，是否采信取决于案件审理情况和鉴定意见本身。

湖北省高级人民法院(2018)鄂民终896号案件裁判观点：因该鉴定机构具有相应的资质，鉴定材料已经双方当事人质证，鉴定所依据的资料亦为参照双方实际履行合同的约定进行，其鉴定人员也出庭接受了质询，并对双方当事人各自提出的鉴定异议分别作出了答复并对相关内容亦作出了补充鉴定。故该鉴定意见的依据充分，程序合法，应当作为本案判决的依据。

要点评析：法院除注重审查鉴定程序的规范性和合法性外，更应注重审查鉴定意见的依据是否充分。

第五章

工程价款利息问题研究

由于工程价款基数较大、工程结算周期较长，逾期支付工程价款将会产生高额利息，甚至有的案件中应付利息数额可能比欠付工程价款本金还要高。工程价款利息问题引发的纠纷较多，几乎所有的建设工程施工合同纠纷案件中都涉及工程价款利息问题，甚至在当事人对工程价款结算没有争议的案件中，都会存在工程价款利息的争议。因此，工程价款利息在司法实践中关注度较高，争议较大。

一、工程价款利息的性质

众所周知，利息是资金所有者出借资金而取得的报酬。利息与工程价款原本很难联系在一起，但建设工程施工合同作为一种特殊的承揽合同，工程价款就是定作人向承揽人支付的报酬，也可理解为施工单位（承包人）基于施工行为而完成工程项目建设后应从建设单位（发包人）所取得的报酬。因发包人应付工程价款而未及时支付，承包人与发包人之间已悄然转化为类似于借款合同性质的债权债务关系。因发包人未及时支付工程价款，待其实际支付时，还应支付一部分额外的报酬。这份额外的报酬，我们称为工程价款利息。

额外的报酬，就是额外的收益。从物权的角度来讲，额外的收益就是孳息，即财产上产生或增加的收益。我国《民法典》将孳息分为天然孳息和法定孳息两种。《民法典》第321条规定："天然孳息，由所有权人取得；既有所有权人又有用益物权人的，由用益物权人取得。当事人另有约定的，按照约定。法定孳息，当事人有约定的，按照约定取得；没有约定或者约定不明确的，按照交易习惯取得。"根据该规定并结合2020年《建设工程司法解释》第26条关于工程价款利息的规定，工程价款利息的性质应当是法定孳息。

实务中，也有观点认为，欠付工程价款的利息不是工程价款的孳息，应作为承担违约赔偿的一种方式更合适些，或称为因违约应赔偿的损失。笔者认为，该观点有其合理之处,从发包人的角度来讲,工程价款利息就是逾期支付工程价款的违约责任;从承包人的角度来讲,工程价款利息确实赔偿或弥补了其所遭受的损失。但这更像工程价款利息的功能,并非其性质的界定。而且,违约赔偿的观点难以解释施工合同无效时工程价款利息的性质。

典型案例裁判观点及评析

山东省高级人民法院(2019)鲁民申6001号案件裁判观点:根据《建设工程司法解释一》的规定,欠付工程价款利息性质上属于法定孳息,既为法定孳息,一般应按照中国人民银行发布的同期贷款利率作为计付标准,当然也不排除当事人之间的另行约定。原审综合考量被申请人的实际经济情况,结合欠付工程价款利息的性质,认定双方间欠条约定月利率15%过高,并按照中国人民银行公布的同期贷款利率计息,是原审法院在合理裁判范围内作出的判定,比较符合本案的实际情况。

要点评析:工程价款利息性质为法定孳息。当事人对欠付工程价款利息计付标准有约定的,按照约定处理,但约定过高的,发包人可以请求法院予以减少。当事人没有约定的,一般按全国银行间同业拆借中心公布的贷款市场报价利率(2019年8月20日起)计息。

最高人民法院(2019)最高法民终895号案件裁判观点:《建设工程司法解释一》第17条规定的发包人应当向承包人支付的欠付工程款利息的性质,应当认定为法定孳息,而不是一种违约赔偿责任方式。因此,虽然双方当事人在一审期间签订的《工程造价确认单》中约定"承包人不再追究此前发包人与上述工程承包合同有关的任何违约赔偿责任",但承包人要求发包人支付工程欠款利息,系主张工程欠款相应的法定孳息,符合双方约定和法律规定。

要点评析:工程价款利息的性质是法定孳息,并非违约赔偿责任。承包人放弃追究发包人违约赔偿责任的,不代表其放弃工程价款利息。

二、工程价款利息的起算点

工程价款基数往往比较大,逾期支付将会产生高额利息,因此,工程价款利息的起算点成为各方当事人关注和争议的焦点。2020年《建设工程司法解释》第27条对工程价款利息的起算点规定得尤为明确:利息从应付工程价款之日计付。但应付工程价款之日如何确定?当事人有约定的,按照约定处理。没有约定或者约定不明的,该条款也规定了三个可视为应付款的时间点供选择,对号入座即可,具体为:(1)建设工程已实际交付的,为交付之日;(2)建设工程没有交付的,为提交竣工结算文件之日;(3)建设工程未交付,工程价款也未结算的,为当事人起诉之日。从理论上来讲,基于该规定,应付工程价款之日的确定较为容易,不存在无法确定的问题,同样,工程价款利息的起算点也不应当有太多争议。但司法实践中,各地法院对工程价款利息的起算时间认定不统一,甚至不同法院对同一问题的判决结果大相径庭。在建设工程施工合同纠纷案件中,上诉率和再审申请率居高不下的重要原因之一,就是当事人对利息的判决结果不服,其中绝大多数是对利息起算点有异议。在笔者代理的诸多建设工程施工合同纠纷案件中,当事人提起上诉或申请再审无一例外地都与工程价款利息有关,甚至有的案件中只就工程价款利息部分而提起上诉或申请再审。在这些案件中,工程价款利息的起算点是最大的争议点。究其原因,笔者认为,当事人争议最大、裁判者最纠结的疑难问题有两个:一是当事人之间对应付工程价款之日的约定,怎样才算是有效的、明确的约定?二是工程价款结算难,迟延结算现象司空见惯,但迟延结算的责任往往习惯性地归责于发包人。发包人基于自身利益考虑、凭借强大的市场地位,在违约成本远低于融资成本的市场环境下,拖延结算往往能使其利益最大化。而承包人在工程完工后,紧催结算、索要工程价款是通常做法,却未必遵循规范的竣工结算流程,如未及时移交竣工结算资料或移交不完整。承包人不规范的做法,很容易成为发包人迟延结算的借口。“承包人未提交竣工结算资料,导致工程无法正常竣工结算,工程价款支付条件尚未成就,工程价款利息也无从谈起”常用于发包人在诉讼中的抗辩理由。暂且不论发包人的上述抗辩理由能否成立,至少有时是有一定道理和事实依据的。在很多案件中,承包人对迟延结算也是有责任的。囿于探讨主题的限制,该部分内容重点放在工程结算部分,此处不再展开论述。实务中,在工程迟延结算问题上,过于苛求发包人的责任,而完全忽略承包人的责任,也是导致发包人不服判决的重要原因。

在司法实践中,在处理工程价款利息起算点的问题上最大的难点在于“约定不明”的界定。在建设工程施工合同中,当事人完全未约定工程价款支付时间或条件的,并不多见。当事人约定不是很明确的,较为常见。有的约定确实不是很明确,此种情况没有过多可探讨的,毕竟约定不明确是事实,如何处理也有明确的规定。有的约定本是明确的,却被误认为不明确。比如,“背靠背”条款,并非约定不明确,如业主付款后 10 日内支付,内容是非常清楚的,意思是非常明确的,理解上并无任何歧义，但在处理结果上有时却被认为是约定不明确。

笔者认为，处理“约定不明的”，可着眼于以下两个方面：

第一，从当事人角度而言，在起草或签订建设工程施工合同阶段，尽可能地将付款时间或付款条件约定清楚，意思表述尽可能完整，通常省略的“后半句”，不要省略，并且针对关键条款要有风险提示。比如，在“背靠背”条款中，暂且不考虑“背靠背”条款的效力问题，仅从约定是否明确的角度考虑以下表述方式的效果。

表述一：甲方于收到业主付款后 1 个月内向乙方支付工程价款。

表述二：甲方于收到业主付款后 1 个月内向乙方支付对应的工程价款。如甲方收到业主款项后未按此约定向乙方支付工程价款，应按年利率的 10% 向乙方支付工程价款利息。

表述三：甲方于收到业主付款后 1 个月内向乙方支付对应的工程价款。如甲方收到业主款项后未按此约定向乙方支付工程价款，应按年利率的 10% 向乙方支付工程价款利息。如业主未支付工程价款，乙方不得要求甲方支付工程价款，但乙方敦促甲方通过诉讼方式行使权利后，合理期限内甲方仍未诉讼的除外。

表述四：甲方于收到业主付款后 1 个月内向乙方支付对应的工程价款。如甲方收到业主款项后未按此约定向乙方支付工程价款，应按年利率的 10% 向乙方支付工程价款利息。如业主未支付工程价款，乙方不得要求甲方支付工程价款，但乙方敦促甲方通过诉讼方式行使权利后，合理期限内甲方仍未诉讼的除外。上述约定系双方充分协商并达成一致的结果，双方对可能存在的风险均有充分和理性的认识，若有不利后果，双方自愿承担。

对于表述一，其内容不能说不明确，但实务中会让人认为业主付款时间不确定，因而甲方向乙方付款时间也不确定。表述二，再次强调收到业主付款后才有付款的义务，且从利息的约定上也强化付款义务发生的时间。表述三，从正面约定乙方在甲方未收到业主款项前不得要求甲方支付，同时为了平衡双方利益，做了除外约定。表述四，提示风险，表明双方对业主不能及时付款的风险已有充分的预估和愿意承担风险的承诺。

只有建设工程施工合同条款约定清楚了，才能从根源上有效地防范此类风险。即使合同中留下了隐患，也可通过补充协议的方式再次进行约定。即使连补充约定的机会也没抓住，结算协议中也应当对此问题再次协商。既然双方在结算协议中本着相互协商、相互妥协的原则已解决了工程价款数额上的争议，把约定的条款写清楚、写明白，应该不是难事。

第二,从裁判者角度而言,摆在法官面前的是如何解决争议的问题。

首先,将约定是否明确这一事实判断,与该约定是否有效的效力判断、是否公平的价值取向判断等严格区分开来。约定是否明确,只是一个事实判断问题,不涉及其他,至于是否有效或是否公平,都不影响约定是否清楚、明确的事实判断。实务中,往往将事实判断与效力判断和价值取向判断混为一谈。其次,充分利用《民法典》所规定的解释原则解释当事人争议的内容是否明确,如文义解释规则、整体(体系)解释规则、合同目的解释规则及按照交易习惯解释规则等。尤其要注重文义解释规则的运用,只有文义解释不能确定约定的内容是否明确时,才能运用其他解释方法。一般来讲,运用合同解释原则解决的是合同条款的含义或当事人对条款理解上的争议。但针对当事人对某个条款的约定是否明确,也需要运用合同解释原则,尤其是文义解释规则。最后,根据《民法典》第 510 条规定,当事人对应付工程价款的时间约定不明且不能协商一致的,按照合同有关条款或交易习惯确定。

在笔者代理的一起案件中,建设工程施工合同这样约定:"进度款按每月 25 日前承包人上报当月完成工程量,次月的 15 日前发包人应按审定后的当月完成工程量的 85% 付款,工程全部完工付至合同价款的 90%,待工程竣工结算后付至合同价款的 95%,剩余 5% 为质保金;月度结算资料仅作为当月预付款依据,不作为竣工结算依据,竣工结算应重新编制。"需要说明一点,建设工程施工合同中非固定总价的约定,也未约定暂定价或概算价。在上述约定中,法院需确定以下几个事项:每月月进度款的数额及应付时间的确定;工程全部完工后应付款数额及应付时间的确定;工程竣工结算后应付款数额及应付时间的确定;质保金数额及应付时间的确定。比如,承包人上报当月的工程量经双方核定所对应的工程价款为 1000 万元,应付月进度款的数额为 850 万元(1000 万元 ×85%),应付时间为次月 15 日前。这个较为容易。工程全部完工和工程竣工结算后的应付款数额都涉及"合同价款"这一基数的确定。在应付时间的确定上,工程全部完工的界定较为简单,工程竣工结算的界定就复杂多了。双方均无有效证据证实工程实际完工的具体时间,但承包人向发包人移交工程的时间是 2014 年 1 月 24 日,承包人向发包人提交竣工结算资料的时间是 2015 年 5 月 10 日,双方于 2018 年 6 月 16 日在审计机构出具的工程造价审核定案表中共同签字确认工程造价总金额。由于施工合同未约定固定总价,也未约定暂定价或概算价等,合同价款应当如何确定?发包人主张以月进度款的总金额就是彼时的"合同价款",即工程全部完工后由月进度款总金额的 85% 付至 90%,应付时间为 2014 年 1 月 24 日,2018 年 6 月 16 日按双方共同确认的工程总造价金额付至95%。承包人主张应支付2018年6月16日共同确定的工程造价总金额为"合同价款"的95%,应付时间为2014年1月24日。法院最终确定的应付金额为工程总造价金额的95%,应付时间为2014年1月24日,工程价款利息从该日起算。

上述案例的争议集中在两个问题上:一是当事人关于付款时间的约定是否属于约定不明?二是承包人逾期移交竣工资料一年多,是否应承担迟延结算的责任?

笔者认为,当事人关于付款时间的约定是明确的,具体如下:

第一个付款时间点:双方约定的次月15日前支付上月月进度款的85%。

第二个付款时间点:工程完工后付至合同价款的90%。90%的基数应当是所有月进度款总和。理由有两个:一是从时间逻辑上讲,工程完工时,竣工结算连开始的条件都不具备,更别说竣工结算金额了,因此,此时付款的基数不可能是竣工结算出来的工程总造价。二是此时付款的基数应当是每月月进度款的总和。一方面,在合同非固定总价或暂定价的情况下,竣工结算金额尚未出来,已确定的总金额只有进度款总和;另一方面,以进度款总和为基数与85%在逻辑下也是一致的。

第三个付款时间点:工程竣工结算后付至合同价款的95%。双方在自行结算有难度且争议较大的情况下,通过委托鉴定机构的方式出具鉴定意见,然后双方共同签字确认工程价款总金额。这就是工程竣工结算的过程。双方共同签字确认工程价款总金额之日,就是双方完成工程竣工结算之日。

司法实践中,更多的时候并非当事人对付款时间约定不明,而是裁判者用"情感的天平"轻易否定了当事人的约定。裁判者总认为,发包人早已占有、使用建设工程,已经从中受益了,如果按约定支付工程价款及利息对承包人不公平。但此种观点忽略了两个基本问题:一是在当事人的约定不违反法律、行政法规等强制性规定时,尊重当事人意思自治原则是处理合同纠纷的"帝王规则"。工程竣工结算是一项系统的、复杂的工程,必然需要一定的时间,当事人约定付款时间时应当对结算周期是明知的,裁判者不宜过多干预当事人的约定。二是即使认定竣工结算迟延了,也应当将迟延结算的原因调查清楚,以便确定迟延结算的责任。反过来,如果不愿意追究迟延结算的责任,又何必拿迟延结算说事呢。

承包人逾期移交竣工资料,必定影响工程的竣工结算。因承包人原因导致竣工结算迟延的,司法实践中通常有两种处理方式:一是承包人逾期移交竣工资料导致竣工结算迟延的,发包人不承担迟延履行期间的工程价款利息,如最高人民法院(2019)最高法民终344号案件。二是承包人对迟延结算存在过错的,将鉴定意见出具之日作为工程价款利息的起算时间，如湖南省常德市中级人民法院(2017)湘07民终44号案件。

此外，延伸思考一个问题：2020年《建设工程司法解释》第27条与《民法典》第511条第4项的适用问题。就付款期限约定不明时，二者的规定是不一致的。前者确定了三个应付款时间，后者规定可随时要求履行，但应当给对方必要的准备时间。由此可见，建设工程施工合同不同于一般的合同，因其存在履行过程较为复杂、工程质量验收、发包人擅自使用、迟延结算及工程价款利息的法定性等因素，不适用于随时要求履行，必须确定一个明确的应付款时间。

典型案例裁判观点及评析

最高人民法院(2019)最高法民申6112号案件裁判观点：《建设工程质量管理条例》第16条第2款规定，“建设工程竣工验收应当具备下列条件：……(二)有完整的技术档案和施工管理资料……(五)有施工单位签署的工程保修书”。2018年8月27日，案涉工程资料验收合格，此前承包人未向发包人提交包括土建在内的完整备案资料；2018年9月5日，承包人才向发包人出具《工程质量保修通知书》，该通知书上载明工程竣工验收合格时间为2018年9月5日。2016年11月28日《建设工程竣工验收意见书》作出时，案涉工程包括土建工程在内，并不具备《建设工程质量管理条例》所要求的竣工验收条件，不能认定2016年11月28日为竣工时间。

要点评析：承包人依法依约移交竣工资料，是建设工程竣工验收的前提。

最高人民法院(2019)最高法民终344号案件裁判观点：案涉工程的造价系通过一审中的鉴定程序予以明确，鉴定机构曾要求承包人补交鉴定资料，由此可以推定，承包人向发包人提交的工程结算资料确不完整，不足以作为结算工程价款的依据。一审法院结合本案工程价款确定的客观情况，确认案涉工程欠款利息的起算点为承包人提起诉讼之日，并无不当。

要点评析：因承包人未移交竣工资料或移交竣工资料不完整，导致竣工结算迟延的，发包人不应当承担迟延结算期间的工程价款利息。

云南省昆明市中级人民法院(2017)云01民终1156号案件裁判观点：因在实际施工过程中增加了工程量，工期延长，且双方对工程款存有较大争议，故实际并未按上述约定支付工程款，而双方亦未对此重新作出约定。根据《建设工程司法解释一》第18条之规定，发包人在2014年7月使用了涉案工程，此时应视为工程已实际交付，但因双方对工程款并未结算，故尚不具备支付条件。2014年11月27日，承包人将竣工报告、结算书等材料提交发包人，一审以此时间作为应付工程款及计付利息之日并无不当。

要点评析：在确定应付工程价款之日时，法院结合付款条件是否具备及承包人逾期移交竣工资料等情况综合确定，而非直接套用2004年《建设工程司法解释一》第18条第1～3项（已被2020年《建设工程司法解释》第27条第1～3项吸收）之规定，值得称赞。

三、工程价款利息计付标准及《九民纪要》的影响

关于工程价款利息的计付标准，审判实践中常用的规定是2020年《建设工程司法解释》第26条。根据该条规定，当事人对欠付工程价款利息计付标准有约定的，按照约定处理，没有约定的，按照中国人民银行发布的同期同类贷款利率计算。在没有约定利息计付标准的案件中，应按何标准计算，争议较少。一方面，合同没有约定时，该条款对计付标准规定得非常清楚，理解和适用上几乎没有分歧；另一方面，双方都可接受中国人民银行的同期同类贷款利率标准，是一个相对公平的标准。实务中，对利息计付标准的争议主要集中在双方有约定的案件中。正常来讲，既然双方对利息计付标准已有明确约定，就不应该再有争议，但约定的利息标准可能存在过高或过低的问题，当事人有权请求司法干预。根据《民法典》第585条之规定，当事人有权请求法院调整违约金，法院也有权利进行调整，但争议常发生在过高或过低的判断标准上。根据最高人民法院《合同法解释二》第29条（已废止）之规定：当事人主张约定的违约金过高请求予以适当减少的，人民法院应当以实际损失为基础，兼顾合同的履行情况、当事人的过错程度以及预期利益等综合因素，根据公平原则和诚实信用原则予以衡量，并作出裁决。当事人约定的违约金超过造成损失的30%的，一般可以认定为《合同法》第114条第2款规定的"过分高于造成的损失"。

关于工程价款利息的调整问题，最高人民法院裁判观点中的法律适用标准毫无规律可循。最高人民法院在个案中裁判观点的任意性和随意性，对下级法院来讲，没有任何指导和参考价值，是各级人民法院法律适用不统一的根源之一。比如，最高人民法院近3年的案例中，有调整至中国人民银行发布的同期同类贷款利率的，有参照2015年《民间借贷司法解释》调整至年利率24%的，还有对月利率

2.5%(年利率30%)不予调整的,当然还有不同于以上标准的裁判观点。这可能是2020年7月31日起最高人民法院试行《关于统一法律适用加强类案检索的指导意见(试行)》的背景之一。期待通过此类统一法律适用的规范性文件,能够在各级人民法院实现法律适用的统一,实现法律效果和社会效果的有机统一。

《合同法解释二》第29条已被废止,《民法典》施行后需由新的司法解释来规范,合理认定"过分高于造成的损失"。笔者认为,可参照《买卖合同司法解释》(2020年12月23日修正)第18条第4款的规定,违约行为发生在2019年8月19日之前的,以中国人民银行同期同类人民币贷款基准利率为基础,参照逾期罚息利率标准计算;违约行为发生在2019年8月20日之后的,以违约行为发生时中国人民银行授权全国银行间同业拆借中心公布的一年期贷款市场报价利率(LPR)标准为基础,加计30%~50%计算逾期付款损失。

《九民纪要》发布后,对工程价款利息的影响可能存在两个方面:第一,明确了工程价款利息不能参照2015年《民间借贷司法解释》的相关规定。《九民纪要》第50条规定:"……除借款合同外的双务合同,作为对价的价款或者报酬给付之债,并非借款合同项下的还款义务,不能以受法律保护的民间借贷利率上限作为判断违约金是否过高的标准,而应当兼顾合同履行情况、当事人过错程度以及预期利益等因素综合确定……"第二,《建设工程司法解释一》第17条规定中的"中国人民银行发布的同期同类贷款基准利率"改为"全国银行间同业拆借中心公布的贷款市场报价利率"。2020年《建设工程司法解释》第26条已将"同期贷款市场报价利率计息"吸收。

《民法典》配套司法解释出台后,必将对工程价款利息产生相应的影响。希望后期的司法解释能在法律适用和裁判尺度的统一方面有所体现。

典型案例裁判观点及评析

最高人民法院(2019)最高法民申6023号案件裁判观点:逾期支付工程进度款利息,在性质上与违约金相同,均属于合同对违约责任的预设安排。原审综合考虑将逾期支付工程进度款利息由约定的月息2.5%调减至月息1%,并无不当。当事人未约定工程结算款利息,原审按照中国人民银行发布的同期同类贷款利率计算利息,符合《建设工程司法解释一》第17条的规定。工程进度款和结算款形成于工程施工的不同阶段,当事人对工程进度款利息和结算款利息进行约定时考虑的因素会有不同,通常情况下,为保证工程顺利施工,发包人能接受相对较高的工程进度款利息。因此,在当事人对工程结算款利息未作约定情况下,如按照约定的工程进度款利息计算结算款利息,有失公平。现行规范对当事人没有约定情况下如何计算工程款利息进行了明确规定,当事人未对工程款利息进行约定,一定程度上也蕴含着同意按照相关规范执行的意思。承包人关于原审未按照逾期支付工程进度款利息计算工程结算款利息适用法律错误的再审申请理由不能成立。

要点评析:将工程进度款利息与工程结算价款利息区别对待,符合工程价款利息法定孳息的性质。工程进度款利息与工程价款利息应当分别约定,不能相互参照,没有约定的,按2004年《建设工程司法解释一》第17条(已被2020年《建设工程司法解释》第26条吸收)规定处理。

最高人民法院(2019)最高法民终1335号案件裁判观点:案涉合同约定按照已完工程价款总额的2.5%月利率计算利息,该利息约定过高,发包人一审中请求调减,一审法院参照《民间借贷司法解释》的相关规定,以年息24%为标准计付利息并无不当,本院予以维持。

要点评析:工程价款利息参照2015年《民间借贷司法解释》规定的利率上限没有法律依据。《九民纪要》也认为非借款合同不能参照适用民间借贷的利率上限。

最高人民法院在(2017)最高法民终102号案件中的裁判观点:根据《建设工程司法解释一》第17条之规定,当事人对欠付工程价款利息计付标准有约定的,按照约定处理。本案中,双方当事人对欠付工程款的利息计付标准有明确的约定,应从其约定。发包人主张约定的月息2.5%是高息,应予调整的主张没有事实和法律依据,不能成立。

要点评析:月利率2.5%(年利率30%)明显过高,应当予以调整。

四、逾期支付工程价款违约金和工程价款利息能否同时主张

建设工程施工合同作为典型的双务有偿合同,支付工程价款是发包人的主要合同义务,发包人未按合同约定支付工程价款,其行为构成违约,应当承担相应的违约责任。有的建设工程施工合同约定了逾期付款违约金。

根据2020年《建设工程司法解释》第27条之规定,发包人应付工程价款而未支付的,应承担工程价款利息。前文已论述工程价款利息为法定孳息,无论当事人是否约定,发包人逾期支付工程价款都应当支付工程价款利息。

从性质上来讲,逾期支付工程价款违约金和工程价款利息并非同一性质。那么,发包人逾期支付工程价款时,承包人基于合同约定能否同时主张违约金和工程价款利息?对此问题的探讨应分以下三种情况展开:第一种情况,当事人只约定了违约金,没有约定工程价款利息;第二种情况,当事人既约定了违约金,又约定了工程价款利息;第三种情况,当事人只约定了工程价款利息,没有约定违约金。

最高人民法院民一庭的观点如下:"《建设工程司法解释一》第17条的规定是针对建设工程施工合同当事人之间关于利息问题争议的处理,应为当事人对欠付工程价款并没有约定违约责任承担方式的适用。如果当事人在施工合同中已经约定逾期支付工程价款所应承担的违约责任的方式,则应优先适用该当事人之间的约定。因此,如果当事人在施工合同中明确约定了在承担利息之外还应赔偿损失或者承担其他违约责任的,则承包人在请求承担违约责任同时还请求支付相应约定的利息的,应当从其约定;相反,如果当事人仅仅约定承担违约责任的方式,而未约定支付欠付工程价款利息的,则此时不应再按照《建设工程司法解释一》第17条规定承担支付利息的责任。"〔1〕

笔者赞同上述裁判观点。但有一个问题应进一步明确:当事人同时约定工程价款利息和违约金的情况下,承包人按约定在诉讼中一并主张的,发包人以约定过高为由请求法院减少的,法院在判断约定是否过高时,该约定的数额是否包含约定的工程价款利息和违约金之和?比如,约定按年利率10%支付工程价款利息,同时还约定以欠付工程价款为基数按年利率10%支付违约金,是否按20%(10% + 10%)为基数来衡量违约是否过高?如果是,在二者之和小于或等于法院可支持的金额时,承包人主张二者之和是有意义的。如果任何一项已相当于或高于法院可支持的金额时,承包人主张二者之和就没有意义了。如果不是,可能存在重复主张的问题,有违立法本意。

因此,可以考虑借鉴《民间借贷司法解释》(2020年12月23日修正)第29条之规定,在2020年《建设工程司法解释》第26条的基础上增加第2款:当事人对逾期支付工程价款既约定了利息,又约定了违约金或者其他违约责任,当事人可以选择主张利息、违约金或者其他损失,也可以一并主张,但总计明显过高的,按照《民法典》第585条处理。

---

〔1〕 最高人民法院民事审判第一庭编:《民事审判指导与参考》(总第49辑),人民法院出版社2012年版,第265~266页。

典型案例裁判观点及评析

最高人民法院(2019)最高法民终1365号案件裁判观点:从《合同法》第114条的规定可以看出,违约金以补偿性为原则,以惩罚性为补充,主要用于弥补守约方因违约方的违约行为造成的损失,同时兼顾一定的惩罚作用,以守约方的实际损失为标准,可以对过高或过低的违约金予以适当调整。本案中,双方当事人就迟延支付工程款的违约金计算方式进行了约定,即以迟延支付工程款的数额为基数按照每日千分之三的标准支付违约金。一审法院结合双方合同履行情况、预期利益等情况,确定发包人在利息损失的基础上上浮30%支付承包人违约金,该违约金的计算方式足以弥补承包人的利息损失,亦兼具一定的惩罚性质,属于法律规定范围内的合理调整。前述违约金的计算方式已涵盖利息损失,故一审法院未予支持承包人要求发包人另行支付利息损失的请求并无不当。

要点评析:逾期支付工程价款违约金已足以弥补承包人损失的,承包人不得再依据2004年《建设工程司法解释一》第18条(已被2020年《建设工程司法解释》第27条吸收)主张工程价款利息。

安徽省高级人民法院(2018)皖民终238号案件裁判观点:承包人既主张逾期付款的利息,又主张逾期付款的违约金。本院认为,违约金是当事人就某项违约行为预定的损失赔偿总额,逾期付款违约金应视为因逾期支付工程款的损失总额,包括利息损失。逾期付款利息是收款人因付款人没有按期支付价款遭受的利息损失,在合同没有特别约定可以同时主张的情况下,当事人不能同时主张逾期付款利息及逾期付款违约金,应依据当事人的约定选择适用。

要点评析:此种裁判观点值得商榷。在当事人只约定逾期付款违约金未约定工程价款利息的情况下,承包人只能主张违约金,而不能根据2004年《建设工程司法解释一》第17条(已被2020年《建设工程司法解释》第26条吸收)之规定主张工程价款利息。

五、结算协议中未约定进度款利息或对工程价款支付时间约定不明的处理

当事人就工程价款的结算事宜达成一致意见并签订结算协议,如果结算协议只涉及结算款的支付时间,未提及逾期支付工程进度款的处理,承包人是否可以主张工程进度款利息?对此存在两种观点:一种观点认为,按结算协议处理,未约定逾期支付进度款的利息,视为放弃。另一种观点认为,结算协议对于逾期支付进度

款没有提及,不代表当事人已同意放弃,而民事权利的放弃须以当事人的意思表示或法律明确规定的方式为前提,故承包人仍可主张结算前的进度款利息。笔者认为,如果结算协议未提及工程进度款利息,承包人不应再主张。理由如下。

第一,结算协议系当事人对债权债务关系进行清算性质的协议,承包人在结算协议中对该部分权利未做保留的,应当认为承包人已放弃该部分权利,"细账不算,只算总账",否则,结算协议就没有"清算"的含义了。

第二,工程进度款是工程结算价款的一部分,双方既然已对工程价款数额及支付时间达成一致,就包含了此前未支付的进度款如何支付的约定。

关于结算协议中约定了工程价款的支付时间,工程价款利息应如何处理?实务中有观点认为,这样的约定既未免除欠付工程进度款的利息,也未免除结算协议约定的付款时间之前的工程价款利息,理由还是承包人未明确放弃此权利。笔者认为,结算协议中关于付款时间的约定,不同于诸如偿还银行贷款的"展期"之类的约定。结算协议是"一揽子"的清算协议,既然约定了明确的付款时间,就表示双方对之前已约定的、未约定的及约定不明的付款时间进行了变更或约定,此付款时间届满之前,发包人没有付款的义务。只有发包人未按结算协议约定的付款时间付款时,才应承担工程价款利息。新疆维吾尔自治区高级人民法院在(2020)新民终45号案件中认为:"结算协议中关于支付时间有明确约定,依照《建设工程司法解释一》第18条'利息从应付工程价款之日计付'的规定,应按此约定承担利息。"

如果结算协议对付款时间约定不明的,应如何处理?笔者认为,即使约定不明,也不一定当然按照2004年《建设工程司法解释一》第18条(已被2020年《建设工程司法解释》第27条吸收)关于"视为应付款时间"的规定进行处理。原因很简单,当事人之间的约定优先于法定,应最大限度探究或推定当事人之间关于付款时间的真实意思表示。比如,在笔者曾代理的案件中,有如下案情:双方于2013年7月31日签订施工合同;工程于2013年8月1日开工,2015年6月30日施工完毕;双方于2018年7月6日进行工程结算并达成《结算协议》;《结算协议》约定结算款支付条件及时间为结算款在下列条件全部满足后1个月内支付:乙方(承包人)将合同结算金额内剩余未开发票开齐交甲方(发包人)且甲方收到业主款项后支付。虽然上述约定可能被法院以有失公允或合同的抗辩的范围仅限于对价义务等理由否定,甚至有观点认为上述付款时间表述上不是很明确,但笔者认为,有一点是非常明确的,那就是当事人关于付款时间的真实意思表示一定不是结算协议达成之前的某个时间而是结算协议达成之后的某个时间。这个道理应当不难理解。从逻辑上来讲,在签订结算协议时,不可能约定应于签订协议前支付,可以约定协议签订当日或此后某个时间支付。从内容上来讲,即使结算协议中关于付款时间的表述不是很明确或难以确定具体的时间,但一定是在协议签订后的某个时间。在上述案件中,即使不能依据结算协议确定某个准确的付款时间,但完全可以确定的是当事人关于付款时间的真实意思表示不在协议签订之前,那么,如果将结算协议签订之日视为应付款时间,已经非常有利于承包人了,此种处理方式,既有利于保障承包人的利益,又最大限度地尊重了当事人的约定。如果再生搬硬套2004年《建设工程司法解释一》第18条关于对付款时间约定不明的规定,将应付款时间比当事人约定的时间或可推断出来的约定时间大大提前,明显偏袒承包人且对发包人非常不利,更为关键的是,与当事人真实意思表示相违背。

典型案例裁判观点及评析

江西省高级人民法院(2014)赣民一终字第21号案件裁判观点:建设工程施工合同无效不影响双方就工程结算达成的协议的效力,不影响施工方根据协议约定和法律规定主张工程款。本案工程已经施工完毕,经过双方和监理公司的验收,双方在2011年9月8日就工程款结算达成一致协议,明确约定了剩余工程款数量、支付时间和期限等。该《协议书》实际上是双方对工程进行结算的协议,是双方自愿签订,意思表示真实,内容不违反法律规定,对双方均有法律效力,发包人公司应当按照协议约定的时间和金额支付剩余工程价款。

要点评析:结算协议的达成一般发生在合同终止履行或者履行完毕后的结算过程中,当事人就工程价款支付事宜等所达成的"一揽子"协议,其效力独立于建设工程施工合同本身。结算协议确认或重新确认了工程价款的支付时间,发包人按结算协议约定履行即可。

新疆维吾尔自治区高级人民法院(2020)新民终45号案件裁判观点:双方在2018年7月6日通过结算协议确定了本项目结算额为人民币45,133,226.68元,并有结算协议关于甲乙双方签字盖章后一个月内支付的明确约定,依照2004年《建设工程司法解释一》第18条"利息从应付工程价款之日计付"的规定,转包人应自2018年8月6日起承担利息,一审法院对欠付工程款利息的起算时间(2015年7月1日)认定不当,本院予以纠正。

要点评析：当事人在结算协议中约定了付款时间，此付款时间是发包人应付工程价款的时间和工程价款利息的起算时间，不应当再依据2004年《建设工程司法解释一》第18条第1～3项（已被2020年《建设工程司法解释》第27条第1～3项吸收）确定工程价款利息的起算时间。

六、通过鉴定意见确定工程价款时的利息处理

当事人在工程价款的自行结算过程中或者诉讼过程中，需要通过工程造价鉴定确定工程总价款的，工程价款利息如何处理？

有观点认为，当事人对付款时间没有约定或者约定不明的，工程价款又需通过工程造价鉴定确定的，应当以工程造价鉴定意见作出时为应付款时间。理由如下：双方当事人对工程价款有争议，可能是合同约定不明确，也可能是合同确有明确约定但在合同履行过程中，当事人又通过签证等形式变更原合同约定的工程价款支付标准或支付方式，进而变更合同约定的工程价款数额。在诉讼中由于原合同有关工程价款的约定不具备适用条件，工程价款只能通过工程造价鉴定的方式确定，工程造价鉴定结论作出时，即为应付款时间，利息应当从此时计付。[1]

最高人民法院民一庭曾认可此观点，但在2004年《建设工程司法解释一》中并未采纳此观点。其给出的解释是：实务中，存在一审、二审、再审对讼争的一个工程项目作出两个或者两个以上的工程造价鉴定，且鉴定结论不一致，应以哪个工程造价鉴定结论作为应付款时间，难以确定，不好适用，故在起草司法解释时，这一观点没有采纳。[2]

笔者很认同此观点。在有的案件中，在承包人施工过程中，发包人已按约定足额支付了工程进度款，承包人施工完毕后，须待工程竣工结算以最终确定工程总造价。但工程竣工结算毕竟不是发包人单方可以解决的，在双方无法达成结算协议时，需共同委托第三方鉴定，或在诉讼过程中申请司法鉴定，这是确定工程造价的必要程序。具体到案件中，工程价款是否已付清、尚欠付多少均要取决于鉴定意见，在鉴定意见未出具之前，上述事实暂无法确定。这也是发包人在诉讼中常用的抗辩理由，多数时候被认为是对自己拖延付款时间的狡辩，但有时候也真的是一种无奈。比如，承包人迟迟不提交竣工结算资料，或者承包人明显虚报工程价款造成

---

〔1〕 最高人民法院民事审判第一庭编著：《最高人民法院建设工程施工合同司法解释的理解和适用》（第2版），人民法院出版社2015年版，第136页。

〔2〕 同上。

发包人审核困难等，都势必导致结算迟延。

笔者认为，解决这一问题应遵循“约定优先，无约定则法定”的原则。如果当事人约定待双方结算或工程造价鉴定意见出具后工程价款付至一定数额或比例时，应尊重双方约定。如果当事人约定工程竣工验收后付至工程总价款一定比例，但由于合同中未约定暂定价或固定总价，必须由双方另行结算或通过工程造价鉴定的方式进行结算时，应付工程价款的时间为工程价款确定之日，当事人另有约定除外。有观点认为，工程价款迟延结算的责任绝大多数情况下在于发包人，如果将工程价款确定之日作为应付工程价款的时间，容易导致发包人怠于结算，进而损害承包人的权益。笔者认为，建设工程的承包人本身就应限定为专业的建筑企业且有相应的施工资质，其应充分考虑到此约定的风险，待自身合法权益遭受损害时，应及时通过诉讼等有效方式维护自身合法权益，而不一定是任发包人宰割。

如果出现竣工结算明显迟延的情况，应进一步核实导致迟延结算的原因，通过合理划分迟延结算责任的方式平衡当事人利益。

典型案例裁判观点及评析

最高人民法院(2020)最高法民申180号案件裁判观点：合同约定工程竣工验收合格审计后90日付款，但案涉工程未按合同约定进行审计，而是通过诉讼中委托司法鉴定的方式确认工程造价，审计后付款的条件不可能成就，应视为付款时间约定不明，且本案存在发包人怠于结算的情形，原审判决从承包人起诉之日起计算工程款利息并无不当。

要点评析：在以工程造价司法鉴定方式确定工程总造价的案件中，当事人对付款时间没有约定或约定不明的，如果因发包人原因导致迟延结算，从承包人起诉之日开始计付利息，如果因承包人原因导致迟延结算的，从鉴定意见出具之日开始计付利息。

湖南省常德市中级人民法院(2017)湘07民终44号案件裁判观点：《建设工程施工合同》明确约定“余款于2008年3月付清”。发包人未在约定的期限付清工程款，理应支付延期付款利息。但鉴于双方在2008年3月之前未结算，工程余款没有确定，承包人主张从2008年4月起计付欠款利息不符合法律规定，应当以工程款最终确定之日作为依据，本案所涉工程款最终确定之日为鉴定机构作出工程造价鉴定意见之日即2015年4月29日。一审判决发包人按银行同期贷款利率标准从

2008 年 4 月 1 日起计算至清偿之日止的利息不当,本院依法予以纠正。

要点评析:当事人约定的付款时间届满时,付款条件因客观原因尚不具备,且不存在归责于任一方的原因,应待付款条件具备时作为应付款时间。

七、工程价款债权诉讼时效中断的效力是否及于工程价款利息债权

根据2020 年《建设工程司法解释》第 27 条之规定,工程价款利息从应付工程价款之日计付,即工程价款和工程价款的利息诉讼时效的起算时间是一致的。司法实践中常见的问题是,工程价款诉讼时效中断的效力是否及于工程价款利息。一种观点认为,利息是工程价款的法定孳息,根据利随本清的原则,要求支付工程价款的诉讼时效中断自然及于工程价款利息的诉讼时效。另一种观点认为,工程价款利息债权与工程价款债权相分离而独立存在,具有独立性,二者的诉讼时效应分别计算。

笔者认为,工程价款债权诉讼时效中断的效力是否及于工程价款利息债权,表面上取决于二者的诉讼时效是否独立存在并分别计算,实质上在于工程价款与利息的关系。工程价款利息是工程价款的法定孳息,无论合同是否约定工程价款利息,承包人都可以依法主张工程价款利息。工程价款利息的起算时间是法定的,与应付工程价款时间一致。无论合同是否有效,无论合同是否履行完毕,发包人均应在应付工程价款之日就承担利息。所以,工程价款利息与工程价款是一体的。工程价款债权诉讼时效的中断应及于工程价款利息债权。

司法实践中关于此问题的裁判观点并不统一。对于承包人而言,为稳妥起见,在催要工程价款时应一并主张工程价款利息。

典型案例裁判观点及评析

最高人民法院(2018)最高法民申 1381 号案件裁判观点:利息系法定孳息,相较于本金债权而言,具有从属性。基于该特性,如权利人在主张本金债权时未明确表示放弃利息债权,则不应视为其放弃了该项权利,权利人主张本金债权而发生的诉讼时效中断的效力可及于利息债权。在权利人已履行合同约定义务的情形下,义务人亦应严格按照合同约定履行其全部义务,此为诚实信用原则之基本要求,理应为包括交易主体在内的社会各方普遍遵循。就本案而言,在已于规定期限内明确提出工程款、保证金等诉讼请求的情形下,基于利息债权与本金债权的一体性和从属性,不能因其未在一定期间内提出利息等诉讼请求,就简单认定其提出的该项

诉讼请求已过诉讼时效。

要点评析：工程价款债权诉讼时效中断及于工程价款利息债权。

内蒙古自治区高级人民法院(2020)内民申1010号案件裁判观点：本案原告起诉要求被告支付其工程款利息，该利息为工程欠款的法定孳息，源于工程款是否依法按时给付，故该利息的起算时间应为被告应付工程款之日。根据原告另案起诉被告请求支付尚欠工程款案件即(2017)内01民终3869号案件认定的事实，被告应向原告支付剩余工程款的时间为涉案工程交付业主使用之时，故对于本案原告请求支付欠付工程款利息的起算时间也应认定为涉案工程交付业主使用之日即2015年10月。利息虽为工程款的法定孳息，但就其债的属性而言，仍属于独立的诉讼请求，原告请求被告支付尚欠工程款的诉讼并不当然导致本案诉讼时效的中断。

要点评析：承包人先后提起两次诉讼分别单独主张工程价款和工程价款利息，是否可推定承包人放弃了利息债权，需要根据具体情况分析后方可综合判断。但认为工程价款债权诉讼时效中断不当然及于利息债权的裁判观点，值得商榷。

重庆市高级人民法院(2016)渝民终211号案件裁判观点：在承包人接受发包人履行各期债务本金而未明示放弃利息债权的情况下，不应推定承包人放弃了利息债权。根据查明的事实，发包人在2004年至2012年向承包人多次支付工程款，且间隔时间均短于两年，本金债权时效因而中断，利息债权时效也因此中断。

要点评析：承包人接受工程价款不代表其放弃了工程价款利息。工程价款债权诉讼时效的中断效力及于工程价款利息债权。

八、建设工程施工合同中途解除情形下的工程价款利息如何计算

建设工程施工合同履行过程中，可能会因发包人未按约定付款、承包人施工的工程存在质量问题等原因导致合同无法继续履行而解除。关于合同解除后，应如何结算工程价款。《民法典》第806条第3款规定："合同解除后，已经完成的建设工程质量合格的，发包人应当按照约定支付相应的工程价款；已经完成的建设工程质量不合格的，参照本法第七百九十三条的规定处理。"

工程价款利息应从应付工程价款之日计付，合同解除的，也不例外。但关于合同解除后工程价款的支付时间，却没有明确规定。最高人民法院多数裁判观点认为，在当事人没有约定合同解除后付款时间的情况下，应当适用2004年《建设工程

司法解释一》第 18 条第 3 项“建设工程未交付，工程价款也未结算的，为当事人起诉之日”的规定，将起诉之日确定为应付款时间及工程价款利息起算时间。笔者认为，此种裁判观点值得商榷，具体理由如下。

第一，从 2004 年《建设工程司法解释一》第 18 条（已被 2020 年《建设工程司法解释》第 27 条吸收）的条文文义及最高人民法院民一庭在《最高人民法院建设工程施工合同司法解释的理解和适用》中对该条文的解读内容来看，均未涉及建设工程施工合同中途解除的情形。

第二，建设工程施工合同中途解除毕竟不同于施工完毕，合同解除时尚未达到合同约定的付款时间，为解决纠纷就应当确定有别于施工完毕情形下的应付款时间。

双方对应付款时间有约定的，按照约定处理，包括但不限于建设工程施工合同中的约定、解除协议或结算协议中的约定等。除此之外，笔者认为，下列情形下的时间可视为应付工程价款之日和工程价款利息起算点。

第一，在工程质量合格的情况下，经当事人协议解除的，协议解除之日为应付款之日；经当事人自行通知送达方式解除的，通知到达相对方之日为应付款时间；经法院判决解除的，判决确定的解除时间为应付款之日；发包人占有使用已完工部分工程的时间早于上述时间的，以转移占有之日为应付款之日。

第二，在工程质量不合格的情况下，自修复后认定工程合格之日为应付款之日。建设工程施工合同中途解除的，也要确保工程质量，只有工程质量合格时，发包人才应当支付工程价款。

最后，延伸思考一个问题，建设工程施工合同解除的，当事人关于应付款时间和工程价款利息计付标准的约定是否适用？根据《民法典》第 567 条之规定，合同的权利义务终止，不影响合同中结算和清理条款的效力。双方对利息计付标准的约定亦包含在其中，但应付款时间的约定可能因不具备适用的条件而无法适用。

典型案例裁判观点及评析

最高人民法院(2019)最高法民终 209 号案件裁判观点：案涉工程自 2013 年 11 月 15 日停工后，直 2017 年 11 月 6 日向一审法院起诉时仍未复工，案涉工程亦未竣工结算。根据《建设工程司法解释一》第 18 条之规定，一审法院认定应以起诉之日起计算利息，适用法律正确。

最高人民法院(2019)最高法民终 272 号案件裁判观点：建设工程施工合同解

除后,已经完成的建设工程质量合格的,发包人应当按照约定支付相应的工程价款,利息从应付工程价款之日支付。本案中,《施工合同》约定的付款时间尚未到达,且当事人对解除合同后工程款的支付时间也没有约定,故根据《建设工程司法解释一》第18条的规定,应确定工程款的支付之日为起诉之日即2016年11月8日,利息亦从该日起计算。

最高人民法院(2017)最高法民终603号案件裁判观点:合同解除后,利息从应付工程价款之日计付,当事人对付款时间没有约定或者约定不明的,工程价款未结算的,为当事人起诉之日视为应付款时间。故一审判决以承包人起诉之日的2012年12月3日起算利息,至本判决确定的给付之日止,并无不当。

要点评析:建设工程施工合同解除的,当事人对付款时间没有约定时,将"当事人起诉之日"作为兜底式条款并视为应付款时间值得商榷,对承包人也不公平。

九、建设工程施工合同无效情形下的工程价款利息

如前文所述,工程价款利息的性质为法定孳息,无论建设工程施工合同是否有效或者有无约定利息,符合法定计息条件的,仍可计算利息。关于工程价款利息的起算点,根据2020年《建设工程司法解释》第27条规定,利息从应付工程价款之日计付。即使建设工程施工合同无效,工程价款利息也从应付工程价款之日计付。

建设工程施工合同无效,关于工程价款利息的常见争议有两个:一是工程价款利息的计付标准能否参照合同约定;二是合同约定的付款时间能否作为工程价款利息的起算时间。

第一个问题,司法实践中争议较大。一种观点认为,建设工程施工合同无效,只能参照合同约定确定折价补偿的工程价款数额,而工程价款利息系违约赔偿责任的一种,不属于参照适用的范围。另一种观点认为,工程价款利息系法定孳息,属于工程价款的一部分,故应当可以参照合同约定。上述两种观点争议的本质是工程价款利息的性质之争。最高人民法院在(2017)最高法民终611号案件中认为:"工程款利息属于法定孳息,是基于承包人实际支出的费用而产生的孳息,与工程款本为一体,理应属于优先权的受偿范围。"笔者赞同此裁判观点。按此裁判观点,工程价款利息与工程价款本为一体,建设工程施工合同无效,工程价款利息计付标准的约定可以参照适用。

第二个问题,实质上是合同约定的工程价款支付时间在合同无效时是否可以参照适用。如果可以参照适用,合同约定的支付工程价款时间就是工程价款利息

的起算时间。但根据《民法典》第157条确定的折价补偿原则和《民法典》第793条的立法本意,工程价款支付时间的约定不属于折价补偿原则的适用范围,故不应参照适用。建设工程施工合同无效,工程价款利息的起算时间适用2020年《建设工程司法解释》第27条第1~3项的规定。

最后,延伸思考一个问题,建设工程施工合同无效,承包人能否依据约定的违约金条款向发包人主张逾期付款违约金?建设工程施工合同无效,违约金条款亦无效,即违约金条款适用的前提须以合同有效为前提。这是逾期付款违约金不同于工程价款利息的另一个表现。

典型案例裁判观点及评析

最高人民法院(2019)最高法民申5692号案件裁判观点:收益率按月息1%的利率分段结算支付执行(即按所欠的余款时间结息),系当事人对于违约金计算的约定,因该合同无效而无效。但案涉工程价款的利息属于法定孳息,不应因合同无效而免除。

要点评析:欠付工程价款的违约金条款因建设工程施工合同无效而无效,但工程价款利息系法定孳息,不因合同无效而免除。

新疆维吾尔自治区高级人民法院在(2019)新民终391号案件中的裁判观点:工程款的利息是工程款的法定孳息,属于工程款的组成部分。发包人在欠付工程款范围内承担的责任应当包括其迟延支付欠付工程款而使实际施工人受到的利息损失。根据本案已经查明的事实,发包人未及时向承包人支付工程款,致使实际施工人因发包人的迟延支付工程款的行为而遭受利息损失。一审法院在已认定发包人存在迟延支付工程款的情形之下,将工程款与利息剥离,仅判决发包人在欠付工程款本金范围内承担责任适用法律错误。

要点评析:工程价款利息是工程价款的法定孳息,与工程价款一体,是工程价款的组成部分。

十、当事人仅以未违约为由进行抗辩情形下违约金的调整问题

一般来讲,当事人以对方主张的违约金过高为由进行抗辩,并请求法院减少的,法院才综合案件情况以实际损失为基础,兼顾合同的履行情况、当事人过错程度等综合因素,最终作出裁决。

当事人未提出抗辩或未请求法院调整的，多数观点认为法院不应当主动调整。最高人民法院在个案中支持主动调整，理由是虽然发包人并未提出违约金过高的主张，但其以未违约进行抗辩，应当视为其认为违约金过高。笔者认同该裁判观点，但司法实践中基层人民法院和中级人民法院多难以接受此种裁判观点。笔者结合实务经验，建议如下。

第一，从当事人的角度来讲，在以不存在违约行为进行抗辩的同时，最好有类似于这样的表述：即使构成违约，对方主张的违约金明显过高，或者我方虽坚持不存在违约行为，但如果法院认定我方违约，请求减少违约金。有了这样的表述，不至于让法官为难，同时也降低了法院认定违约却不予调整违约金的风险，毕竟法律对此并无明确规定，审判实践中裁判尺度不统一。

第二，从裁判者角度来讲，在当事人仅以不存在违约行为进行抗辩时，可以适当地释明。比如，虽然你方辩称不存在违约行为并阐述了理由，但如果法院综合案件情况认定你方存在违约行为，此处只是假设，你方是否请求法院依法调整违约金？

上述任何一点，都可避免法院主动调整违约金的尴尬，同时也能达到良好的效果。实务中，有些当事人可能认为如果主动提及违约金过高或请求法院减少，哪怕用的是"假如"或"退一步讲"等假设性表述，也会让法官认为可能承认违约了，进而会有不利于己方的裁决结果。事实上，这种担心是多余的，法院认定是否存在违约行为必定有其事实依据和法律依据。

典型案例裁判观点及评析

最高人民法院（2019）最高法民再403号案件裁判观点：本案中，发包人以其未违约进行抗辩，二审庭审中发包人就调整违约金一事发表意见称"如果有必要的话我们会请求调整"，表明发包人认为双方约定的违约金每日1%的标准过高，因此，二审判决认为发包人提出了违约金调整申请，并结合本案案情和合同履行情况，将违约金计算标准调整为人民银行贷款利率1.3倍并无不当。

四川省高级人民法院（2015）川民终字第18号案件裁判观点：双方当事人合同约定每日按水电工程总造价的0.3%计算违约金过高。发包人虽然未单独就违约金约定过高提出调整的请求，但是由于发包人提出了其并未违约的根本性抗辩，应视为其主张了调整违约金计算标准。故原判根据发包人履约的实际情况、违约程度，酌情将违约金计算方式调整为以发包人欠付工程款金额为基础，按每日万分之五计算违约金并无不当。承包人上诉主张双方当事人均未对违约金问题提出异议,原审法院以违约金过高调低违约金至日万分之五,违背双方当事人意愿的理由不能成立。

要点评析:当事人以未违约进行抗辩,可以视为其主张了调整违约金的请求,但前提是约定的违约金明显过高。

第六章

实际施工人相关问题研究

一、实际施工人的范围

《合同法》在第十六章“建设工程施工合同”部分没有使用“实际施工人”的表述，只有“施工人”的表述。《民法典》也未吸收实际施工人的概念。2004 年《建设工程司法解释一》首次正式使用“实际施工人”的概念，在 3 个条文中共计 6 次使用了此概念。2018 年《建设工程司法解释二》在 2 个条文中共计 3 次使用了此概念。2020 年《建设工程司法解释》在 4 个条文中共计 6 次使用此概念。正如《公司法》中的名义出资人与实际出资人一样，施工人背后可能存在实际施工人，一旦存在实际施工人，施工人就只是名义上的施工人，其背后的施工人才是真正的施工人，称为实际施工人。从字面来理解，实际施工人本应是对隐藏在名义施工人背后的真正施工人的一种称谓，现已是一个法律用语，广泛存在于建设工程施工合同法律关系中。

从司法解释条文来看，实际施工人是指非法转包的转承包人、违法分包的承包人和没有施工资质借用有施工资质的建筑施工企业的名义与他人签订建设工程施工合同的承包人。

但司法实践中也有不同观点，认为实际施工人不包括没有施工资质借用有施工资质的建筑施工企业的名义与他人订立建设工程施工合同的承包人。甚至有人认为根据 2004 年《建设工程司法解释一》第 26 条未出现借用资质或挂靠字眼倒推出实际施工人不包括“借用资质”的承包人即挂靠人。

最高人民法院民一庭认为，在 2004 年《建设工程司法解释一》中有 3 条使用了“实际施工人”的概念，即第 4 条、第 25 条和第 26 条，3 处均是指无效合同的承包人，如转承包人、违法分包合同的承包人、没有资质借用有资质的建筑施工企业的名义与他人签订建设工程施工合同的承包人。[1] 笔者认为,综合三部建设工程司法解释的规定及立法本意来看,实际施工人不仅包括没有施工资质借用施工企业资质的挂靠人,还包括借用其施工企业高等级资质的资质等级低的建筑企业,只是后者通常被划分在非法转包和违法分包的范围之中。非法转包和违法分包的情形,有时与借用资质的情形是重合的,此问题在第一章已论述。至于借用资质的实际施工人能否依据2020年《建设工程司法解释》第43条和第44条主张权利,是另一层面的问题,但不能以此倒推借用资质的挂靠人不属于实际施工人。

北京市高级人民法院《关于审理建设工程施工合同纠纷案件若干疑难问题的解答》(2012年)第18条规定:"《建设工程司法解释一》中的'实际施工人'是指无效建设工程施工合同的承包人,即违法的专业工程分包和劳务作业分包合同的承包人、转承包人、借用资质的施工人(挂靠施工人)……"

四川省高级人民法院《关于审理建设工程施工合同纠纷案件若干疑难问题的解答》(2015年)第12条规定:"《建设工程司法解释一》中的'实际施工人'是指转包、违法分包以及借用资质的无效建设工程施工合同的承包人……"

山东省高级人民法院《2011年全省民事审判工作会议纪要的通知》第3条第6项规定:"最高人民法院《建设工程司法解释一》第二十六条规定的实际施工人,是指工程转包合同的转承包人、违法分包合同的承包人、借用资质(资质挂靠)的承包人。"

存在实际施工人的建设工程施工合同都因违反效力性强制性规定而无效,故实际施工人存在于无效合同中,是无效合同中的承包人。以至于有观点认为,建设工程合同无效的情形必有实际施工人。这是错误的。比如,因建设工程必须进行招标而未招标或中标无效而导致建设工程施工合同无效的,该无效合同的承包人就只是《民法典》中的施工人,而非实际施工人。因超越施工资质等级而导致建设工程施工合同无效的,也不存在实际施工人。但有实际施工人的情形下,必有无效施工合同。合法有效的施工合同中的施工人都是名副其实的。

如果建设工程经数次转包,就同一工程项目可能存在多个无效合同,实际施工人如何认定?笔者认为,实际施工人应当是最终的承包人,即投入人、材、机等将其劳动成果物化为建设工程的承包人。

---

[1] 最高人民法院民事审判第一庭编著:《最高人民法院建设工程施工合同司法解释的理解和适用》(第2版),人民法院出版社2015年版,第178页。

典型案例裁判观点及评析

最高人民法院(2020)最高法民申715号案件裁判观点:《建设工程司法解释一》第26条第2款中所述的“实际施工人”是指无效建设工程施工合同的承包人,即违法的专业工程分包和劳务作业分包合同的承包人、转承包人、借用资质的施工人(挂靠施工人);建设工程经数次转包的,实际施工人应当是最终实际投入资金、材料和劳力进行工程施工的法人、非法人企业、个人合伙、包工头等民事主体。

要点评析:实际施工人是指非法转包、违法分包、借用施工资质等无效建设工程施工合同的承包人。

二、实际施工人工程价款债权的性质及请求权基础

实际施工人的存在虽有一定的违法性,但不可否认,其也是建筑市场上重要的主体之一。法律上也给予了实际施工人与总承包人、转包人、分包人并列的法律地位。实际施工人本质上仍是施工人,合同地位上仍是承包人。只不过,实际施工人是名义承包人背后的施工人,是无效施工合同中的承包人。根据《民法典》第157条和《民法典》第793条第1款之规定,建设工程在验收合格的情况下,实际施工人可以要求参照合同关于工程价款的约定以折价补偿的方式结算工程价款,即实际施工人享有工程价款债权。

建设工程施工合同的特殊性在于,建设工程的施工过程就是承包人将劳务及建筑材料物化到建设工程的过程。施工合同无效,发包人取得的财产形式上是承包人建设的工程,实际上是承包人对工程建设投入的劳务及建筑材料。[1] 因此,发包人不能采取恢复原状的方式进行返还,只能折价补偿承包人。从这个角度来讲,实际施工人所享有的工程价款债权的性质是基于建设工程施工合同无效而又无法返还时所要求的对其投入建设工程的人力、物力、财力成本的一种折价补偿。

著名学者王泽鉴先生将请求权基础归纳为六类:契约上给付请求权、返还请求权、损害赔偿请求权、补偿及求偿请求权、支出费用返还请求权和不作为请求权等。[2] 笔者认为,实际施工人工程价款债权请求权的基础应当是补偿请求权,已投入建设工程的人力、物力、财力成本折价补偿。

---

〔1〕 最高人民法院民事审判第一庭编著:《最高人民法院建设工程施工合同司法解释的理解和适用》(第2版),人民法院出版社2015年版,第30页。

〔2〕 王泽鉴:《民法思维:请求权基础理论体系》,北京大学出版社2010年版,第55页。

典型案例裁判观点及评析

最高人民法院(2019)最高法民终53号案件裁判观点：建设工程领域的实际施工人主要是指转包、违法分包、借用资质等无效建设工程施工合同的承包人。实际施工人是实际投入资金、组织人员和机器设备实施工程建设的主体，其主张工程款的请求权来源于建设工程施工合同无效后的返还请求权，即请求发包人对其已投入建设工程的人力、物力、财力成本的折价补偿。

要点评析：实际施工人享有工程价款债权的性质是基于建设工程施工合同无效而又无法返还时所要求的对其投入建设工程的人力、物力、财力成本的一种折价补偿。

新疆维吾尔自治区高级人民法院(2019)新民终391号案件裁判观点：工程款的利息是工程款的法定孳息，属于工程款的组成部分。发包人在欠付工程款范围内承担的责任应当包括其迟延支付欠付工程款而使实际施工人受到的利息损失。根据本案已经查明的事实，发包人未及时向承包人支付工程款，致使实际施工人因发包人的迟延支付工程款的行为而遭受利息损失。一审法院在已认定发包人存在迟延支付工程款的情形之下，将工程款与利息剥离，仅判决发包人在欠付工程款本金范围内承担责任适用法律错误。

要点评析：工程价款利息系工程价款的法定孳息，与工程价款一体，不应当将二者剥离。实际施工人依据2004年《建设工程司法解释一》第26条第2款或2018年《建设工程司法解释二》第24条(两个条款已被2020年《建设工程司法解释》第43条第2款吸收)之规定向发包人主张权利时，发包人应在欠付的工程价款本金和工程价款利息的范围内承担责任。

三、对《建设工程司法解释一》第26条第2款[1]的反思

基于对实际施工人利益的特殊保护，《建设工程司法解释一》赋予实际施工人可以突破合同相对性向发包人主张工程价款债权，具体依据是《建设工程司法解释一》第26条第2款。但自2005年1月1日施行以来，围绕该条款的理解与适用问

[1] 虽然本条款已被废止，但本书对其的反思，仍有一定的价值，也有助于对2020年《建设工程司法解释》第43条第2款的理解。

题引发的争议不断,经检索,即使最高人民法院最近审理的此类案件也仍有争议。该条款在适用过程中存在以下问题。

第一,实际施工人能否只以发包人为被告起诉?该条司法解释的措辞是“可以追加转包人或者违法分包人为本案当事人”,“可以”的意思是可以追加,也可以不追加。如果不追加,意味着案件的另一方当事人只有发包人一方,碍于合同相对性和实际施工人与发包人并无实际往来等情况,案件如何裁决?此种情况下,实际施工人在行使代位权诉讼还是司法解释赋予了实际施工人直接向发包人主张工程价款债权的权利?

第二,如果追加,则应追加转包人或违法分包人为本案共同被告还是第三人?司法解释的措辞是“本案当事人”,而当事人包括被告和第三人。在司法实践中,通常的做法是追加为本案共同被告。一方面,追加为被告有利于保障实际施工人的权益;另一方面,根据其第26条第2款的规定,发包人还是要对实际施工人承担责任的,追加为被告有利于法院裁决。事实上,法院依职权主动追加被告的做法是欠妥的,毕竟实际施工人未起诉转包人或违法分包人,更没有要求其承担支付工程价款的责任。

发包人承担连带责任已是审判实践中的惯性思维,如果追加为第三人,则发包人应承担什么样的责任?既然转包人或违法分包人已被追加为案件当事人,实际施工人不要求其承担责任的概率有多大?如果要求承担责任,则应承担什么样的责任?总不能要求与发包人承担共同付款责任吧?司法实践中,大部分还是会回到转包人或违法分包人承担付款责任、发包人承担连带责任的老套路上。

第三,是否需要查明发包人欠付转包人或违法分包人工程价款数额?如果需要查明欠付数额,就存在“案中案”的问题,毕竟三方当事人涉及两个施工合同关系,正常情况下也是两次工程价款结算。在实际施工人与转包人或违法分包人的结算纠纷中,却要查明转包人或违法分包人与发包人之间的结算及付款问题,难度很大,而且后者的疑难复杂程度可能远大于诉争案件本身。在审判实践中,发包人欠付数额有时确实难以查明,毕竟有时会涉及尚未进行竣工结算等问题,故很多判决主文中表述为:第二被告(发包人)在欠付工程价款范围内对上述债务承担连带责任。而发包人向实际施工人承担责任的范围仍无法确定,案件难以执行。

第四,发包人欠付的范围是否包含违约责任?虽然司法解释条文表述得很清楚,发包人只在欠付工程价款范围内对实际施工人承担责任,不包含违约责任,但审判实践中却有判决将违约责任也包含在欠付范围内。此外,是否包含工程价款利息？工程价款利息系工程价款的法定孳息，与工程价款本体，或者说是工程价款的组成部分，故应当包含工程价款利息。

第五，此条解释中的实际施工人是否包括借用施工资质的实际施工人？笔者在此先提出此问题，后文将重点展开论述。

鉴于《建设工程司法解释一》第26条第2款在表述上的不科学及司法实践中对此条款的理解与适用上存在诸多问题。《建设工程司法解释二》第24条弥补了此条款三个缺陷，将部分内容作了修改：一是规定实际施工人以发包人为被告主张权利的，法院应当追加转包人或违法分包人为当事人，把"可以追加"修改为"应当追加"；二是规定应当追加为第三人而非共同被告；三是规定案件中须查明发包人欠付转包人或违法分包人建设工程价款的数额。另外，《建设工程司法解释二》第25条（已被2020年《建设工程司法解释》与《民法典》第535条吸收）将实际施工人突破合同相对性向发包人主张权利与代位权诉讼彻底区分开。

笔者认为，《建设工程司法解释一》第26条第2款在司法实践中已与立法本意渐行渐远。该条文在保护实际施工人和农民工利益等方面曾起到了积极作用，但其自身的缺陷及司法实践中对该条文的理解与适用所存在的问题和弊端，也日渐凸显。2018年《建设工程司法解释二》第24条的施行，意味着2004年《建设工程司法解释一》第26条第2款的使命已完成，2020年《建设工程司法解释》第43条彻底将其废除。

典型案例裁判观点及评析

陕西省西安市中级人民法院(2017)陕01民初1014号案件裁判观点：被告城北热力公司在欠付范围内向原告赛能公司承担15,562,193.15元的付款责任。

江苏省徐州市中级人民法院(2009)徐民三初字第0140号案件裁判观点：被告昌隆房地产公司对上述判决第一项、第二项给付内容在其欠付被告建筑工程公司、被告房产工程处总工程款范围内承担连带责任。

河北省唐山市中级人民法院(2014)唐民初字第102号案件裁判观点：被告交通投资公司在欠付工程款范围内对上述款项承担连带给付责任。

贵州省铜仁市中级人民法院(2018)黔06民初36号案件裁判观点：文化传媒旅游公司在欠付工程款范围内对建筑装饰工程公司应支付建设工程公司的工程款人民币10,395,012.76元承担连带偿还责任。

要点评析：2018年《建设工程司法解释二》第24条施行前，部分案件依据2004

年《建设工程司法解释一》第26条的判决结果往往难以执行。现该条文已被废止。2020年《建设工程司法解释》第43条综合吸收上述两个条文后，将有利于改变判决结果难以执行的尴尬局面。

最高人民法院（2020）最高法民申1099号案件裁判观点：根据《建设工程司法解释一》第26条第2款的规定，实际施工人对发包人所享有的债权，以其对转包人或者违法分包人享有建设工程价款债权，以及转包人或者违法分包人对发包人享有建设工程价款债权为前提。发包人在欠付工程款范围内向实际施工人履行债务后，实际施工人对转包人或者违法分包人享有的建设工程价款债权以及转包人或者违法分包人对发包人享有的建设工程价款债权在相应的范围内消灭。

要点评析：实际施工人依据2004年《建设工程司法解释一》第26条第2款向发包人主张工程价款的前提是其对转包人或者违法分包人享有建设工程价款债权，且转包人或者违法分包人对发包人享有建设工程价款债权。2020年《建设工程司法解释》第43条第2款吸收了上述内容。

四、非借用施工资质的实际施工人权利实现路径之分析

鉴于借用施工资质的实际施工人与其他实际施工人略有区别及表述上的方便，本部分内容只探讨非借用施工资质的实际施工人如何主张工程价款债权。

实际施工人向合同相对方即转包人或违法分包人主张工程价款债权，是其基于合同关系而依法享有的基本权利。2004年《建设工程司法解释一》第26条第1款也有程序性规定。此种主张权利的方式既有合同依据，也未突破合同相对性原理，司法实践中争议较少。其缺点是不能最大限度保障实际施工人的利益，但实际施工人有权作出此种选择。正是基于此，2020年《建设工程司法解释》第43条第1款保留了上述第26条第1款的内容。如果实际施工人只起诉合同相对方，则法院不宜追加发包人等其他非合同相对方为本案当事人。笔者不再展开论述。

实际施工人、转包人或违法分包人、发包人，三方当事人之间存在两个合同法律关系：一是发包人和转包人或违法分包人之间的建设工程施工合同关系；二是转包人或违法分包人和实际施工人之间的转包或违法分包合同关系，本质上仍是建设工程施工合同关系，因为转包人或违法分包人和实际施工人分别是该建设工程施工合同关系中的发包人和承包人。所以，实际施工人向发包人主张权利需要具备以下条件：其一，实际施工人须对转包人或违法分包人享有基于合同无效的补偿

请求权,即工程价款债权请求权;其二,发包人欠付转包人或违法分包人的工程价款尚未付清。上述两个条件缺一不可。根据2020年《建设工程司法解释》第43条第2款之规定,实际施工人向发包人主张权利的方式有两种。

第一种方式,实际施工人以发包人为被告起诉,列转包人或违法分包人为第三人,要求发包人支付工程价款。法院在查明发包人欠付转包人或者违法分包人工程价款数额后,判决发包人在欠付范围内向实际施工人支付工程价款。

第二种方式,实际施工人只以发包人为被告起诉,要求发包人向其支付工程价款。此种情况下,法院依法追加转包人或违法分包人为本案第三人。后续处理方式同第一种。

事实上,司法实践中,下述第三种方式较为多见。

第三种方式,实际施工人以转包人或违法分包人为第一被告、发包人为第二被告起诉,要求第一被告支付欠付工程价款,并要求第二被告在欠付第一被告工程价款范围内承担连带责任。此种最常见的方式是实际施工人依据2004年《建设工程司法解释一》第26条而主张。2020年《建设工程司法解释》第43条施行后,该方式仍为实际施工人的最佳选择方式。因为此种方式下,实际施工人的风险最小,权益也可最大限度得到保障。前两种方式,实为一种,实际施工人选择此方式的原因多为:与转包人或违法分包人关系尚可,不希望关系恶化;转包人或违法分包人经济状况差,或发包人经济状况良好;转包人或违法分包人与发包人之间已结算清楚,付款情况争议不大等。

2020年《建设工程司法解释》第43条施行后,司法实践中仍存在以下几个问题:

第一,发包人在欠付工程价款范围内对实际施工人承担责任,转包人和违法分包人是否承担责任?笔者代理的案件中已有两个案件的判决结果是只判决发包人承担付款责任,驳回了要求转包人或违法分包人承担责任的诉讼请求。其中一个案件,二审法院以“判非所诉”的理由发回重审,因为实际施工人要求发包人承担的是连带责任。有观点错误地认为,只是发包人对实际施工人承担付款责任。第43条第2款虽规定发包人在欠付工程价款范围内对实际施工人承担责任,但并未排除转包人和违法分包人的责任。如果实际施工人要求转包人或违法分包人承担付款责任,则法院应当判决支持其诉讼请求。

第二,依据2020年《建设工程司法解释》第43条第2款之规定,法院判决发包人向实际施工人支付工程价款后,在实际施工人工程价款债权未全部实现之前,如果实际施工人以同一债权起诉转包人或违法分包人而主张工程价款的，如何处理？如果转包人或违法分包人另行起诉发包人主张工程价款的，又如何处理？

第一种情况，原则上不应支持实际施工人的诉讼请求，但如果法院已判决发包人向其支付的工程价款数额小于转包人或违法分包人欠付实际施工人工程价款数额的，二者差额部分应予以支持。第二种情况，对法院已判决发包人向实际施工人承担的部分不再支持，除此部分外，若仍有欠付，应予以支持。如果转包人或违法分包人有证据证明生效判决确认的发包人欠付转包人或违法分包人工程价款数额存在错误的，根据《证据若干规定》第 10 条第 2 款之规定，法院不应受生效判决的影响，应根据本案查明的事实进行裁判。事实上，转包人或违法分包人被追加为案件第三人后，可以向发包人主张权利，两个诉可以合并审理，无须另行诉讼解决。

第三，如果发包人与转包人或违法分包人尚未进行工程价款结算，且现有证据不足以证实发包人欠付转包人或违法分包人工程价款数额，应如何处理？

首先，要清楚发包人欠付转包人或违法分包人工程价款数额这一待证事项的举证责任应分配给谁？举证责任的核心在于负有举证责任的一方最终要承担举证不能的不利后果。实务中有观点认为，应当将举证责任分配给发包人，其理由主要依据修订前的《证据若干规定》第 7 条规定的“无法确定举证责任承担时，人民法院可以根据公平原则和诚实信用原则，综合当事人举证能力等因素确定举证责任的承担”。如果将举证责任分配给发包人，在发包人举证不能时，不利后果如何承担？将举证责任分配给发包人，显然是不合适的。转包人或违法分包人虽然会积极配合法院查明欠付金额，但对此待证事实不应负举证责任。因此，此待证事项的举证责任应由实际施工人承担，这也符合“谁主张，谁举证”的基本原则。

其次，针对发包人与转包人或违法分包人之间的工程总造价，实际施工人申请工程造价司法鉴定的，是否应当准许？如果不予准许，在发包人和转包人或违法分包人尚未进行结算的情况下，欠付数额可能难以查清。如果准许，则案件审理过程中将存在诸多问题，如申请鉴定的主体是否适格、配合鉴定义务和责任的分配问题、“案中案”审理的内容和举证责任分配等。

2020 年《建设工程司法解释》第 43 条第 2 款虽允许实际施工人突破合同相对性向发包人主张权利，也规定发包人在欠付转包人或违法分包人工程价款范围内向实际施工人承担付款责任，但这种权利实现路径有其自身的局限性，而且由于这两个条文突破了合同相对性原则一直饱受诟病，理论界和实务界争议都很大。笔者认为，该条文的局限性可以通过代位权诉讼的方式予以弥补。

第四,在多层转包或违法分包的情形下,实际施工人是否可以依据2020年《建设工程司法解释》第43条第2款(已吸收2004年《建设工程司法解释一》第26条第2款和2018年《建设工程司法解释二》第24条)之规定向发包人主张权利?

不支持的观点如下:

四川省高级人民法院《关于审理建设工程施工合同纠纷案件若干疑难问题的解答》(2015年)第13条规定:"建设工程施工合同无效,实际施工人要求未与其建立合同关系的转包人对工程欠款承担支付责任的,不予支持。"

河北省高级人民法院《建设工程施工合同案件审理指南》(2018年)第30条规定:"对于工程项目多次分包或转包的,实际施工人起诉合同相对方、发包人支付工程款的,为查明发包人欠付工程款的数额应追加总承包人为第三人,其余违法分包人、转包人未参与实际施工,不影响案件事实查明的,可以不追加为案件诉讼主体。"第31条规定:"实际施工人向与其没有合同关系的转包人、分包人、总承包人、发包人提起的诉讼,发包人与承包人就工程款问题尚未结算的,原则上仍应坚持合同相对性,由与实际施工人有合同关系的前手承包人给付工程款……"

支持的观点如下:

江苏省高级人民法院《关于审理建设工程施工合同纠纷案件若干问题的解答》(2018年)第23条规定:"建设工程因转包、违法分包导致建设工程施工合同无效的,实际施工人要求转包人、违法分包人对工程欠款承担连带责任的,应予支持。前手转包人、违法分包人举证证明其已付清工程款的,可以相应免除其给付义务。发包人在欠付的工程款范围内承担连带责任。"

从条文文义及最高人民法院民一庭对该条文的解读来看,并不排除此种情况的适用。但如果实际施工人起诉时少列了当事人,则法院应当追加多个当事人为本案第三人。

第五,实际施工人单独起诉转包人或违法分包人后,是否可以另案起诉发包人要求其在欠付工程价款范围内承担支付工程价款的责任?从理论上来讲,应当是可以的。实际施工人有选择的权利,发包人和转包人、非法分包人有支付工程价款的义务。但在实务操作中难以避免实际施工人就同一债权双重受偿的情况,除非在后案件中将转包人和违法分包人列为本案第三人。经检索,广东省高级人民法院持此种观点。该院《关于审理建设工程合同纠纷案件疑难问题的解答》(2017年)第24条第1款规定:"……如果发包人和总承包人未就工程价款纠纷进入仲裁、诉讼程序,实际施工人单独起诉合同相对人后,另案起诉发包人在欠付工程价款范围内支付工程价款的，应予受理。”但笔者未检索到广东地区法院的典型判例。

另外，笔者曾遇到这样的咨询：同一工程项目存在多次转包或非法分包的，实际施工人能否将所有的转包人、非法分包人连同发包人一并起诉？按司法解释的规定，应当是可以的。但实务中还应当考虑必要性和诉讼效率等因素，视情况而定。包括法院追加时，也应当如此。比如，河北省高级人民法院《建设工程施工合同案件审理指南》（2018年）第30条规定：“对于工程项目多次分包或转包的，实际施工人起诉合同相对方、发包人支付工程价款的，为查明发包人欠付工程价款的数额应追加总承包人为第三人，其余违法分包人、转包人未参与实际施工，不影响案件事实查明的，可以不追加为案件诉讼主体。”广东省高级人民法院也有类似的解答，其《关于审理建设工程合同纠纷案件疑难问题的解答》（2017年）第25条规定：“对于工程项目多次分包或转包的，实际施工人起诉合同相对方、发包人支付工程价款的，为查明发包人欠付工程价款的数额，应追加总承包人作为第三人。其余违法分包人、转包人如未参与实际施工，不影响案件事实查明的，可以不追加为案件诉讼主体。”

典型案例裁判观点及评析

最高人民法院（2019）最高法民申3843号案件裁判观点：《建设工程司法解释一》第26条及《建设工程司法解释二》第24条的规定，并未排除转包人对实际施工人的付款责任，转包人申请再审援引上述司法解释条款主张其无须承担向实际施工人的付款责任，理由不能成立。

要点评析：司法解释赋予实际施工人有条件地向发包人主张付款责任，但并未免除实际施工人合同相对方的付款责任。

最高人民法院（2019）最高法民终92号案件裁判观点：根据《建设工程司法解释二》第24条之规定，实际施工人以发包人为被告主张权利的，人民法院应当追加转包人或者违法分包人为本案第三人，在查明发包人欠付转包人或者违法分包人建设工程价款的数额后，判决发包人在欠付建设工程价款范围内对实际施工人承担责任。本案中，因发包人与转包人尚未结算，是否欠付工程款，欠付多少工程款尚不清楚，本案尚不具备判决发包人在多少金额范围内承担向实际施工人支付工程款的条件。实际施工人对发包人与转包人之间尚未结算不持异议，实际施工人亦未举证证明发包人欠付驻转包人工程款具体数额，一审法院由此未判决发包人在本案中承担责任，并无不当。

要点评析：发包人向实际施工人承担支付工程价款的责任，以发包人欠付转包人、违法分包人或出借施工资质的被挂靠人工程价款及欠付数额明确为前提。

五、实际施工人的代位权诉讼

2020 年《建设工程司法解释》第 44 条规定了实际施工人有权向发包人提起代位权诉讼。但代位权诉讼并非实际施工人专享，而是源于《合同法》上的一项制度，其第 73 条第 1 款规定："因债务人怠于行使其到期债权，对债权人造成损害的，债权人可以向人民法院请求以自己的名义代位行使债务人的债权，但该债权专属于债务人自身的除外。"《民法典》第 535 条保留了代位权诉讼。鉴于工程价款债权并非专属于自身的债权，结合《合同法解释一》第 11 条（已被废止，暂未有新的司法解释替代）和 2020 年《建设工程司法解释》第 44 条之规定，实际施工人向提起代位权诉讼，须符合以下条件：其一，实际施工人对转包人和违法分包人享有合法的债权；其二，转包人或违法分包人对发包人享有的债权已到期；其三，转包人或违法分包人怠于向发包人行使到期债权，对实际施工人造成损害。

此条解释是 2020 年《建设工程司法解释》更加注重对实际施工人的利益保护的具体体现，也是《民法典》第 535 条在建筑工程领域和建设工程施工合同纠纷案件中的具体适用。此前，实际施工人依据 2004 年《建设工程司法解释一》第 26 条规定向发包人主张权利，其性质并非代位权，而是基于实际施工人已将劳动和建筑材料物化为建设工程而又不能得到返还时依法应当享有的工程价款债权。

在司法实践中，实际施工人代位权诉讼中的第一个难点，在于如何界定转包人或者违法分包人怠于行使到期债权。怠于行使到期债权的举证责任在于实际施工人，这应该是没有争议的。但争议存在于证明标准上，即实际施工人举证证实到何种程度才能认定其完成了举证责任。笔者认为，可从以下两个方面考虑：一是需举证证实债权是到期的，即已过发包人应付工程价款的时间；二是已过实际施工人向转包人或违法分包人催告后的合理期限，转包人或违法分包人仍未起诉的，或者实际施工人虽未催告，但发包人应付工程价款之日也过去数年的。比如，新疆维吾尔自治区高级人民法院在（2020）新民申 403 号案件中认为："虽然建工公司向信达公司出具多份要求其返还履约保证金的《工作函》，但并未以上述法律规定的诉讼或仲裁的方式主张债权，且建工公司对信达公司的诉讼发生在本案起诉之后，故一审人民法院认定市建工公司属于怠于行使到期债权并无不当。"

在实际施工人提起代位权诉讼情形下,是否应列转包人或违法分包人为第三人?或者法院是否应当参照2020年《建设工程司法解释》第43条第2款之规定追加转包人或者违法分包人为第三人?笔者认为,列入或追加转包人或违法分包人为案件第三人不是必需的,应取决于案件需要。如果追加为第三人,将有利于查明案件事实,尤其是当事人之间的关系和付款情况等。

实际施工人代位权诉讼中的第二个难点,是发包人是否欠付工程价款及欠付金额的举证责任。根据"谁主张,谁举证"的原则和代位权诉讼的条件要求,实际施工人应当对发包人欠付转包人或违法分包人的工程价款数额及是否到期等情况负有举证责任。发包人如以实际施工人要求给付的工程价款高于其欠付的工程价款或以已付清工程价款为由进行抗辩,应当由发包人承担举证责任。江苏省高级人民法院于2008年发布的《关于审理建设工程施工合同纠纷案件若干问题的意见》第23条第3款也将抗辩已付清或金额不符的举证责任分配给发包人。2018年《建设工程司法解释二》未采纳中华全国律师协会建设工程与房地产专业委员会提供的征求意见稿第36条的建议,即"实际施工人以发包人为被告主张权利的,对工程价款是否欠付的举证责任,由发包人承担",2020年《建设工程司法解释》亦未采纳,实属遗憾。

实际施工人代位权诉讼中的第三个难点是,经法院审理查明,如果发包人与转包人、非法分包人尚未进行工程价款结算的,应如何处理?从代位权的角度来讲,在此种情况下,实际施工人不具备提起代位权向发包人主张工程价款的条件。但司法实践中值得我们思考的是,应付工程价款的时间与工程价款数额的确定时间之间的关系。尤为典型的是,工程价款利息的起算与工程价款数额的确定时间,二者之间有无关系。从现有法律及司法解释等规定来看,二者之间似乎没有关系,但各级法院的裁判观点又极其不统一,缺乏相对明确的指导意见。在发包人与转包人或违法分包人尚未结算时,如果从应付款时间的角度来讲,可能符合代位权诉讼要求的"债权已到期"的条件;如果从工程价款数额确定的时间这个角度来讲,则确实不符合"债权已到期"的条件。

另外,还有一种情况值得思考。比如,发包人与转包人或违法分包人虽尚未结算,但欠款数额相对明确或欠付数额大于实际施工人主张的数额,是否可以支持实际施工人的诉讼请求或部分支持?笔者认为,只要符合代位权诉讼的起诉条件,至于其诉讼请求,在审理审查的欠付工程价款数额范围内应当得到支持。可以借鉴河北省高级人民法院的指导意见,该院《建设工程施工合同案件审理指南》(2018

年)第31条规定:"……如果发包人与承包人已就工程价款进行结算或虽尚未结算,但欠款范围明确,可以确定发包人欠付承包人的工程价款数额大于承包人欠付实际施工人的工程价款数额,可以直接判决发包人对实际施工人在承包人欠付实际施工人的工程价款数额范围内承担连带给付责任……"该指导意见虽不是专门针对代位权诉讼的,但可以看出,虽然工程价款尚未结算但可以确定发包人欠付工程价款数额大于实际施工人主张金额的,可以判决发包人的给付责任。

实际施工人代位权诉讼中的第四个难点是,经法院审查查明,实际施工人提起的代位权诉讼不符合《民法典》第535条规定的条件时,如转包人或违法分包人对发包人享有的债权尚未到期,应裁定驳回起诉还是判决驳回诉讼请求?经检索,最高人民法院在(2016)最高法民申3356号案件中认为:"根据《合同法解释一》第11条的规定,是关于债权人提起代位权之诉的特殊起诉要件,不满足该要件,应当裁定驳回起诉,而非判决驳回诉讼请求。"笔者赞同该裁判观点。代位权诉讼是对合同相对性原理的突破,其起诉条件较为特殊,必须符合法定的特殊条件。

典型案例裁判观点及评析

湖南省高级人民法院(2020)湘民终1196号案件裁判观点:虽然《建设工程司法解释二》第25条仅规定了实际施工人可以根据《合同法》第73条规定,以转包人或违法分包人怠于向发包人行使到期债权,提起代位权诉讼,但代位权是《合同法》中规定的对债权人权利救济的一项重要制度,借用资质情形中的实际施工人也是最终实际投入资金、材料和劳动力进行工程施工的民事主体,其作为债权人只要符合行使代位权的要件,就可以提起代位权诉讼。《建设工程司法解释二》第25条并未明确禁止借用资质的实际施工人行使代位权,因此在适用《合同法》第73条、《合同法解释一》第11条并无障碍的情形下,应给予挂靠情形下实际施工人行使代位权的救济途径。

要点评析:挂靠情形下的实际施工人也有权提起代位权诉讼向发包人主张工程价款,但实际施工人与发包人形成事实上的建设工程施工合同关系的除外。

北京市高级人民法院(2020)京民终94号案件裁判观点:"代位权"虽然是债权人自身的权利,但债权人依据代位权以自己的名义向次债务人所行使的权利却仍然是"债务人的债权"。《合同法解释一》第18条第1款规定:"在代位权诉讼中,次债务人对债务人的抗辩,可以向债权人主张。"其中的"抗辩"不仅包括实体抗辩,还应当包括程序抗辩;也就是说,如果债务人本人都无权对次债务人提起特定诉讼,则债权人也当然不得提起;否则,债务人与次债务人之间的管辖约定、仲裁条款等就会被轻易规避,这不仅对次债务人不公平,还可能滋生虚假诉讼。本案中,发包人正是基于案涉《施工合同》中的仲裁条款,提出其程序抗辩,即不同意人民法院审理该合同项下的争议,其此项抗辩合法有据。

要点评析:在代位权诉讼中,次债务人对债务人的抗辩,无论是实体上的抗辩还是程序上的抗辩,都可以向债权人主张。

六、借用施工资质的实际施工人与发包人之关系分析

挂靠人(借用施工资质一方)与发包人之间是否存在合同关系,也是司法实践中争议较大的一个问题。第一种观点认为,挂靠人与发包人之间不存在合同关系,挂靠人与被挂靠人(出借施工资质一方)之间存在挂靠合同关系,被挂靠人与发包人之间才存在建设工程施工合同关系。第二种观点认为,挂靠人以被挂靠人的名义与发包人订立施工合同,挂靠人是实际承包人,被挂靠人是名义的承包人,两个承包人与发包人属于同一施工合同的双方当事人,即挂靠人与发包人之间存在施工合同关系。

最高人民法院在(2017)最高法民申 3613 号案件中持有第一种观点。也许是因为该案件的裁判文书对挂靠情形下各方当事人之间的关系表述得极为清楚,该裁判文书作为其他案件的证据被广为使用,仅笔者检索到的就有 125 件之多。最高人民法院在(2019)最高法民申 6085 号案件中持第二种观点。

上述两个判例虽然差异较大,但均有一定的道理。笼统地讲,挂靠人与被挂靠人之间基于真实意思表示而达成借用资质的合意,双方之间存在合同法律关系,虽该合同因违反法律的效力性强制性规定而无效,但不能否认双方之间存在合同关系的事实。经被挂靠人同意,挂靠人以被挂靠人的名义与发包人签订施工合同,那么,被挂靠人与发包人之间存在施工合同关系。因此,三方主体之间也是两个合同关系:挂靠合同关系和施工合同关系。从这个角度讲,挂靠人与发包人之间不存在合同关系。

但对于挂靠情形,发包人是否善意、是否知情,不仅影响挂靠情形下建设工程施工合同的效力,而且影响着挂靠人与发包人之间关系。在签订建设工程施工合同时或施工过程中,如果发包人知道挂靠人借用被挂靠人的施工资质而签订合同,或者发包人知道工程是由挂靠人组织人、材、机进行施工,挂靠人自负盈亏,甚至,

发包人与挂靠人直接进行工程价款结算或将工程款直接拨付给挂靠人账户,双方之间已建立了互相认可的意思表示,挂靠人与发包人已经全面实际履行了发包人与被挂靠人之间的施工合同,双方之间已形成事实上的合同关系。简言之,发包人知道或应当知道或曾认可挂靠人是实际签订施工合同及履行施工合同的主体,双方之间形成事实上的施工合同关系。这与《民法典》第146条基于同一逻辑关系。

典型案例裁判观点及评析

最高人民法院(2019)最高法民申6085号案件裁判观点:在发包人同意或者认可挂靠存在的情形下,挂靠人作为没有资质的实际施工人借用有资质的建筑施工企业(被挂靠人)的名义,与发包人订立了建设工程施工合同。挂靠人是实际承包人,被挂靠人是名义承包人,两者与发包人属于同一建设工程施工合同的双方当事人。挂靠人借用被挂靠人的资质,以挂靠方式对发包人发包工程进行了实际施工,属于实际施工人;同时,挂靠人与发包人之间已经履行了发包人与承包人(被挂靠人)之间的义务,双方在事实上形成了建设工程施工合同关系。

要点评析:发包人同意或者认可挂靠情形的,其与挂靠人之间形成了事实上的建设工程施工合同关系。

最高人民法院(2019)最高法民终1350号案件裁判观点:在处理无资质的企业或个人挂靠有资质的建筑企业承揽工程时,应进一步审查合同相对人是否善意、在签订协议时是否知道挂靠事实来作出相应认定。如果相对人不知晓挂靠事实,有理由相信承包人就是被挂靠人,则应优先保护善意相对人,双方所签订协议直接约束善意相对人和被挂靠人,此时挂靠人和被挂靠人之间可能形成违法转包关系,实际施工人可就案涉工程价款请求承包人和发包人承担相应的民事责任;如果相对人在签订协议时知道挂靠事实,即相对人与挂靠人、被挂靠人通谋作出虚假意思表示,则挂靠人和发包人之间可能直接形成事实上的合同权利义务关系,挂靠人可直接向发包人主张权利。

要点评析:在挂靠情形下,如果发包人在签订协议时知道挂靠事实,挂靠人与发包人之间可能形成事实上的建设工程施工合同关系,挂靠人无须突破合同相对性而是可以直接向发包人主张权利。

七、借用施工资质的实际施工人权利实现路径之分析

根据第一章和前已论述的情况，借用施工资质情形下的建设工程施工合同可能有效，也可能无效，挂靠人与发包人之间可能存在事实上的建设工程施工合同关系，也可能不存在合同关系。这就决定了挂靠情形下实际施工人与转包或违法分包情形下实际施工人权利实现路径之不同。

2020年《建设工程司法解释》第43条是否适用于借用资质的实际施工人，是挂靠人如何主张工程价款债权这一问题上最大的争议。

从司法解释条文文义来看，只适用于转包和违法分包情形下的实际施工人，并不适用于借用资质的实际施工人。最高人民法院民一庭认为上述规定不适用于借用资质的实际施工人。[1] 而最高人民法院在个案中的裁判观点却大相径庭。最高人民法院(2019)最高法民申652号案件裁判要旨为："认为《建设工程司法解释一》第26条和《建设工程司法解释二》第24条中的实际施工人仅指非法转包及违法分包的实际施工人，不包括挂靠情形下的实际施工人，此种狭义理解不符合该条文意旨。"最高人民法院(2019)最高法民再329号案件裁判要旨为："挂靠关系中的被挂靠人不属于转包人、违法分包人或发包人，不应依据《建设工程司法解释一》第26条规定判决被挂靠人承担给付工程款的责任。"

最高人民法院在个案中又认为适用于挂靠人。虽然仅仅是个案中的裁判观点，但也可以大概反映出最高人民法院在此问题上的纠结。对于2004年《建设工程司法解释一》第26条是否排除了对挂靠人的适用问题，理论和实务中仍存在争议，学界与司法界存在争议。[2] 事实上，2004年《建设工程司法解释一》第26条和2018年《建设工程司法解释二》第24条（这两个条文已被2020年《建设工程司法解释》第43条合并吸收）的条文文义并未完全反映出立法的本意，在司法实践中的适用更是偏离了原有的立法本意。所以，在司法实践中，对这两个条文的理解与适用存在诸多争议。

笔者认为，这两个条文不适用于挂靠人。但并非笔者认为挂靠人作为实际施工人不应与转包和违法分包情形下的实际施工人同等的保护，而是不赞成突破合同相对性这一基本原理。对合同相对性的突破须有明确的法律依据。《合同法》对

---

〔1〕 最高人民法院民一庭编著：《最高人民法院建设工程施工合同司法解释（二）理解与适用》，人民法院出版社2019年版，第499页。

〔2〕 同上。

合同相对性的突破体现为债的保全制度,包括代位权制度和撤销权制度。《民法典》也吸收了这两项制度。一方面,这两个条文的目的是保护建筑工人和农民工的利益,而代位权制度也可以实现这一目的;另一方面,这两个条文对合同相对性的突破是没有法律依据的。

挂靠人工程价款债权实现路径大概有以下三种:

第一,挂靠人向被挂靠人主张工程价款,但挂靠人与发包人形成事实上的建设工程施工合同关系的除外。

第二,如果挂靠人与发包人之间存在事实上的施工合同关系的,挂靠人可基于《民法典》第793条之规定向发包人主张工程价款债权。在此种情况下,如果不允许挂靠人作为实际施工人向发包人主张工程价款,则不利于对实际施工人利益的保护。实际施工人可以依据其与发包人之间形成的事实上的施工合同关系而向发包人主张工程价款,与2020年《建设工程司法解释》第43条的规定无关,而是挂靠人基于(事实上的)施工合同关系向相对方发包人主张的工程价款,其依据应当是《民法典》第793条。

如果挂靠人和发包人已经就建设工程价款进行了结算,并签署了结算协议,建设工程经竣工验收合格后,实际施工人依据结算文件请求支付工程价款的,人民法院则可以将该结算协议作为工程价款的结算依据。

第三,在挂靠人与发包人未形成事实上的建设工程施工合同关系时,原则上,挂靠人不能直接向发包人主张权利。但如果被挂靠人怠于向发包人主张工程价款的,则挂靠人可依据2020年《建设工程司法解释》第44条的规定提出有关的代位权之诉以保障自己的权益。

典型案例裁判观点及评析

最高人民法院(2019)最高法民申652号案件裁判观点:根据已查明的事实,沈某系挂靠在卓筑公司名下实际施工,发包人亦认可沈某为挂靠卓筑公司名下的施工主体,故沈某是案涉工程的实际施工人。《建设工程司法解释一》第26条规定:"实际施工人以转包人、违法分包人为被告起诉的,人民法院应当依法受理。实际施工人以发包人为被告主张权利的,人民法院可以追加转包人或者违法分包人为本案当事人。发包人只在欠付工程价款范围内对实际施工人承担责任。"据此,作为案涉工程的实际施工人,沈某有权以自己的名义对发包人提起诉讼,发包人应当在欠付工程价款范围内对沈某承担责任。发包人主张上述法律条文中的实际施工人仅指非法转包及违法分包的施工人，不包括挂靠情形下的实际施工人，此种狭义理解不符合该条文意旨，本院不予支持。

最高人民法院（2019）最高法民再 329 号案件裁判观点：依据《建设工程司法解释一》第 26 条之规定，实际施工人可向发包人、转包人、违法分包人主张权利。但挂靠关系中的被挂靠方不属于转包人、违法分包人或发包人，原判决以上述规定为法律依据判决被挂靠方承担给付工程款的责任，适用法律错误，本院予以纠正。

要点评析：此裁判观点与（2019）最高法民申 652 号案件中的裁判观点相矛盾。笔者认为，在挂靠人与发包人未形成事实上的建设工程施工合同关系的情形下，挂靠人可以依据 2004 年《建设工程司法解释一》第 26 条（已被 2020 年《建设工程司法解释》第 43 条吸收）向发包人主张权利。

最高人民法院（2019）最高法民申 4223 号案件裁判观点：吴某系借用建筑企业的资质与发包人签订建设工程施工合同，并实际完成了施工任务。此种情形下，借用资质施工的实际施工人吴某与发包人之间就建设工程施工合同的标的发生了实质性的法律关系。虽然由此签订的《建设工程施工合同》无效，但吴某事实上实际履行了施工合同。根据《建设工程司法解释一》第 2 条规定，建设工程经竣工验收合格，承包人请求参照合同约定支付工程价款的，应予支持。

要点评析：借用施工资质的挂靠人向发包人主张工程价款是基于二者之间形成的事实上的建设工程施工合同关系。结算依据是 2004 年《建设工程司法解释一》第 2 条（已被《民法典》第 793 条吸收）规定。

八、约定实际施工人应支付的管理费的处理

在建设工程转包、违法分包和借用施工资质等情形中，作为转包人、违法分包人和出借施工资质一方，其宁愿违背法律的强制性规定，所追求的无非两个方面：一是提升建筑市场影响力，为施工资质晋级做铺垫；二是获得一些经济效益。前者属于行政管理的范畴，囿于选题的限制，不作讨论。后者在实务中往往表现为管理费，由双方进行约定。

关于无效合同中约定的管理费应如何处理，法律和司法解释均未有明确规定。《民法典》第 793 条第 1 款规定的“参照合同关于工程价款的约定折价补偿承包人”是否可以作为管理费的处理依据，尚有争议。无效施工合同中的承包人可以依法取得工程价款，且不应予以收缴，已无争议。对承包人因非法转包、违法分包建设

工程和出借施工资质而取得的利益,如管理费等,《民法典》施行前,法院可以根据《民法通则》第134条之规定予以收缴,是有明确依据的。至于之前司法实践中法院不愿意依法收缴(笔者暂未检索到收缴的案例),是另一层面的问题,或许另有原因。值得注意的是,《民法典》并未吸收《民法通则》关于收缴的规定,《建设工程司法解释一》第4条关于收缴非法所得的规定,《民法典》施行后已无上位法依据。2020年《建设工程司法解释》未保留收缴非法所得的条款,与《民法典》保持一致。但无论是否有收缴非法所得的规定,管理费如何处理都是目前司法实践中悬而未决的问题。

福建省高级人民法院《关于审理建设工程施工合同纠纷案件疑难问题的解答》(2007年)第4条规定:"……对承包人因非法转包、违法分包建设工程而已经取得的利益,或者建筑施工企业因出借施工资质而已经取得的利益,例如:'挂靠费'、'管理费'等,人民法院可以根据我国《民法通则》第一百三十四条的规定予以收缴,但建设行政机关已经对此予以行政处罚的,人民法院不应重复予以制裁。"

广东省高级人民法院《关于审理建设工程合同纠纷案件疑难问题的解答》(2017年)第26条规定:"违法分包、转包工程合同或者挂靠合同中约定管理费,如果分包人、转包人或被挂靠人在工程施工过程中履行了管理义务,其主张参照合同约定收取劳务费用的,可予支持;实际施工人有证据证明合同约定的管理费过高的,可依法予以调整。分包人、转包人或被挂靠人代实际施工人缴纳了税费,其主张实际施工人负担的,应予支持。"

经笔者检索最高人民法院2018年至2020年3个年度的裁判文书,就转包、违法分包和借用施工资质情形下,无效合同约定的管理费如何处理,筛选出12篇比较典型的,大概可以分四种类型。

第一种类型:管理费全额不予支持。

最高人民法院(2020)最高法民申255号案件裁判观点:"基于合同履行情况、当事人过错等因素,认定违法分包人没有实际参与管理且对案涉工程违法分包有过错,其应对此承担责任。若允许违法分包人收取管理费将使合同效力性规定失去意义且纵容不法行为。故原审判决对管理费未予支持,并无不当。"

最高人民法院(2019)最高法民申391号案件裁判观点:"合同无效后,有关工程款可以参照合同约定,但并非必须依照合同约定,还需要考虑合同履行情况、当事人过错等因素作出衡量。违法分包人作为专业建设企业,明知张某没有施工资质,仍对案涉工程违法分包,具有直接过错,且案涉工程实际已经由张某完成并进行了竣工决算审计,若仍允许违法分包人收取管理费将使得合同效力性规定失去意义、纵容不法行为。”

最高人民法院(2018)最高法民申4381号案件裁判观点:“案涉工程系非法转包,《劳务施工合同》约定的9%总包管理费的性质实质是转包案涉工程的违法所得,原判决对该部分管理费用未予扣减,亦无不当。”

第二种类型:根据过错原则酌情确定管理费支付比例。

最高人民法院(2019)最高法民申6489号案件裁判观点:“在合同无效的情况下,一、二审法院鉴于双方对合同无效均负有责任,以及涉案工程施工具体情况,为平衡双方利益,对管理费提取比例进行调整并不缺乏依据。”

最高人民法院(2019)最高法民申1920号案件裁判观点:“二审法院认为根据相关法律规定,河北建设公司本无权收取管理费,但考虑到河北建设公司实际派员参与了工程管理等相关事实,仍判定河北建设公司可收取2%的管理费,可见,二审法院是基于双方均存在过错的前提下认定河北建设公司可在已履行义务范围内收取相应管理费。”

最高人民法院(2018)最高法民申3248号案件裁判观点:“根据《建设工程司法解释一》第4条之规定,人民法院可以根据《民法通则》第一百三十四条规定,收缴当事人已经取得的非法所得。根据该条规定,管理费属于非法所得,并且案涉施工合同为无效合同,公路桥梁公司主张按照合同约定的18.59%计算管理费,无法律依据。二审法院基于利益平衡的考虑,根据公平原则,综合当事人对合同无效的过错程度认定管理费,属于人民法院依法行使裁判权范畴,并无不当。”

第三种类型:根据是否实际履行管理职责确定。

最高人民法院(2020)最高法民申243号案件裁判观点:“虽然施工合同无效导致其中管理费条款无效,但管理费作为双方履行合同所发生的必需开支,属于工程价款的组成部分,应当根据是否为履行合同开展管理工作据实结算。”

最高人民法院(2019)最高法民申763号案件裁判观点:“根据《建设工程司法解释一》第2条之规定工程款可参照合同的约定计算,但并不代表相关条款独立有效,管理费的约定亦无效。转包人未对涉案工程进行管理,无权收取管理费。”

最高人民法院(2018)最高法民终586号案件裁判观点:“合同无效,管理费系当事人因履行无效合同获取的利益,未实际履行管理职责的,不应收取管理费。”

第四种类型:参照合同约定结算管理费。

最高人民法院(2019)最高法民申3701号案件裁判观点:“依据《建设工程司法

解释一》第2条的规定,虽然案涉合同为无效合同,但涉案工程竣工验收合格,双方参照合同结算工程价款,亦应当参照合同约定按实结算管理费。”

最高人民法院(2019)最高法民申2160号案件裁判观点:“案涉合同中扣除管理费的约定是当事双方关于施工过程中转包人劳务报酬的约定,属于工程价款的组成部分,实际施工人亦认可转包人派人现场管理的事实,原审判决按照合同约定扣除管理费适用法律并无不当。”

最高人民法院(2019)最高法民申2732号案件裁判观点:任何人不得从自己的过错中获利,实际施工人亦不能从其违法行为中获得利益。如果认定管理费不应从工程款中扣除,不仅导致实际施工人对其过错不承担任何责任,反而获得比订立协议可预见的更高的工程款,与立法目的不相符,还会以此鼓励违法行为,扰乱建筑业市场秩序。施工合同因违反法律规定而无效,并不影响合同中对相关费用比例的约定是双方的真实意思表示,因此对于实际施工人应当缴纳的管理费可参照合同的约定认定。

结合最高人民法院的裁判观点和部分地方司法文件的指导意见,如案涉合同无效,合同约定的管理费应如何处理,笔者观点如下:

首先,要看转包人、违法分包人或被挂靠人等是否实际履行管理职责。无论合同是否有效,上述主体均有履行项目施工管理的职责。上述主体只要实际履行了管理职责,则无论合同是否有效,均有权获得相应的劳务报酬。在此种情况下,参照合同约定扣减管理费,既公平合理,又有法律依据。《民法典》第793条规定的参照合同关于工程价款的约定折价补偿承包人,而合同约定的工程价款是扣减管理费后的金额。

其次,转包人等主体未实际履行管理职责时,法院应根据导致合同无效的过错责任酌情确定管理费支付比例。理由是,如果不支付管理费,鉴于《民法通则》第134条规定的非法所得收缴原则一直未能有效执行且《民法典》未吸收该条款,则实际施工人可能基于合同无效而受益。而且转包人等主体需承担业主未及时付款时垫付款项的风险,如果只承担风险,不允许有收益,也是不公平的。这也符合权责利相统一原则。

九、发包人自行向实际施工人支付工程价款的风险

发包人有无义务向实际施工人支付工程价款?发包人与实际施工人不存在合同关系,发包人没有合同义务向实际施工人支付工程价款。但有观点认为实际施

工人依据2020年《建设工程司法解释》第43条第2款向发包人主张权利时，法院可以判决发包人向实际施工人支付工程价款，故发包人有义务向实际施工人支付工程价款。笔者认为，不应当依据上述规定倒推出发包人的义务。正如债权人基于法律规定在一定条件下可以向债务人的债务人即次债务人主张权利，但却不能说次债务人有义务向债权人清偿债务。道理是一样的。

广东省高级人民法院《关于审理建设工程施工合同纠纷案件若干问题的指导意见》（2011年）第8条规定："承包人请求发包人支付工程价款，发包人主张对其已经向实际施工人支付的工程价款进行抵扣的，应予支持，但发包人未经承包人同意向实际施工人支付的超出其应得工程价款以外的部分除外。"

广东省高级人民法院也有类似的解答，其《关于审理建设工程合同纠纷案件疑难问题的解答》（粤高法〔2017〕151号）第28条规定："承包人请求发包人支付工程价款，发包人主张对其已向实际施工人支付的工程价款进行抵扣的，不予支持，但合同另有约定、承包人予以授权、生效裁决予以确定或者发包人有证据证明其有正当理由向实际施工人支付工程价款的除外。"

一般情况下，发包人有义务向实际施工人付款的情形有三个：一是经承包人（非法转包人、违法分包人、出借施工资质的一方）同意，包括但不限于合同有约定和另有授权等；二是依据生效的裁判文书或仲裁裁决；三是为解决建筑工人工资等而在政府有关部门组织协调下支付的。

除此之外，发包人直接向实际施工人付款的行为可能存在以下风险：第一，不免除或不能冲抵其向合同相对方的付款义务；第二，完全绕开合同相对方而付款，可能导致其与实际施工人之间形成事实上的合同关系或其与相对方之间的合同未实际履行的风险，进而可能丧失向相对方主张权利的风险，如工程质量责任等。

典型案例裁判观点及评析

浙江省高级人民法院（2017）浙民再46号案件裁判观点：《建设工程司法解释一》第26条突破合同相对性，系出于保护实际施工人，特别是其背后农民工的利益所作的特殊规定，不能随意扩大适用范围或加以任意解释。该条只是规定实际施工人在一定条件下可以向发包人主张权利，不适用于本案争议款项认定的情形，也不能由此得出发包人在没有合同约定或未经合同相对方承包人认可的情况下，可以直接向合同以外的实际施工人支付工程款的结论。发包人以《建设工程司法解释一》第26条未予禁止为由，主张其有权在建设工程施工过程中，直接向实际施工人章某支付工程款,不符合该司法解释的制定本意。

要点评析:2004 年《建设工程司法解释一》第 26 条和 2018 年《建设工程司法解释二》第 24 条(已被 2020 年《建设工程司法解释》第 43 条合并吸收)赋予实际施工人有条件的向发包人主张权利,但不能以此规定推导出发包人对实际施工人有付款的义务或者发包人可以未经相对方同意直接向实际施工人支付工程价款。

十、实际施工人如何承担逾期完工的损失

案涉建设工程施工合同无效,合同约定的工期及违约金条款亦无效。逾期完工的损失如何解决?有观点认为,所谓逾期完工,是指未按合同约定的期限完工。而合同无效后,约定的期限也无效,何谈逾期完工?这种观点是错误的。虽然合同被确认无效后,是自始无效,但在被确认无效前,合同对当事人是有约束力的,双方应本着诚实信用的原则遵守约定并履行义务。因未全面履行合同义务而造成损失的,有过错的一方应当赔偿对方因此所受到的损失。这是《合同法》第 58 条确定的合同无效的过错赔偿原则,《民法典》第 157 条予以吸收。

在 2018 年《建设工程司法解释二》施行前,对于如何处理合同无效后的损失赔偿问题,司法实践中是有争议的。江苏省高级人民法院《关于审理建设工程施工合同纠纷案件若干问题的解答》(2018 年)第 5 条规定:"建设工程施工合同无效,建设工程经竣工验收合格的,当事人主张工程价款或确定合同无效的损失时请求将合同约定的工程价款、付款时间、工程款支付进度、下浮率、工程质量、工期等事项作为考量因素的,应予支持。"最高人民法院在(2014)民申字第 940 号案件中认为:"双方当事人在合同中对于涉案工程款的结算作了附条件的约定,即如果未按期完工,承包人按工程总价的 3% 给予建设单位赔偿。这是双方当事人的真实意思表示。涉案工程并未按期完工,虽然涉案施工合同无效,但涉案工程已经竣工验收合格,可以参照合同约定计算涉案工程款。"

2020 年《建设工程司法解释》第 6 条规定:"建设工程施工合同无效,一方当事人请求对方赔偿损失的,应当就对方过错、损失大小、过错与损失之间的因果关系承担举证责任。损失大小无法确定,一方当事人请求参照合同约定的质量标准、建设工期、工程价款支付时间等内容确定损失大小的,人民法院可以结合双方过错程度、过错与损失之间的因果关系等因素作出裁判。"

根据上述规定,要求赔偿逾期完工损失的案件中,应注意下列问题:

第一,当事人依据无效合同而主张逾期完工违约金等违约责任的,法院应依据

《九民纪要》第 36 条关于“合同无效时的释明问题”的指导意见向当事人释明，以便当事人变更诉讼请求要求赔偿损失，尽可能一次性解决纠纷。

第二，举证责任的分配问题。根据“谁主张，谁举证”的原则，请求赔偿的一方包括发包人、转包人、非法分包人或出借施工资质的一方等承担举证责任。

第三，需要举证证明的内容有实际施工人存在过错、造成的损失大小以及实际施工人过错与损失之间的因果关系。

第四，当造成的损失难以确定时，法院不能以“未提交证据证明其实际损失”为由而不予支持。当事人可以请求参照合同约定的建设工期等内容确定损失大小，法院结合当事人过错程度及过错与造成损失之间的关联程度等综合作出裁判。

典型案例裁判观点及评析

最高人民法院(2019)最高法民申 4136 号案件裁判观点：案涉建设工程施工总承包合同系没有资质的实际施工人借用有资质的建筑施工企业名义而签订，应属无效，从而违约金条款无效。在转包人未提交证据证明其实际损失的情况下，其以实际施工人逾期交付工程为由主张违约金，无合同依据，亦无事实依据。

要点评析：建设工程施工合同无效，违约金条款亦无效，发包人不能以无效合同的违约金条款向承包人主张逾期完工的违约金，可以请求承包人赔偿逾期完工所造成的损失。

最高人民法院(2019)最高法民再 231 号案件裁判观点：鉴于建设工程施工合同的特殊性，案涉施工合同虽然无效，但在被认定无效之前双方在履约时仍应遵循诚实信用原则，判断案涉工程是否逾期完工，仍应参照当事人之间对建设工期的约定来认定。

要点评析：建设工程施工合同被确认无效前，当事人应按照合同约定履行义务。判断承包人是否逾期完工，仍应以合同约定的建设工期为参照。

十一、实际施工人私刻名义施工人或项目部印章的责任承担

私刻印章也是建筑市场的乱象之一，一般存在于非法转包、违法分包和借用资质等情形下的施工或结算过程中。实际施工人私刻名义施工人[1]或项目部印章对

---

[1] 为行文的方便，笔者将实际施工人相对方的承包企业称之为名义施工人。

外签订合同等经济往来的责任如何承担,不宜一概而论。一方面,名义施工人作为其自身印章和项目部印章中的主体,需对外承担用该印章所订立合同的合同责任。另一方面,因该印章是实际施工人私刻的,使合同责任的承担主体存在多种可能性。

一般情况下,如果名义施工人对实际施工人私刻印章行为不知情,也不追认合同行为,合同相对方也无证据证实其有理由相信印章的真实性或者合同签订主体是名义施工人,名义施工人无须承担合同责任。但鉴于实际施工人与名义施工人在工程项目施工方面具有外在的紧密联系,可能造成善意第三人对印章的真实性形成合理的信赖或者实际施工人有权代理名义施工人的外在表象,因此,以下作为名义施工人不承担合同责任的例外情形。

第一,合同相对方善意无过失且有理由相信该印章的真实性或合同签订主体是名义施工人。比如,该印章在其他场合使用的,尤其是在名义施工人与发包人的合同、文件或向政府部门报备的材料中使用的。

第二,实际施工人使用私刻印章的行为构成表见代理的。司法实践中的难点在于表见代理的认定。表见代理至少需要两个条件:一是实际施工人具有代理名义施工人签订合同的外观表象;二是合同相对方已尽到善意第三人的注意义务,且有理由相信实际施工人有代理权。最高人民法院在(2017)最高法民申 1722 号案件和(2018)最高法民申 4726 号中均持此观点。

第三,名义施工人对私刻印章行为知情或应当知情且放任实际施工人使用该印章的。对此,应从印章使用情况及交易习惯等方面综合认定名义施工人是否知情或应当知情。

在司法实践中,有观点认为,相对转包和违法分包情形而言,挂靠情形下的挂靠人私刻印章对外签订合同的行为,原则上被挂靠人应承担合同责任,不承担合同责任为例外。比如,河北省高级人民法院在《建设工程施工合同案件审理指南》(2018 年)第 53 条规定:“实际施工人与施工企业之间存在挂靠关系,行为人私刻施工企业印章的,施工企业不能证明合同相对方对私刻印章的情形是明知的,施工企业应承担相应的民事责任。”

笔者赞同将挂靠情形下实际施工人私刻印章行为与转包和违法分包情形下实际施工人私刻印章行为区别对待。因为挂靠情形下,实际施工人的施工行为是其代为被挂靠人履行与发包人之间建设工程施工合同的行为,而且,该合同中通常有挂靠人的名字,如其身份是合同中的项目经理、委托代理人等,使合同相对方对实际施工人的身份及印章的真实性有更强的信赖性。而转包和非法分包情形下的实际施工人的施工行为是其履行转包合同或分包合同的行为,而诸如采购建筑材料和租赁机械设备等行为就是履行转包或分包合同的具体行为,应当与代理行为严格区分开来。

典型案例裁判观点及评析

最高人民法院(2016)最高法民申2499号案件裁判观点:穆某在《抵押借款协议书》和出具的《借条》上均加盖了"宏宇公司项目部"公章,这就产生了穆某有权代理宏宇公司的外在表象,虽然该公章系穆某私刻的,但对于相对人隋某来讲,并不知情,其善意且无过失的认为穆某系有权代表宏宇公司对外从事借款业务。

要点评析:实际施工人私刻名义施工人或项目部印章与第三人订立合同,构成表见代理的,应保护善意无过失第三人的利益。

最高人民法院(2016)最高法民申425号案件裁判观点:吴某通过挂靠江建公司,取得了"金迪商厦"项目的开发人资格。吴某从第三人处借款并以私刻的江建公司公章让江建公司提供担保,所借款项部分用于"金迪商厦"项目。吴某在《招标通知书》和《建设工程施工招标备案资料》以及与施工单位订立的《建设工程施工合同》中均使用了该枚私刻的公章。二审判决推定江建公司对于吴某使用该枚公章知情并无不当。上述事实使第三人对于该公章形成合理信赖,第三人的合理信赖利益应当受到保护,故江建公司应承担担保责任并无不当。

要点评析:被私刻印章的企业对私刻印章行为知情或应当知情且放任实际施工人使用该印章的,基于保护第三人合理的依赖利益,被私刻印章的企业应承担相应的法律后果。

最高人民法院(2017)最高法民申493号案件裁判观点:《钢材买卖合同》约定买方应当向卖方提供项目施工合同的有效复印件。经核实,卖方并未进一步予以审核确认。在合同履行过程中,卖方主张钢材运至案涉项目工地、工地外标识牌,中铁五公司已经收到钢材。但由于建筑市场经常存在转包和分包现象,卖方作为建筑材料的供应商,应当负有更多的谨慎注意义务,其在提出的理由不能达到认定其有理由相信行为有代理权的证明标准。买方私刻中铁五公司印章,实际签订《钢材买卖合同》及《补充协议》,中铁五公司事先并不知情,且事后也未予追认,上述合同并非中铁五公司与卖方所签订,而是华力公司与卖方所签订。

要点评析:在被私刻印章的企业对私刻印章行为不知情也不追认的情况下,合同相对方要求该企业承担合同责任的前提是主观上的善意且无过失。

十二、实际施工人对外发生业务往来的责任承担

司法实践中有一种常见现象:实际施工人以名义施工人或项目部的名义对外发生业务往来,但没有加盖名义施工人或项目部的印章,只有实际施工人以委托代理人或经办人名义签名。此情形不同于私刻印章情形的重要区别是,此情形下不存在相对方对印章信赖性问题,完全取决于对实际施工人代理名义施工人进行合同行为的信赖。此种现象之所以在建筑领域较为常见,是因为工程项目在施工过程中,凡对外行为都要求加盖名义施工人印章是不现实的,更多的时候是现场负责人签字。工程存在转包、违法分包和挂靠情形的,更是如此。实际施工人在工程项目上代表着名义施工人,包括参与建设工程招投标、签订合同、建筑材料采购、现场负责施工、参与工程竣工验收、与发包人结算工程价款等行为。正是由于上述特殊关系,实务中出现了大量实际施工人假借名义施工人的名义虚构债务,或者以名义施工人的名义拖欠工人工资、赊购物资、租赁设备、举债等情况,让名义施工人苦不堪言。因此而引发的合同纠纷成为实务中的疑难问题。

如前文所述,此种情形下因缺乏对印章信赖的因素,合同相对方在订立合同时应负有较高的注意义务,并在纠纷发生后负有较重的举证责任。处理此类纠纷时,一方面要注重保护善意相对人的利益,另一方面也要兼顾名义施工人的利益。

从常见的裁判观点来看,法院判决名义施工人承担合同责任一般是基于实际施工人的职务行为或表见代理。司法实践中,实际施工人的职务行为并不难理解,以实际施工人有代理权限为前提,比如,授权委托书和项目经理责任书中有明确的授权等。挂靠情形下实际施工人的代理行为通常被认定为职务行为。

难以认定的是表见代理行为。最高人民法院《关于当前形势下审理民商事合同纠纷案件若干问题的指导意见》(2009 年)第13 条规定:“合同法第四十九条规定的表见代理制度不仅要求代理人的无权代理行为在客观上形成具有代理权的表象,而且要求相对人在主观上善意且无过失地相信行为人有代理权。合同相对人主张构成表见代理的,应当承担举证责任,不仅应当举证证明代理行为存在诸如合同书、公章、印鉴等有权代理的客观表象形式要素,而且应当证明其善意且无过失地相信行为人具有代理权。”

司法实践中,对表见代理的认定,重点审查两个方面:一是客观上是否形成实际施工人具有代理权的表象;二是合同相对方主观上是否善意且无过失的相信行为人有代理权。在转包和违法分包情形下,实际施工人的无权代理行为被认定为有权代理的,多为表见代理。

典型案例裁判观点及评析

最高人民法院(2019)最高法民申817号案件裁判观点:顺腾公司已经尽到了必要的注意义务,有理由相信毕某的行为能够代表中建六局。为保护善意方的信赖利益,应认定案涉《钢材购销合同》系顺腾公司与中建六局签订,中建六局应承担相应付款义务。

最高人民法院(2019)最高法民申687号案件裁判观点:成业公司提供的证据不足以证明其在签订案涉合同当时,李某具有建工公司授权表象的形式要素。此外,成业公司在签订合同时,未审查李某的授权,未要求建工公司盖章,没有尽到注意义务,并非善意无过失,二审法院认定李某签订案涉《钢材销售合同》的行为不构成表见代理并无不当。

最高人民法院(2016)最高法民申2928号案件裁判观点:《合同法》第49条规定,行为人没有代理权、超越代理权或者代理权终止后以被代理人名义订立合同,相对人有理由相信行为人有代理权的,该代理行为有效。可见,表见代理制度不仅要求代理人的无权代理行为在客观上形成具有代理权的表象,而且要求相对人在主观上善意且无过失地相信行为人有代理权。合同相对人主张构成表见代理的,不仅应当举证证明代理行为存在诸如合同书、公章、印鉴等有权代理的客观表象形式要素,而且应当举证证明其善意且无过失地相信行为人具有代理权。

要点评析:表见代理的构成需要符合两个要件:一是客观上是否形成实际施工人具有代理权的表象;二是合同相对方主观上是否善意且无过失的相信行为人有代理权。

最高人民法院(2015)民申字第1217号案件裁判观点:当事人提交的《建设工程施工合同》、被挂靠人与挂靠人签订的协议书等证据以及案涉建设工程施工的有关事实表明,挂靠人系借用被挂靠人的资质承包案涉工程,是案涉工程的实际施工人。在向沙某购买红砖时,实际施工人出示了由其代表被挂靠人与发包人签订的《建设工程施工合同》的复印件,其所购红砖均为案涉工程施工所用。上述事实足以使沙某相信实际施工人系代表被挂靠人向其购买红砖。因此,被挂靠人应当承担向沙某支付红砖款的法律责任。至于沙某是否在本案诉讼前直接向被挂靠人催要过欠款以及实际施工人出具的欠据是否加盖被挂靠人的公章,均不足以免除被挂靠人应当承担的法律责任。

要点评析:挂靠人持有载明其身份的建设工程施工合同以被挂靠人名义与第三人订立建筑材料采购合同,只要第三人善意无过失,被挂靠人就应承担合同责任。

第七章

建设工程质量责任问题研究

《建筑法》《建设工程质量管理条例》《房屋建筑工程质量保修办法》《建筑工程五方责任主体项目负责人质量终身责任追究暂行办法》等法律、法规及规章，确立并完善了建设工程质量责任制。所谓工程质量责任制，是指国家对建设工程实行强制性的质量监督管理，由工程项目的建设单位、勘察单位、设计单位、施工单位、监理单位依法对建设工程质量负责的制度。囿于选题的限制，笔者只对建设工程施工质量责任等相关问题进行探讨。

因建设工程质量问题引发的纠纷在实务中较为常见。所谓工程质量问题，是指已完工工程的质量不符合国家规定的强制性标准或建设工程施工合同约定的质量标准。合同约定的质量标准高于国家规定的强制性标准时，应当以前者为准；合同约定的质量标准低于国家规定的强制性标准时，应当以后者为准。或者说，建设工程施工合同约定的质量标准低于国家规定的强制性标准时，约定无效，应以国家规定的强制性标准为准，也是正确的理解。

一、工程质量责任的性质

确保建设工程质量合格是建筑施工单位最基本的合同义务。未能全面履行该义务，将产生相应的合同责任。从这个角度来讲，工程质量责任是一种合同责任。又因该义务是《建筑法》和《建设工程质量管理条例》等法律和法规强制赋予建筑施工单位等主体的法定义务，由此产生的责任也是法定责任。

工程质量责任还有可能是侵权责任和违约责任的竞合，也可能是单纯的侵权责任。根据《民法典》第186条之规定，由于工程质量问题侵害发包人其他财产权益的，就可能发生违约责任和侵权责任的竞合。发包人可以选择追究承包人违约责任，也可以选择追究其侵权责任。根据《民法典》第802条之规定，因工程质量问题造成人身或财产损害的，承包人应当承担的损害赔偿责任，就是典型的债权责任。

因此,工程质量责任既是违约责任,也是法定责任。其在绝大多数情况下是违约责任,也有可能是侵权责任,也有可能是违约责任和侵权责任的竞合。

讨论工程质量责任性质的意义在于:

第一,发包人可以从保护自身利益的角度出发,基于不同责任而产生的不同请求权做出更为有利于自身的选择。比如,由于工程质量缺陷造成发包人财产损失的,如要求其修理、改建或要求支付违约金的,应按合同纠纷处理。由于工程质量缺陷造成发包人人员伤亡及其精神损害的,也可按侵权责任处理。

第二,归责原则的不同。同为侵权责任,一般侵权责任和特殊侵权责任的归责原则是不一样的。前者适用的是过错责任原则,后者适用的是无过错责任原则。而因工程质量缺陷导致的工程质量责任是特殊的侵权责任,适用无过错的归责原则。

第三,发包人选择主张权利的方式不同。发包人基于侵权责任而主张权利时,须提起反诉,基于违约责任而主张权利时,一般都可以通过抗辩的方式主张。比如,发包人追究承包人的债权责任,或者因承包人过错导致发包人对第三人承担侵权责任后,发包人向承包人追偿时,须提起反诉,但建设工程施工合同另有约定的除外。

另外,延伸思考两个问题:一是因发包人的过错导致的工程质量责任,如何定性?二是《民法典》第1193条所规定的定作人的过失责任,是否适用于发包人应承担的工程质量责任?

根据《建筑法》第58条和《建设工程质量管理条例》第26条之规定,施工质量由承包人负责。承包人作为工程质量问题的责任承担者,是法律、行政法规确立的原则。根据2020年《建设工程司法解释》第13条之规定,发包人对工程质量有过错的,应承担相应的过错责任。虽然2020年《建设工程司法解释》第12条的规定,从表面上来看,承包人承担的也是过错责任,但根据《建筑法》和《建设工程质量管理条例》等规定,承包人对工程质量承担的应当是无过错责任。也就是说,只要承包人不能交付质量合格的建设工程,无论其是否有过错,都应当承担工程质量责任,但根据法律规定可以免责的除外,包括因发包人过错导致的工程质量责任。换言之,发包人对工程质量的过错责任是承包人对工程质量责任免责的法定事由。

《民法典》第1193条所规定的"定作人对定作、指示或者选任有过失的,应当承担相应的赔偿责任"中的"定作、指示"已被2020年《建设工程司法解释》第13条吸收。换言之，该司法解释第 13 条是承揽合同中定作人责任在建设工程施工合同中的具体体现。而定作人的选任过失责任在建设工程施工合同领域也有体现，如 2020 年《建设工程司法解释》第 13 条第 1 款第 3 项的“直接指定分包人分包专业工程”。

典型案例裁判观点及评析

河南省南阳市中级人民法院（2019）豫 13 民终 1495 号案件裁判观点：由于承包人未取得施工资质，发包人在施工过程中存在选任过失，同时琉璃瓦系发包人购买，存在制作不规范的问题，从公平角度，承包人对该修复费用按照 80% 比例承担责任为宜。由于承包人不认可该工程存在质量问题，视为其拒绝维修，故该部分费用应当从承包人的工程款中予以扣减。

要点评析：承包人对其所施工的工程质量问题承担修复责任，发包人有过错的，也应承担相应的过错责任。承包人不认可工程质量存在问题的，视为其拒绝修复。

最高人民法院（2019）最高法民申 5769 号案件裁判观点：《建筑法》第 80 条规定：“在建筑物的合理使用寿命内，因建筑工程质量不合格受到损害的，有权向责任者要求赔偿。”据此，工程验收合格不等于工程真正合格，因施工人的原因发生质量事故的，其依法仍应承担民事责任。任何法律、法规均没有工程一经验收合格，施工人对之后出现的任何质量问题均可免责的规定。市政公司以案涉工程已经正式通过竣工验收为由主张其不应承担责任，理由不能成立。

要点评析：建设工程验收合格，不等于真正合格，不代表没有任何质量问题。建设工程验收合格后，承包人仍应在建设工程保修期限和保修范围内承担保修责任，并对造成的损失承担赔偿责任。

最高人民法院在（2019）最高法民再 166 号案件中的裁判观点：施工方对建设工程应承担的质量责任，包括对工程施工中出现的质量问题及经验收不合格工程应承担的质量返修责任，以及对经验收合格的工程在使用过程中出现的质量问题应承担的保修责任。

要点评析：建设工程施工过程中出现质量问题的，施工人承担返修责任。建设工程验收合格后，施工人在保修期限和保修范围内承担保修责任。

二、工程质量责任的主体、内容及承担方式

前已论述,根据《建筑法》和《建设工程质量管理条例》等法律和行政法规规定,以承包人承担工程质量责任为原则,发包人承担工程质量责任为例外。发包人只对工程质量承担过错责任。

《民法典》第 793 条第 3 款规定:"发包人对因建设工程不合格造成的损失有过错的,应当承担相应的责任。"第 13 条规定:"发包人具有下列情形之一,造成建设工程质量缺陷,应当承担过错责任:(一)提供的设计有缺陷;(二)提供或者指定购买的建筑材料、建筑构配件、设备不符合强制性标准;(三)直接指定分包人分包专业工程……"第 14 条规定:"建设工程未经竣工验收,发包人擅自使用后,又以使用部分质量不符合约定为由主张权利的,人民法院不予支持……"

《民法典》第 1252 条规定:"建筑物、构筑物或者其他设施倒塌、塌陷造成他人损害的,由建设单位与施工单位承担连带责任,但是建设单位与施工单位能够证明不存在质量缺陷的除外……"

《民法典》第 1193 条规定:"承揽人在完成工作过程中造成第三人损害或者自己损害的,定作人不承担侵权责任。但是,定作人对定作、指示或者选任有过错的,应当承担相应的责任。"

上述规定是发包人承担工程质量责任的直接依据。除造成他人损害的,依法应承担赔偿责任外,发包人承担工程质量责任的内容及方式并无明确规定。笔者认为,发包人承担工程质量责任的方式有以下两种:

第一,免除或部分免除承包人的责任,由发包人自行承担。比如,由发包人自行修理或改建,或者由承包人修理、返工或改建,但费用由发包人承担。

第二,因发包人过错导致的工程质量缺陷造成他人损害的,应承担相应的赔偿责任。

根据《建筑法》、《建设工程质量管理条例》、《民法典》、2020 年《建设工程司法解释》等相关规定,承包人承担的工程质量责任归纳起来可分为五大类:一是承担建设工程施工过程中出现的质量问题的修理、返工或改建责任,费用自行承担;二是承担建设工程经验收不合格后的修复责任,修复费用自行承担;三是承担建设工程保修期限和保修范围内的保修责任,修复费用自行承担;四是承担建设工程在合理使用期限内造成人身和财产损害时应承担的损害赔偿责任;五是承担建设工程验收不合格且无修复价值后无权主张工程价款的损失。

在上述工程质量责任中,由承包人直接向发包人承担的是前三类。影响承包人向发包人承担工程质量责任的因素主要有两个。

第一,建设工程是否竣工验收。建设工程竣工验收合格前,除发包人过错造成工程质量缺陷外,建设工程质量不合格的责任均在承包人。建设工程竣工验收合格后,承包人只在保修期限、保修范围内承担保修责任,并对造成的其他损失承担赔偿责任。

第二,建设工程未经竣工验收且发包人擅自使用的,视为建设工程质量合格,工程质量责任风险转移至发包人。但不免除承包人在保修期限、保修范围内承担保修责任,并对造成的其他损失承担赔偿责任。

在建设工程施工合同纠纷案件中,除发包人和承包人外,可能还存在其他主体,如分包人、转包人、实际施工人等,他们都是广义上的施工人和承包人,是否应当承担工程质量责任?

根据 2004 年《建设工程司法解释一》第 25 条(已被 2020 年《建设工程司法解释》第 15 条吸收)规定,发包人可就工程质量问题以总承包人、分包人和实际施工人为共同被告提起诉讼。最高人民法院民一庭对该条规定是这样解读的:"本条是关于建设工程质量纠纷案件的程序性规定。因建设工程质量纠纷的涉诉案件,发包人可以总承包人、分包人、实际施工人为共同被告。法律规定总承包人、分包人、实际施工人就建设工程质量对发包人承担连带责任,在程序上应当表现为共同被告。总承包人、分包人、实际施工人相对发包人而言均是承包人,对业主而言均是施工方,应当按照《建筑法》第五十八条规定对工程的施工质量负责;出现质量缺陷时承担连带责任,在程序上表现为共同被告。"[1]

另外,《民法典》第 791 条、《建筑法》第 55 条、《招标投标法》第 48 条、《建设工程质量管理条例》第 27 条和《房屋建筑和市政基础设施工程分包管理办法》第 16 条都有相应的规定,总承包人与分包人、转包人承担连带责任。

法律、行政法规等规定如此严厉的责任,主要原因可能有两个:一是工程质量关系到人民及国家的生命、财产安全,立法的目的在于确保工程质量优良;二是总承包人、分包人、转包人等相对发包人而言均是承包人,对建设单位而言均是施工单位,应当按照《民法典》和《建筑法》等相关规定对工程质量负责。

实务中,较难处理的争议是,如果承包人未按规定或约定履行修理、返工或保

---

〔1〕 最高人民法院民事审判第一庭编著:《最高人民法院建设工程施工合同司法解释的理解与适用》(第 2 版),人民法院出版社 2015 年版,第 175 页。

修义务时,应当如何处理?

第一种情况,针对施工过程中出现工程质量不符合约定的情形。如果承包人拒绝修理、返工或改建,根据2020年《建设工程司法解释》第12条之规定,发包人可以减少支付工程价款。其减少的数额,应当是发包人自行或委托第三方修理或改建而实际支出的合理费用。也可以通过鉴定的方式确定存在质量问题部分的修复费用。针对此种情况,司法实践中以下问题容易引发争议:其一,发包人向承包人主张权利,是抗辩还是提起反诉?其二,建设工程是否存在质量问题的证明问题?其三,修复费用的合理性。对于第一个问题,笔者将在后文重点论述。第二个问题,除存在质量问题的表面证据外,是否存在质量问题系专业性问题需通过司法鉴定的方式进行认定,后文也将重点论述。第三个问题,放在第三种情况下一并论述。

第二种情况,针对建设工程经竣工验收不合格的情形。《民法典》第793条和第806条虽只规定承包人在建设工程施工合同无效和解除情形下建设工程验收不合格的修复问题,但实务中对承包人于有效合同项下建设工程竣工验收不合格后的修复义务,争议较少。毕竟建设工程质量合格,是承包人的基本义务,也是其主张结算或支付工程价款的前提条件。所以,实务中,很少存在承包人拒绝履行此种情况下修复义务的情形。

第三种情况,针对承包人未及时履行保修义务的情形。如果承包人拒绝履行保修期限和保修范围内的保修义务,将承担发包人自行或委托第三方进行修复而实际支出的合理费用。针对此种情况,司法实践中以下问题容易引发争议:其一,是否属于保修期限内的工程质量问题?其二,在保修期限和保修范围内出现工程质量问题时,发包人是否履行通知义务?其三,发包人自行或委托第三方修复前承包人是否拒绝履行修复义务,或者是否有相应的施工资质?其四,修复费用的合理性。

是否属于保修期限内的工程质量责任,实质性争议在于对保修期限起算时间即竣工验收合格之日的争议。虽然《建设工程质量管理条例》第40条第3款“建设工程的保修期,自竣工验收合格之日起计算”的规定并无歧义,但因实务中存在发包人拖延验收、擅自使用、施工合同中途解除等特殊情况,使保修期限的起算时间仍是容易引发争议的一个常见问题。笔者认为,无论施工合同是否有效,无论施工合同项下建设工程是否竣工,无论建设工程是否投入使用,只要依据现有规定可以确定或推定建设工程竣工之日或转移占有建设工程之日,此类争议问题便可轻松化解。即使发包人故意拖延竣工验收,依据2020年《建设工程司法解释》第9条第

2 项之规定,也可确定出相对有利于承包人的保修期起算时间。

与施工过程中出现的质量问题不同,保修期限内出现质量问题,如果发包人不告知承包人,承包人有可能是不知晓的。因此,发包人有义务通知承包人并要求其履行保修义务。如果发包人未通知承包人,而直接自行或委托第三方修复,然后向承包人主张实际支出的费用,是欠妥的。笔者认为,如果发包人未履行通知义务,承包人有权拒绝支付发包人自行或委托第三人进行修复所产生的费用。即使承包人没有修复工程质量问题的施工资质,发包人也应当通知承包人,毕竟承包人有参与权或知情权。福建省高级人民法院也持此观点。该院在《关于审理建设工程施工合同纠纷案件若干疑难问题的解答》(2007 年)第 11 条规定:“因承包人的原因造成建设工程质量不合格的,发包人无正当理由拒绝由承包人修复而另请他人修复的,因另请他人而增加的费用不应由承包人承担。”

发包人通知承包人履行保修义务,承包人拒绝的,发包人可以自行修复或委托第三方修复,由此支出的修复费用应由承包人承担。实务中,承包人拒绝修复的常见方式有以下几种:其一,明确表示拒绝修复;其二,虽未明确拒绝,但在合理期限内未进行修复或未提供修复方案;其三,以停工的方式拒绝履行施工义务;其四,不认可存在质量问题。综上,承包人拒绝修复可以是明示的、默示的或以实际行为表明的,否认存在质量问题也是拒绝修复的一种表现形式。承包人拒绝修复的,发包人有三种选择:一是自行修复,修复费用由承包人承担;二是委托第三方修复,修复费用由承包人承担;三是通过鉴定的方式确定修复费用,由承包人承担。

司法实践中,承包人往往会对发包人主张的修复费用不认可,如对证据的真实性无法确认、关联性不认可或修复费用过高等。法院一般会将举证责任分配给承包人。毕竟承包人拒绝履行修复义务,其对发包人支出的修复费用或鉴定意见中的修复费用有异议,应承担相应的举证责任。

典型案例裁判观点及评析

最高人民法院(2018)最高法民申 4217 号案件裁判观点:鉴于承包人中途停工、双方发生纠纷导致合同解除、彼此已经失去继续合作的信任基础等因素,由发包人委托第三方参照修复设计方案对工程质量进行修复、承包人承担修复费用的处理方式,符合客观实际。

要点评析:建设工程质量不合格需要修复时,因承包人以实际行为表明其不同意继续施工的,发包人可直接委托第三方进行修复,修复费用由承包人承担。

最高人民法院(2018)最高法民终92号案件裁判观点:案涉工程需要维修时,发包人应先通知承包人,在承包人拒不维修的情况下,才可自行维修。但发包人未提交证据证实其按照合同约定通知了承包人,故其无权向承包人主张维修费用。一审判决对此认定正确,本院予以维持。

要点评析:建设工程出现质量问题需要修复时,如果发包人未通知承包人修复而直接委托第三方修复的,承包人可拒绝承担修复费用。

山东省高级人民法院(2019)鲁民申7016号案件裁判观点:依据《建筑法》和《建设工程质量管理条例》等法律法规的规定,施工单位对其施工的工程质量承担义务和责任,不仅是合同义务也是法定义务。在施工单位施工的工程出现质量瑕疵的情况下,应首先由施工单位承担对质量瑕疵进行维修或修复的义务和责任,除非涉案工程经鉴定无法进行修复。只有在施工单位明确表示拒绝修复质量瑕疵的情形下,工程发包人可以自行修复或者委托他人修复并有权请求施工单位承担修复费用。施工单位对存在的质量瑕疵并未明确拒绝承担修复义务,在此情况下,发包人无权要求施工单位支付修复费用,原审判决施工单位对涉案工程的质量瑕疵进行修复于法有据。

要点评析:对工程质量问题承担修复或保修义务,既是承包人的法定义务,也是承包人的合同义务。承包人不履行该义务的,发包人可请求承包人承担修复费用。

三、申请工程质量鉴定是否以须完成初步举证责任为前提

根据“谁主张,谁举证”的原则,发包人以建设工程存在质量问题为由向承包人主张权利时,其应对存在工程质量问题的事实负有举证责任。实务中的争议往往集中在如何证明工程质量问题上。工程质量有无问题,往往是一个复杂且专业性很强的问题,需要由具备相应鉴定资质的鉴定机构出具专业性的鉴定意见才能予以明确。《民事诉讼法》第76条规定,当事人可以就查明事实的专门性问题向人民法院申请鉴定。负有举证责任的当事人基于待证事实的专业性向法院提出鉴定申请,请求法院委托鉴定机构出具鉴定意见以证实其主张,是当事人行使举证权利、履行举证义务的具体方式。

提出鉴定申请是负有举证责任的当事人依法享有的举证权利,法院不应拒绝

接收当事人提出的鉴定申请,否则将剥夺当事人的举证权利。法院应当审查当事人的鉴定申请,经审查,案件待证事实需要通过鉴定意见证明的,应当准许当事人的鉴定申请。如案件待证事实无须通过鉴定意见证明的,则不予准许鉴定。换言之,法院不应剥夺当事人申请鉴定的权利,但应根据案件需要,决定是否准许鉴定申请。法院准许当事人的鉴定申请后,委托具有相应资质的鉴定机构依法作出鉴定意见,组织当事人质证后对该鉴定意见进行审核认定,并在裁判文书中阐明鉴定意见是否采纳的理由。这是对鉴定意见这一证据类型的举证、质证及法院审核认定证据的完整过程。

司法实践中争议的问题是,当事人提出工程质量鉴定申请时是否应当就工程存在质量问题负有初步的或基本的举证责任,即是否以当事人能否提供初步证据来决定是否准许鉴定申请。如果当事人可以提交诸如工程墙体裂缝、建筑构件脱落或墙体塌陷等明显可以看出质量问题的证据,或者可以提交其自行委托专业鉴定或咨询机构作出的鉴定意见或咨询意见等初步证据,当然更好,有利于法院判断是否应准许鉴定申请。但如果当事人未能提供可以证明工程存在质量问题的初步证据,法院是否应当准许其鉴定申请?

笔者认为,法院是否准许鉴定申请,不能以当事人就待证事实是否完成初步举证义务为标准,应以申请鉴定的事项与待证事实有无关联性和必要性为标准。具体内容如下:

第一,法院审查决定是否准许鉴定申请的依据是案件争议事项是否需要通过鉴定意见证明,或者案件基本事实是否需要通过鉴定意见才能查明。这里已包含了鉴定意见与待证事实之间的关联性和鉴定的必要性。所以,鉴定申请人能否提交初步的证据证明将来的鉴定意见可能成立与否,并非法院决定是否准许鉴定申请的依据。

第二,工程质量是否合格、是否需要修复以及修复费用的确定均属于专业性问题,当事人可能无法自行举证证实,如果仅以当事人未完成初步的举证责任为由而不准许其鉴定申请,不仅影响当事人的实体权利,而且影响当事人的程序利益,剥夺了其举证的权利。

第三,根据《证据若干规定》第 30 条第 1 款和 2020 年《建设工程司法解释》第 32 条第 1 款之规定,法院认为待证事实需要通过鉴定意见证明的,即使负有举证责任的当事人未申请鉴定,法院也应当通过释明的方式引导当事人提出鉴定申请。如果一审法院未释明,二审法院认为确有必要进行鉴定的,应当发回重审。可见,是否准许鉴定申请取决于案件需要，并非当事人能否举出初步证据。

另外，法院不予准许当事人为证实其主张而提起的鉴定申请后，更不应以当事人未能举证证实其主张为由而驳回其诉讼请求或对其抗辩理由不予采纳。不是当事人未能举证，而是当事人的举证权利被剥夺了。

典型案例裁判观点及评析

最高人民法院（2019）最高法民终1863号案件裁判观点：发包人在一审时提起反诉，请求承包人赔偿因施工质量不合格造成的损失800万元（最终以司法鉴定为准），并在一审时申请依据施工图纸对已完成工程进行工程质量鉴定并计算已完成工程不合格需返工及加固修复的费用，一审法院以发包人未提供工程质量存在缺陷的相关证据未完成基本举证义务为由未准许鉴定申请。工程质量是否合格，是否需要进行修复以及修复费用的确定均属于专业问题，根据《民事诉讼法》第76条第1款的规定，发包人对此有权向法院申请鉴定，一审未准许工程质量鉴定不仅影响当事人的实体权利，而且影响当事人的程序利益，剥夺当事人的举证权利。

要点评析：当事人就是否存在工程质量问题及修复费用申请鉴定时，在没有相反证据证明鉴定事项与待证事实无关联或无意义的情况下，不应要求当事人提交关于存在工程质量问题的初步证据。

四、负有举证责任者未申请工程质量鉴定该如何处理

在建设工程质量问题纠纷中，因涉及是否存在质量问题、是否可以修复及修复费用等问题具有较强的专业性，往往会启动工程质量鉴定程序。但在司法实践中，有的发包人只主张存在质量问题，要么认为工程质量不合格，不符合支付工程价款的条件，要么要求减少支付工程价款，要么要求承包人支付修复费用等，但未提交工程质量鉴定申请，使案件的争议事项难以查明。2018年《建设工程司法解释二》施行之前的案件就此问题存在诸多“案结，事未了”的情况，效果非常不理想。最高人民法院意识到该问题后，在先后施行的2018年《建设工程司法解释二》和新《证据若干规定》中专门规定了案件待证事实需要通过鉴定意见明确时的释明问题。2020年《建设工程司法解释》保留了上述应当释明的规定。

根据2020年《建设工程司法解释》第32条之规定，法院未释明，或释明后，发包人未申请鉴定，或虽申请鉴定但未支付鉴定费用或者拒不提供相关材料的，应当承担举证不能的法律后果。如果当事人在二审中申请鉴定且二审法院认为确有必要

的，应当发回重审。但笔者认为，有一种情况可以例外，即当事人均同意在二审程序中进行鉴定，二审法院可以准许鉴定申请，不宜发回重审。

典型案例裁判观点及评析

最高人民法院(2019)最高法民终1743号案件裁判观点：涉案工程质量是否合格属于基本事实，确有必要予以查清。二审中，发包人申请对涉案工程质量问题进行鉴定。《建设工程司法解释二》第14条规定："当事人对工程造价、质量、修复费用等专门性问题有争议，人民法院认为需要鉴定的，应当向负有举证责任的当事人释明。当事人经释明未申请鉴定，虽申请鉴定但未支付鉴定费用或者拒不提供相关材料的，应当承担举证不能的法律后果。一审诉讼中负有举证责任的当事人未申请鉴定，虽申请鉴定但未支付鉴定费用或者拒不提供相关材料，二审诉讼中申请鉴定，人民法院认为确有必要的，应当依照民事诉讼法第一百七十条第一款第三项的规定处理。"根据上述规定，本案应当依照《民事诉讼法》第170条第1款第3项的规定处理。

要点评析：对案件基本事实负有举证责任的当事人在一审期间未申请鉴定，在二审中申请鉴定的，法院认为确有必要鉴定的，发回原审法院重审。

五、发包人未经验收擅自使用建设工程情形下工程质量责任的承担

根据《建筑法》《民法典》《建设工程质量管理条例》等规定，建设工程竣工验收合格后方可交付使用，未经验收或者验收不合格的，不得交付使用。若发包人未经验收而擅自使用建设工程的，工程质量责任的承担会发生怎样的具体变化？

最直接的依据就是2004年《建设工程司法解释一》第13条(已被2020年《建设工程司法解释》第14条吸收)。该条规定包括两层内容："(1)发包人擅自使用未经验收建设工程的，对其使用部分出现的质量问题，应自行承担责任。(2)对建设工程的地基基础工程和主体结构的质量问题，只要在合理使用寿命内，由承包人承担民事责任。"[1]换言之，在建设工程未经验收或者验收不合格的情况下，发包人擅自使用，违反了法律的禁止性规定，视为发包人认可建设工程质量合格，但地基基础工程和主体结构除外。事实上，建设工程未经验收，发包人擅自使用的，法律

---

〔1〕 最高人民法院民事审判第一庭编著：《最高人民法院建设工程施工合同司法解释的理解和适用》(第2版)，人民法院出版社2015年版，第106页。

上采取的是推定工程质量合格，当然推定的范围仅限于发包人使用的部分。随着发包人擅自使用，建设工程的质量责任（地基基础工程和主体结构质量除外）也随之转移至发包人，承包人相应的质量责任免除。

在司法实践中，在理解与适用上容易产生争议的是：第一，2020 年《建设工程司法解释》第 14 条中的“又以使用部分质量不符合约定为由主张权利的，人民法院不予支持”，是指发包人哪些权利不予支持？第二，在此种情形下，免除了承包人哪些工程质量责任，承包人还应承担怎样的质量责任？

前已述及，承包人向发包人承担的工程质量责任分为两种：一是施工过程中工程质量不符合约定的，承包人承担修理、返工或改建的责任，以及建设工程经验收不合格后的质量修复责任，统称返修责任。二是对经竣工验收合格后的建设工程在保修期限和保修范围内出现的质量问题承担保修责任。发包人未经验收擅自使用的，视为建设工程已经验收合格。此时，承包人不再承担的工程质量责任是施工过程中工程质量不符合约定时的修理、返工或改建的责任，以及建设工程经验收不合格后的质量修复责任。此部分工程质量责任已转移至发包人，发包人再要求承包人承担的，不予支持。但并不免除承包人在保修期限和保修范围内对建设工程应承担的保修责任，并对造成的损失承担赔偿责任。

最后，延伸思考一个问题：承包人同意发包人提前使用，是否属于 2020 年《建设工程司法解释》第 14 条规定的情形？除建设工程验收合格后交付发包人外，无论发包人未经验收擅自使用，还是承包人将未经验收或验收不合格的工程交付发包人使用，都推定为工程质量合格。后发包人以工程质量不符合约定为由主张权利的，不予支持，但地基基础工程和主体结构除外。

典型案例裁判观点及评析

最高人民法院（2016）最高法民申 520 号案件裁判观点：案涉工程未经竣工验收，发包人即开始使用，并且发包人在诉讼中提出一系列质量问题均不属于“地基基础工程和主体结构质量”方面的问题，故一审、二审法院对发包人要求进行质量鉴定的申请不予准许并无不当。

要点评析：建设工程未经验收，发包人擅自使用后，又以工程质量不符合约定为由主张权利的，不予支持，但地基基础工程和主体结构除外。

最高人民法院（2019）最高法民再 166 号案件裁判观点：根据《建设工程质量管

理条例》第32条规定“施工单位对施工中出现质量问题的建设工程或者竣工验收不合格的建设工程，应当负责返修”，第40条第3款规定“建设工程的保修期，自竣工验收合格之日起计算”，第41条规定“建设工程在保修范围和保修期限内发生质量问题的，施工单位应当履行保修义务，并对造成的损失承担赔偿责任”。施工方对建设工程应承担的质量责任，包括对工程施工中出现的质量问题及经验收不合格工程应承担的质量返修责任，以及对经验收合格的工程在使用过程中出现的质量问题应承担的保修责任。发包人未经竣工验收擅自使用，只是推定工程质量合格，并不能免除承包人对案涉工程质量保修义务。

要点评析：建设工程未经验收，发包人擅自使用的，只是推定工程质量合格，但不免除承包人在保修期限和保修范围内的保修责任。

最高人民法院(2018)最高法民终1115号案件裁判观点：根据《建设工程司法解释一》第13条之规定，承包人于2017年11月将案涉工程交付发包人使用，交付使用后的工程质量风险责任(除地基基础工程和主体结构质量外)已转移至发包人，现发包人又以使用部分质量不符合约定为由主张权利，一审判决不予支持，于法有据。

要点评析：建设工程交付发包人后，除地基基础工程和主体结构外，工程质量责任已转移至发包人，但保修期限和保修范围内的保修责任仍由承包人承担。

六、发包人未经验收擅自使用建设工程情形下工程质量保修期的起算时间

现行法律、法规对此问题暂无明确规定，再加上实务中对2020年《建设工程司法解释》第14条“又以使用部分质量不符合约定为由主张权利的，不予支持”的曲解，以及《建设工程质量管理条例》第40条第3款规定的“建设工程的保修期，自竣工验收合格之日起计算”，致使司法实践中有观点认为，发包人擅自使用的，承包人不承担质量责任，不存在保修期的问题。这种观点是错误的。至于建设工程未经验收发包人擅自使用后承包人工程质量责任免除的范围，前已论述，不再赘述。建设工程竣工验收合格后，进入保修期。建设工程未经验收而发包人擅自使用的，视为工程质量合格，同样自视为合格之日进入保修期。此问题并不难理解，但因法律未有明确规定，司法实践中对此问题的理解与适用仍存在分歧。

经笔者检索，广东省深圳市中级人民法院《关于建设工程合同若干问题的指导意见》(2010年)第16条规定：“建设工程完工后未经竣工验收，工程已由发包人实

际控制的,发包人即不组织竣工验收,又未提出质量问题的,视为工程已经竣工验收合格,工程完工之日视为工程竣工验收。”最高人民法院在(2017)最高法民终876号案件中将发包人擅自使用的时间视为竣工验收合格之日。

事实上,2020年《建设工程司法解释》第9条第3项所规定的“建设工程未经竣工验收,发包人擅自使用的,以转移占有建设工程之日为竣工日期”,可以作为推定保修期起算点的法律依据。虽然该条规定解决的是关于实际竣工日期的争议,但竣工日期确定了,再结合该解释第14条和《建设工程质量管理条例》第40条第3款之规定,自“发包人实际占有使用之日或转移占有建设工程之日”起计算保修期,完全符合上述立法本意。

典型案例裁判观点及评析

最高人民法院(2017)最高法民终876号案件裁判观点:根据《建设工程司法解释一》第14条第3项“建设工程未经竣工验收,发包人擅自使用的,以转移占有建设工程之日为竣工日期”之规定,建设工程虽未竣工验收,但于2013年4月已经开始使用、试运行,应视为竣工验收合格。

最高人民法院(2018)最高法民终231号案件裁判观点:根据《建设工程司法解释一》第14条第3规定的“建设工程未经竣工验收,发包人擅自使用的,以转移占有建设工程之日为竣工日期”,在本案中,结合涉案工程没有竣工验收,发包人于2015年12月1日为购房者办理了入住手续交付房屋的事实,依据上述司法解释规定,应认定2015年12月1日为涉案工程竣工日期。

要点评析:建设工程未经竣工验收,发包人擅自使用的,以转移占有建设工程之日为竣工日期。

七、发包人主张工程质量问题是否必须提出反诉

承包人起诉发包人要求支付工程价款时,发包人往往以建设工程存在质量问题为由进行抗辩。在绝大多数情况下,工程质量问题是客观存在的,但发包人很少主动起诉承包人要求承担工程质量责任,往往会在承包人索要工程价款或起诉时提及质量问题。所以,发包人通过抗辩的方式主张工程质量问题还是必须要提起反诉,是司法实践中一个常见的话题。在此话题的讨论中,有两个问题值得思考:一是如何辨别抗辩和反诉范畴?二是被告以建设工程存在质量问题为由进行抗辩而未提起反诉,法院直接以被告应当提起反诉而未提起反诉为由驳回其主张,是否

妥当?

经检索各地法院的指导意见,笔者发现河北省、江苏省和福建省三个高级人民法院的指导意见比较有特点。

河北省高级人民法院《建设工程施工合同案件审理指南》(2018 年)第 38 条规定:“承包人提起的建设工程施工合同纠纷中,发包人以工程质量不符合合同约定或规定、工期延误等为由,要求承包人支付违约金或者赔偿修理、返工或者改建的合理费用等损失的,告知发包人应提起反诉,与本诉一并审理。承包人提起建设工程施工合同纠纷后,发包人在其他法院另行起诉承包人主张上述权利的,人民法院应告知发包人在前诉中提起反诉。发包人坚持立案的,后立案的法院应主动将案件移送到先立案的法院合并审理。”

江苏省高级人民法院《建设工程施工合同案件审理指南》(2010 年)第 8 条第 1 项规定:“发包人工程质量问题的主张,有的属于反诉,有的属于抗辩。发包单位(发包人)以工程质量问题为由要求施工单位(承包人)支付违约金或赔偿金的,应当提起反诉。发包人以质量不符约定为由仅请求拒付或减付工程款的,或者合同中明确约定可以直接将工程质量违约金或赔偿金从应付工程款中扣减的,属于抗辩,无需反诉。建设工程案件中,发包人以工程质量问题为由请求拒付、减付工程款,以及请求承包人支付违约金或赔偿损失,是否必须另行反诉,一直存在争议。对此,应当根据发包人主张的内容,区分情况对待:(1)发包方以工程质量存在问题为由要求承包人支付违约金或赔偿金的,其诉求不仅明确而且具体,具备民事诉讼法‘诉’的全部条件,属于独立的诉。发包人不提出反诉的,原则上不在本诉中审查。(2)发包人以质量不符约定为由请求拒付或减付工程款,但没有提出承包人因质量不符合约定应当承担的违约金或赔偿金的,其请求不具备民事诉讼法‘诉’的全部条件,只是对承包人请求的一种对抗理由,根据《民事诉讼法》第 108 条[1]的规定,这种情形下的诉求视为抗辩权的行使,发包人无须提起反诉,对发包人这一抗辩意见应当审查。发包人抗辩成立的,应当直接支持其意见。(3)如双方在合同中明确约定可以直接将工程质量违约金或赔偿金从应付工程款中扣减的,发包人提出扣减请求的,因双方已有了明确的约定,故该请求可以应视为抗辩,发包人也无须提起反诉。”

福建省高级人民法院《关于审理建设工程施工合同纠纷案件疑难问题的解答》

---

〔1〕 此为 2007 年修正的《民事诉讼法》第 108 条,2017 年修正后的《民事诉讼法》调整至第 119 条。

(2007年)第10条规定:"发包人可以通过抗辩的方式请求在工程价款中扣减修理、返工或者改建的合理费用,也可以通过提起反诉的方式请求承包人支付修理、返工或者改建的合理费用。但发包人只能通过提起反诉的方式要求承包人赔偿因工程质量不符合约定而造成的财产或人身损害损失。"

河北省的指导意见特点如下:其一,不辨别抗辩和反诉的适用情形,一律建议提起反诉;其二,深知本诉和反诉合并审理的效果优势,注重合并审理,甚至强行合并审理。

江苏省的指导意见特点如下:其一,明确抗辩和反诉的范畴,除必须提起反诉的外,倾向于能抗辩的则抗辩;其二,注重当事人的约定。

福建省的指导意见特点如下:其一,抗辩和反诉的界限,并非绝对泾渭分明。抗辩范畴中包括金钱数额部分的主张,也可以提起反诉的方式主张。换言之,被告可以选择抗辩,也可以选择提起反诉。其二,属于反诉范畴的,一般不适合以抗辩的方式主张。

笔者综合各地法院的指导意见及裁判观点,并结合司法实践中的经验,将自己的观点总结如下:

第一,被告主张通过扣减修理、返工或者改建的费用等方式而减少支付工程价款的,属于抗辩的范畴,无须提起反诉。其理由主要有三点。

首先,发包人(被告)的请求不是一个独立的诉。在施工合同中,承包人的义务是依照法律规定或合同约定向发包人交付合格工程,发包人的义务是依照合同约定支付工程价款。在承包人请求支付欠付工程价款时,发包人以建设工程质量不符合约定为由请求减少支付工程价款,是基于承包人未全面履行施工合同义务交付合格工程,进而导致发包人提出拒绝履行支付全部约定工程价款义务的请求。该请求仅仅是发包人不同意按合同约定的工程价款数额进行全额支付,而未产生新的诉讼法律关系,承包人并没有新的"诉"求。因此,此种情况下,并未形成一个新的、独立的诉。

其次,发包人要求减少支付工程价款的请求没有抵消或者吞并承包人要求支付工程价款的诉讼请求。而反诉的目的是抵消或者吞并原告的诉讼请求。在建设工程施工合同纠纷中,发包人提出拒绝履行支付全部工程价款义务的请求,是在不否认尚欠承包人工程价款的前提下,因建设工程存在质量问题而请求在欠付工程价款数额中扣除修复费用等损失后,再支付剩余工程价款。该请求并未抵消或者吞并承包人请求支付工程价款的诉讼请求,不构成反诉。

最后,事实上,《民法典》第 582 条所规定的“可以合理选择请求对方承担修理、重作、更换、退货、减少价款或者报酬等违约责任”,就是以抗辩的方式请求减少支付工程价款的依据。2020 年《建设工程司法解释》第 12 条的内容与上述规定相一致。

第二,发包人要求承包人赔偿因工程质量不符合合同约定而造成的其他财产或者人身损害的,必须提起反诉。理由如下。

一方面,发包人此项请求完全符合“诉”的要素,而且发包人要求承包人履行的是“给付”义务,是新的、独立的“诉”求。

另一方面,发包人此项请求与承包人要求支付工程价款的请求是独立的,即使承包人的诉讼请求不能成立,或者承包人撤回起诉,也不影响发包人此项请求的存在与成立。

第三,必须提起反诉的请求,尽量合并审理。如果被告以抗辩的方式主张权利,法官认为应当提起反诉的,应以释明的方式告知被告若主张此项权利须提起反诉,并记载于庭审笔录。如被告未提起反诉,法院在未释明或告知的情况下径行判决,以被告应当提起反诉而未提起反诉为由对其抗辩理由不予采纳或建议被告另行主张,是欠妥的。建设工程施工合同纠纷多为疑难复杂案件,一个复杂的纠纷强行拆分成两个诉且未合并审理,不但会造成诉累,而且极其不利于纠纷的有效解决。这也是河北省高级人民法院强制要求合并审理的重要原因之一。河北法院的做法虽有些极端,但值得很多法院注重本诉与反诉合并审理的学习榜样。

第四,尊重当事人的约定。如果当事人在施工合同中明确约定了工程质量问题的处理方式,遵从当事人约定。即使是必须提起反诉的请求,如果当事人在合同中约定应赔偿损失的数额可以从应付工程价款中抵扣,可以在诉讼中以抗辩的方式主张。江苏省法院注重当事人约定的指导意见,可以给予我们相应的启发。

第五,无论抗辩还是反诉,当事人的请求需要通过鉴定才能确定数额时,而当事人又未申请鉴定的,法院应通过释明的方式引导当事人提起鉴定申请。

典型案例裁判观点及评析

最高人民法院(2019)最高法民申 5725 号案件裁判观点:发包人提出案涉工程存在质量问题的抗辩,并且提交了案涉工程存在质量问题需要修复和重建的鉴定报告。二审判决并未对案涉工程是否存在质量问题以及质量瑕疵程度进行审理而径行要求发包人另诉,有失妥当。本案应当查明案涉工程是否存在问题以及案涉工程质量问题对工程款付款数额的影响。

要点评析:当事人根据2004年《建设工程司法解释一》第11条(已被2020年《建设工程司法解释》第12条吸收)之规定,以建设工程质量不符合约定为由请求减少支付工程价款的,法院应一并处理并应予支持。

八、建设工程验收不合格情形下发包人是否可以拒付工程价款

如前文所述,建设工程经验收不合格,承包人有修复的义务。如果承包人拒绝履行修复义务,或修复后的建设工程经竣工验收仍不合格,发包人是否可以拒付工程价款?

关于建设工程经竣工验收不合格,最高人民法院民一庭是这样解读的:"主要是建设工程质量不符合国家规定或者行业规定的标准,一般包括两种情况,一种是建设工程质量虽然不合格,但经过修复,可以使缺陷得到弥补,符合国家或者行业强制性质量标准。这种情况下,发包人仍然可以接受建设工程,并在修复后继续利用建设工程。另一种情况是,建设工程的质量缺陷无法通过修复予以弥补,建设工程丧失利用价值。对于没有利用价值的建设工程,只能炸掉重新进行建设,承包人没有请求支付工程价款的权利。"[1]

从上述解读来看,2004年《建设工程司法解释一》第3条第1款第2项"修复后的建设工程经竣工验收不合格,承包人请求支付工程价款的,不予支持"的表述不够严谨,容易让人理解为:建设工程最终验收不合格的,发包人不支付工程价款。事实上,并非如此。基于建设工程施工合同的特殊性,承包人施工的过程就是将劳动成果物化为建设工程的过程,无论建设工程施工合同是否有效,建设工程是否竣工,建设工程是否验收合格,一般来讲,建设工程都要归发包人所有,因此,承包人应取得相应的对价或补偿。鉴于法律、行政法规强制将建设工程竣工经验收合格后作为交付使用的前提条件,建设工程经验收不合格的,需要对其进行修复以期达到符合验收合格的条件。建设工程质量问题的处理既要遵循安全原则,也要遵循经济原则,当然,安全原则必须优先于经济原则。换言之,既要保证建设工程质量合格,也要力争以最小的成本解决问题。如果建设工程的质量缺陷可以通过修复

[1] 最高人民法院民事审判第一庭编著:《最高人民法院建设工程施工合同司法解释的理解和适用》(第2版),人民法院出版社2015年版,第35页。

来弥补,无论承包人是否同意继续修复,发包人都不得以建设工程经竣工验收不合格为由拒付工程价款,但实际支出的修复费用或通过鉴定方式确定的修复费用应由承包人承担。如果建设工程已无修复价值,包括无法通过修复的方式弥补质量缺陷和因修复费用过高而无修复的必要,发包人可以拒付工程价款。当然,有无修复的价值或修复成本如何,需要由专业的鉴定机构出具鉴定意见供参考。《民法典》第793条在吸收2004年《建设工程司法解释一》第3条第1款第2项时修改为:"修复后的建设工程经验收不合格的,承包人无权请求参照合同关于工程价款的约定补偿",表述上略有进步,但仍存在上述问题。

典型案例裁判观点及评析

浙江省高级人民法院(2013)浙民申字第1140号案件裁判观点:经鉴定机构鉴定,涉案工程存在质量问题。鉴定机构为此出具修复方案,并确定修复费用。因承包人拒绝修复,原审判决由承包人承担修复费用,符合法律规定。发包人在没有提供证据证明涉案工程通过修复无法达到合格标准的情况下拒付全部工程款,依据不足。

最高人民法院(2015)民提字第193号案件裁判观点:承包人已完工程虽然存在一定质量问题,但经鉴定系可以修复使用的,发包人在工程未经修复且未竣工验收情况下,拒绝支付剩余工程款的主张不能成立,但其可以请求承包人承担相应的修复费用。

要点评析:建设工程存在质量问题需要修复的,如果承包人拒绝修复,发包人并不当然可以拒付工程价款,扣减相应的修复费用后仍应向承包人支付,但通过修复仍无法达到合格标准的除外。

九、发包人拒绝不具备施工资质等级要求的承包人履行修复义务该如何处理

建设工程经竣工验收不合格或建设工程在保修期限内出现质量问题时,发包人拒绝承包人修复,而是另行委托第三方进行修复或者主张通过鉴定的方式确定修复费用,并要求承包人承担修复费用。发包人给出拒绝承包人修复的理由是承包人没有修复工程的施工资质。这也是实务中常见的问题之一。在正常情况下,发包人拒绝承包人修复,而又要求承包人承担修复费用的,不予支持。但鉴于承包人没有施工资质,不能强行要求发包人必须接受由承包人进行修复。在此种情况下,发包人拒绝承包人修复,但要求其承担合理修复费用的,应予支持。

当然,发包人此种做法也是一把“双刃剑”。因承包人原因造成的工程质量问题,发包人在选任不具备施工资质的承包人问题上负有选任责任。根据《民法典》第1193条和《民法典》第793条之规定,发包人也应承担相应的责任。因此,法院在处理此问题时,适当给发包人划分相应的过错责任,也是于法有据的。

典型案例裁判观点及评析

最高人民法院(2019)最高法民申6842号案件裁判观点:承包人收到发包人要求其保修的函件后,既未向发包人提供加固工程的相关证明材料与工作安排,也未委托他人履行保修义务,而是回复保修责任由其承担,只有在承包人不履行保修义务时发包人才可以委托第三方进行,如果发包人擅自将该工作委托第三方实施,承包人将不承担任何费用。但由于承包人也认为其不具备相关施工资质。二审判决认定发包人通过招投标将加固工程委托给有相应资质的第三方进行施工具有合理性和正当性,并无不当。

要点评析:建设工程在保修期限和保修范围内需要修复,发包人未经通知承包人而自行委托第三方进行修复的,承包人可以拒绝承担修复费用,但承包人不具备相应施工资质的除外。

十、发包人向购房者承担质量责任后的追偿权

因房屋质量问题引发的争议一直较多,也是很多购房者担心和头疼的问题。早在2002年,原国家工商行政管理总局发布的《2002年消费者权益保护工作情况通报》中就指出:“由于商品房纠纷争议金额大,情况较复杂,致使商品房纠纷调解难度较大,消费者反映极为强烈。违法行为突出表现为:一是房屋质量问题。房屋地基下沉、墙体裂缝、渗水、管道渗漏、施工材质差、偷工减料等……”

全国人民代表大会财政经济委员会《关于第十一届全国人民代表大会第三次会议主席团交付审议的代表提出的议案审议结果的报告》(2010年10月13日发布)中程惠芳等30名代表(第295号议案)提出,“为保护公民房屋质量和房屋财产安全,建议制定房屋质量法,明确制定房屋质量国家标准,建立房屋质量风险基金,明确对开发商和建筑承包商刑事责任的追究制度,对住房与建设管理部门进行行政问责等。住房和城乡建设部认为,房屋是我国公民最重要的财产,住房质量问题是重要的民生问题,目前规范房屋质量的法律法规主要是消费者权益保护法和《建设工程质量管理条例》,今后需要进一步完善城市房地产管理法、

工程建设的国家标准和行业标准等相关法律法规或法律文件。财经委员会同意住房和城乡建设部的意见，建议通过完善有关法规规章和标准，解决议案所提问题"。

住房和城乡建设部和原国家工商行政管理总局联合制定的《商品房买卖合同》（预售，示范文本，GF－2014－0171）第七章"商品房质量及保修责任"部分中，第16条是关于房屋质量问题及解决方案的约定，第17条是关于出卖人（发包人）在保修期限和保修范围内的保修责任的约定。

《商品房买卖合同司法解释》（2020年12月23日修正）第9条规定："因房屋主体结构质量不合格不能交付使用，或者房屋交付使用后，房屋主体结构质量经核验确属不合格，买受人请求解除合同和赔偿损失的，应予支持。"第10条规定："因房屋质量问题严重影响正常居住使用，买受人请求解除合同和赔偿损失的，应予支持。交付使用的房屋存在质量问题，在保修期内，出卖人应当承担修复责任；出卖人拒绝修复或者在合理期限内拖延修复的，买受人可以自行或者委托他人修复。修复费用及修复期间造成的其他损失由出卖人承担。"

根据上述司法解释的规定及《商品房买卖合同》（示范文本）的约定，房屋质量问题分以下四种情况处理：一是房屋出现一般质量问题，由出卖人（发包人）进行修复，并对造成的损失承担赔偿责任；二是房屋主体结构不合格，购房者可以请求解除合同并赔偿损失；三是房屋出现质量问题严重影响正常居住使用的，购房者可以请求解除合同并赔偿损失；四是房屋在保修期限和保修范围内出现质量问题，出卖人（发包人）承担保修责任。

发包人依法依约向购房者承担质量责任后，包括解除合同、赔偿损失和承担修复费用等，发包人可以依法依约向承包人追偿。当然，发包人对工程质量问题存在过错的，应承担相应的过错责任。

典型案例裁判观点及评析

最高人民法院（2019）最高法民申5822号案件裁判观点：虽然发包人已将案涉工程的房屋交付给回迁户或房屋买受人，并办理进户手续，但发包人作为案涉工程项目开发商，根据2003年《商品房买卖合同司法解释》第13条第2款关于"交付使用的房屋存在质量问题，在保修期内，出卖人应当承担修复责任"的规定，发包人对案涉房屋向买受人负有保修义务。同时，作为发包人，有权依据建设工程施工合同，向承包人主张工程质量不合格的违约责任。

要点评析：房屋(建设工程)交付购房者后出现保修期限和保修范围内的质量问题,发包人可以要求承包人进行修复,或者发包人向购房者承担保修责任后有权向承包人追偿。

第八章

建设工程价款优先受偿权问题研究

1999 年 10 月 1 日起施行的《合同法》第 286 条创设了建设工程价款优先受偿权制度，后被《民法典》第 807 条吸收。但该规定过于原则化，缺乏可操作性。最高人民法院于 2002 年 6 月给上海市高级人民法院的答复即《关于建设工程价款优先受偿权问题的批复》(法释〔2002〕16 号)，在认定建筑工程承包人的优先受偿权优于抵押权和其他债权的同时，一并明确了优先受偿权行使的期限、起算时间和建筑工程价款的范围。此后，该批复成为处理建设工程价款优先受偿权问题最具可操作性的规定。凡涉及建设工程价款优先受偿权问题，必引用《合同法》第 286 条和该批复。随着建筑领域各种疑难问题逐渐凸显，该批复已不能满足司法实践的需要。因 2005 年 1 月 1 日起施行的《建设工程司法解释一》未提及建设工程价款优先受偿权问题，迫于司法实践的需要，最高人民法院在广泛征求意见的基础上，于 2018 年 10 月 29 颁布的《建设工程司法解释二》用了 7 个条文解决建设工程价款优先受偿权相关问题，而 2021 年 1 月 1 日起施行的《建设工程司法解释一》又增加了一个条文，且内容上有较大变动。由此可见，此前司法实践中诸多有关建设工程价款优先受偿权的问题有待解决。

一、建设工程价款优先受偿权的性质

建设工程价款优先受偿权的性质问题，司法实践中关注的较少。但此问题并非纯理论问题，与司法实践中有关建设工程价款优先受偿权的诸多问题均密切相关。探讨并弄清楚建设工程价款优先受偿权的性质问题，有利于解决诸如实际施工人和工程价款债权受让人是否应享有优先受偿权、优先受偿权是否可以放弃等问题。在探讨性质问题前，先谈谈建设工程价款优先受偿权制度设立的初衷。

有观点认为，法律设立建设工程价款优先受偿权制度的初衷是保护建筑工人的合法权益，但基于合同相对性原则，此项保护并不能直接指向建筑工人的工资权益，而是以保护承包人的建设工程价款债权为媒介，间接保护建筑工人的合法权益。此观点值得商榷。

首先，建设工程价款优先受偿权规定在1999年10月1日开始实施的《合同法》第286条，当时尚未出现大量拖欠建筑工人工资的现象，该条款并非为解决拖欠建筑工人工资问题而设立。虽然该规定后来曾起到保障建筑工人生存权利的作用，客观上确实有利于解决后来出现的拖欠建筑工人工资等问题，但这只是该规定衍生出的一种功能而已，并非其设立的初衷。最高人民法院民一庭在对2018年《建设工程司法解释二》第17条解读时正式明确："建设工程价款优先受偿权制度是为了解决长期以来我国建筑市场上存在的拖欠建设工程价款问题而提出的法律对策。"〔1〕

其次，根据合同相对性原理，该制度的目的是在发包人拖欠承包人工程价款时保障承包人的救济权利，即对实现建设工程价款债权的保障。而发包人是否拖欠承包人工程价款与承包人拖欠工人工资并无必然联系。如果将建设工程价款优先受偿权的立法初衷与保护建筑工人工资权益强行捆绑在一起，可能反而不利于保障工程价款债权的实现。比如，按此逻辑，建筑工人工资已支付完毕的情况下，承包人就不应再享有建设工程价款优先受偿权。这显然与该制度设立的初衷相违背。

最后，该制度是基于承包人将劳动及建筑材料物化到建筑工程这一不动产中且该不动产最终交付给发包人占有、使用等特殊性，而赋予承包人对发包人所享有的建设工程价款债权在清偿顺序中居于优先的权利。

也有观点认为，《合同法》第286条旨在"确实解决拖欠建设工程款的问题，保障承包人价款债权的实现"。〔2〕

笔者认为，第二种观点才符合建设工程价款优先受偿权制度设立的初衷。此制度为保障施工方工程价款债权的实现而生，赋予工程价款债权人一种担保性质的权利。

关于建设工程价款优先受偿权的性质，主要有三种观点：〔3〕留置权；法定抵押权；优先权。笔者赞同优先权的观点，更准确地说，建设工程价款优先受偿权是一

〔1〕最高人民法院民事审判第一庭编著：《最高人民法院建设工程施工合同司法解释(二)理解与适用》，人民法院出版社2019年版，第356页。

〔2〕胡康生主编：《合同法释义》，法律出版社2012年版，第479页。

〔3〕梁慧星：《〈合同法〉第286条的权利性质及其适用》，载《人民法院报》2000年12月1日。

种法定优先权。其理由如下。

基于建设工程施工合同的特殊性、建筑工程本身的不动产属性及建筑工程交付使用后才能正常发挥其使用价值及经济效用等因素，法律设立建设工程价款优先受偿权制度的目的是赋予承包人对发包人所享有的建设工程价款债权的一种优先受偿的权利，使承包人获得了对抗发包人、发包人的债权人及建设工程抵押权人的权利，具体体现为一定程度上绝对优先受偿的权利。建设工程价款优先受偿权的优先性突破了债权的对人权，取得了一定的对世权，权利具有一定的绝对性。这源于建设工程优先受偿权具有一定的强制性和法定性。因此，相较担保的几种法定类型而言，建设工程价款优先受偿权定性为法定优先权较为合适。

最高人民法院《关于建设工程价款优先受偿权问题的批复》(2002 年)第 4 条使用的就是“优先权”。浙江省高级人民法院《执行中处理建设工程价款优先受偿权有关问题的解答》(2012 年)使用“优先权”达 8 处之多。最高人民法院对《民法典》第 807 条解读时也认为建设工程价款优先受偿权的性质应为法定优先权。[1]

典型案例裁判观点及评析

最高人民法院(2019)最高法民申 5070 号案件裁判观点：根据《合同法》第 286 条之规定，建设工程价款优先受偿权是一种法定优先权，自其符合相应法定条件时设立。

要点评析：建设工程价款优先受偿权的性质是法定优先权。

广东省高级人民法院(2020)粤执监 18 号案件裁判观点：《建设工程司法解释二》第 22 条对承包人行使建设工程价款优先受偿权的期限已有明确规定。且建设工程价款优先受偿权与工程款请求权，属两种不同的权利，二者权利行使的期限不同。承包方工程款请求权适用 2 年诉讼时效期间，而建设工程价款优先受偿权的行使期限为 6 个月，承包方在 6 个月期限内若未向发包方催告，要求行使建设工程价款优先受偿权，则该权利即归于消灭。

要点评析：建设工程价款优先受偿权行使期限的性质是除斥期间。

---

〔1〕 参见最高人民法院民法典贯彻实施工作领导小组主编：《中华人民共和国民法典合同编理解与适用(三)》，人民法院出版社 2020 年版，第 2035～2036 页。

二、建设工程施工合同无效情形下的承包人是否享有建设工程价款优先受偿权

《民法典》第807条较笼统地规定承包人享有建设工程价款优先受偿权,确定了享有优先受偿权的主体。司法实践中,关于无效合同中的承包人是否享有建设工程优先受偿权,存在争议。

广东省高级人民法院《关于在审判工作中如何适用〈合同法〉第286条的指导意见》(2004年)第7条规定:“在建设工程承包合同无效的情形下,承包人主张建设工程价款优先受偿权的,人民法院不予支持。”

广东省深圳市中级人民法院《关于建设工程合同若干问题的指导意见》(2010年)第30条规定:“建设工程合同无效,承包人主张建设工程价款优先受偿权的,不予支持。”

广东省高级人民法院《关于审理建设工程合同纠纷案件疑难问题的解答》(2017年)第13条规定:“建设工程施工合同无效,但工程质量合格的,发包人仅以施工合同无效为由主张承包人无权主张工程价款优先受偿权的,不予支持。”

江苏省高级人民法院《建设工程施工合同案件审理指南》(2010年)第5条第9项规定:“主合同即施工合同无效的情况下,而支持承包人或实际施工人主张建设工程价款优先受偿权,有违法律精神。故,建设工程合同无效,承包人或实际施工人主张建设工程价款优先受偿权的,人民法院不应支持。”

江苏省高级人民法院《关于审理建设工程施工合同纠纷案件若干问题的解答》(2018年)第15条规定:“建设工程价款优先受偿权不受建设工程施工合同效力的影响。建设工程施工合同无效,承包人仍然享有建设工程价款优先受偿权。”

浙江省高级人民法院《关于审理建设工程施工合同纠纷案件若干疑难问题的解答》(2012年)第22条规定:“建设工程施工合同无效,但工程经竣工验收合格,承包人可以主张工程价款优先受偿权……”

安徽省高级人民法院《关于审理建设工程施工合同纠纷案件适用法律问题的指导意见》(2009年)第17条规定:“建设工程施工合同无效,但工程经竣工验收合格的,承包人主张工程价款优先受偿权,可予支持。”

河北省高级人民法院《建设工程施工合同案件审理指南》(2018年)第33条规定:“建设工程施工合同无效、但建设工程质量合格,承包人主张建设工程价款就该工程折价或拍卖的价款优先受偿的,人民法院应予以支持……”

建设工程施工合同无效,承包人是否享有工程价款优先受偿权,2018 年《建设工程司法解释二》并未明确,2020 年《建设工程司法解释》亦未明确。从各地法院的指导意见来看,尽管之前部分法院认为合同无效情形下的承包人不应享有工程价款优先受偿权,但近几年逐渐统一认识,几乎都认为承包人是否享有建设工程价款优先受偿权与合同效力无关,与工程质量是否合格和发包人是否欠付工程价款有关。最高人民法院近几年的判例也持此观点。最高人民法院在对《民法典》第 807 条进行解读时认为:2018 年《建设工程司法解释二》第 19 条的本意是,承包人享有建设工程价款优先受偿权必须以建设工程质量合格为前提,无须以建设工程施工合同有效为前提。[1] 2020 年《建设工程司法解释》第 38 条全盘吸收了 2018 年《建设工程司法解释二》第 19 条的内容。其实道理很简单,正如建设工程施工合同无效,但建设工程质量合格的,发包人仍应向承包人支付工程价款一样。只要发包人应向承包人支付工程价款,承包人就享有建设工程价款优先受偿权。因为建设工程价款优先受偿权是承包人享有的工程价款债权在清偿顺位上的法定优先权。

典型案例裁判观点及评析

最高人民法院(2020)最高法民终 347 号案件裁判观点:承包人与发包人签订《协议书》承包案涉工程,虽该协议书无效,但建筑材料、工人劳务等已经物化到工程上。根据《合同法》第 286 条"发包人未按照约定支付价款的,承包人可以催告发包人在合理期限内支付价款。发包人逾期不支付的,除按照建设工程的性质不宜折价、拍卖的以外,承包人可以与发包人协议将该工程折价,也可以申请人民法院将该工程依法拍卖。建设工程的价款就该工程折价或者拍卖的价款优先受偿"的规定,承包人有权请求对本案工程款以涉案工程折价或拍卖价款享有优先受偿权。

最高人民法院(2016)最高法民终 297 号案件裁判观点:关于建设工程施工合同无效,施工人是否享有工程价款优先受偿权的问题,工程价款优先受偿权是《合同法》第 286 条赋予建设工程施工方的一项法定优先权,目的是保障施工方能够及时取得工程款。建设工程施工合同被认定无效,并非排除适用该法第 286 条的条件。只要工程款数额确定且不违反法律规定,施工方的优先权即受法律保护。

要点评析:建设工程价款优先受偿权系法定优先权,目的在于保障施工方工程

---

〔1〕 最高人民法院民法典贯彻实施工作领导小组主编:《中华人民共和国民法典合同编理解与适用(三)》,人民法院出版社 2020 年版,第 2039 ~ 2040 页。

价款债权的实现，与建设工程施工合同是否有效无关。

三、实际施工人是否享有建设工程价款优先受偿权

实际施工人虽然也是无效合同中的承包人（转承包人、违法分承包人、借用施工资质的挂靠人），但与前述无效合同中的承包人不同，因为前述承包人与发包人有直接合同关系，而实际施工人与发包人并无直接合同关系。2018年《建设工程司法解释二》第17条和2020年《建设工程司法解释》第35条均将享有优先受偿权的主体限定为"与发包人订立建设工程施工合同的承包人"，即与发包人享有直接合同关系的承包人才可享有优先受偿权。对此，最高人民法院民一庭认为有两种特殊情况："一是如果是工程的发包人、总包人、分包人三方共同签订合同，那么总包人、分包人连带享有优先权。二是发包人指定分包人的，则在指定分包人与发包人之间形成了事实合同关系。指定分包人享有工程价款优先受偿权。"[1]事实上，《民法典》第807条也未规定建设工程价款优先受偿权可以适用于与发包人没有直接合同关系的承包人，只是上述司法解释更加明确地将与发包人没有直接合同关系的承包人排除在外。

最高人民法院民一庭对2018年《建设工程司法解释二》第17条解读时，认为实际施工人不享有建设工程价款优先受偿权的主要理由如下：一是2004年《建设工程司法解释一》第26条规定实际施工人有条件地向发包人主张工程价款，但实际施工人不宜直接向发包人主张工程价款优先受偿权，毕竟司法解释赋予实际施工人有条件地向发包人主张工程价款的权利与优先权并无必然联系。二是即使勉强给予实际施工人优先权，也难行使。实际施工人施工的范围有限，所得工程价款同样有限，不足以取得与发包人协商变卖或者申请人民法院拍卖建设工程的地位，且要求发包人折价或拍卖，对发包人不公平。三是挂靠或者借用资质的施工人虽然可能承包全部工程，但与发包人并无直接合同关系。如果允许实际施工人主张工程价款优先受偿权，实属变相鼓励挂靠或借用资质行为。[2] 而且，最高人民法院民一庭还要求"地方各级人民法院有关实际施工人享有工程价款优先受偿权问题的意见，凡与本解释相悖的，应当立即停止"。[3]

---

〔1〕 最高人民法院民事审判第一庭编著：《最高人民法院建设工程施工合同司法解释（二）理解与适用》，人民法院出版社2019年版，第370页。

〔2〕 同上书，第370～371页。

〔3〕 同上书，第371页。

既然最高人民法院在实际施工人不应享有工程价款优先受偿权这一问题上态度如此坚决,此问题在权利实然状态下也只能暂且如此。但在应然状态下,仍可以探讨实际施工人是否可以享有此权利。笔者观点如下。

第一,实际施工人是目前的建筑领域普遍存在的一股强大的施工力量,其存在虽有一定的违法性,但真正将劳务和建筑材料物化为建设工程的就是实际施工人而非与发包人有直接合同关系的转包人、违法分包人或出借施工资质的被挂靠人。关于建设工程施工合同纠纷案件的两部司法解释为了给予实际施工人特殊的保护,均允许实际施工人有条件的向发包人主张权利。这种突破合同相对性原理的规定,客观地讲,已违背《立法法》,但也足见司法机关对实际施工人利益的保障程度。在工程质量合格的前提下,允许实际施工人享有工程价款债权,允许实际施工人有条件地向发包人直接主张权利,为何不能允许实际施工人享有工程价款优先受偿权?如此岂不是更能保障实际施工人工程价款债权的实现?并且,这与建设工程价款优先受偿权的性质和立法目的并无冲突。

第二,在地方高级人民法院的指导意见中,有支持实际施工人享有工程价款优先受偿权的。这些指导意见均是地方法院在长期的司法实践活动中总结而来,必定有其合理性。

比如,江苏省高级人民法院《关于审理建设工程施工合同纠纷案件若干问题的解答》(2018 年)第 16 条规定:“……实际施工人在总承包人或者转包人不主张或者怠于行使工程价款优先受偿权时,就其承建的工程在发包人欠付工程价款范围内可以主张优先受偿权。”

安徽省高级人民法院《关于审理建设工程施工合同纠纷案件适用法律问题的指导意见》(2009 年)第 18 条规定:“分包人或实际施工人完成了合同约定的施工义务且工程质量合格的,在总包人或非法转包人怠于主张工程价款优先受偿权时,就其承建的工程在发包人欠付的工程款范围内主张工程价款优先受偿权,可予支持。”

浙江省高级人民法院民一庭《关于审理建设工程施工合同纠纷案件若干疑难问题的解答》(2012 年)第 22 条规定:“……分包人或实际施工人完成了合同约定的施工义务且工程质量合格,在总承包人或转包人怠于行使工程价款优先受偿权时,就其承建的工程在发包人欠付工程价款范围内可以主张工程价款优先受偿权。”

最高人民法院也在个案中支持过实际施工人享有工程价款优先受偿权。(2017)最高法民申 4000 号案件中最高人民法院认为:“昶德公司将涉案工程项目分包给了杨某施工,双方构成事实上的劳务分包合同关系,杨某实际对涉案工程进行了施工,其主张相应的工程价款及优先权,并不违反《合同法》第286条的规定。”

第三,如前文所述,借用施工资质的实际施工人在特定条件下可以认定其与发包人存在事实上的建设工程施工合同关系。最高人民法院在个案中也支持借用施工资质情形下的实际施工人享有优先权。例如,其在(2019)最高法民申6085号案件中认为:“在发包人同意或者认可挂靠存在的情形下,挂靠人作为没有资质的实际施工人借用有资质的建筑施工企业(被挂靠人)的名义,与发包人订立了建设工程施工合同。挂靠人是实际承包人,被挂靠人是名义承包人,两者与发包人属于同一建设工程施工合同的双方当事人。因此,认定挂靠人享有优先受偿权,并不违反《合同法》第286条的规定。”既然借用施工资质的实际施工人在特定条件下可以享有优先权,就说明一般情况下的实际施工人享有优先权并无实质性障碍。

第四,最高人民法院民一庭认为实际施工人不应享有优先权的理由,值得商榷。比如,实际施工人有条件的向发包人主张工程价款的权利与优先权并无必然联系。工程价款优先受偿权对债权而言是一种具有担保性质的保障,该保障对于实际施工人享有的工程价款债权和承包人享有的工程价款债权而言,没有区别。怎么能说无必然联系呢?再如,实际施工人施工范围有限。事实上,除违法分包可能存在施工范围小的问题外,非法转包和借用施工资质情形下的实际施工人的施工范围更多的是整个工程项目。而且,只允许其从实际施工的建设工程的折价或拍卖价款中享有优先受偿权并未损害发包人的权利。

第五,既然当转包人、违法分包人和出借施工资质的被挂靠人怠于行使工程价款债权时,允许实际施工人行使代位权诉讼,那么,当上述人员怠于行使优先受偿权时,为何不能允许实际施工人享有优先受偿权?何况优先受偿权于除斥期间届满后就消灭了。

第六,最高人民法院民一庭对工程价款债权受让人是否享有优先受偿权,表面上看是模棱两可,从个案来看,是赞同受让人享有优先受偿权的。按常理,较工程价款债权受让人而言,实际施工人更应享有优先受偿权,毕竟实际施工人才是将劳务和建筑材料物化为建设工程的主体,并且是承担工程质量责任的主体。不能因为存在合同无效的情形,实际施工人作为特殊的承包人就丧失本应享有的权利,而承担的义务和责任并未减少。

第七,《民法典》第807条赋予承包人建设工程价款优先受偿权的性质为法定优先权,与《民法典》第783条赋予承揽合同中承揽人的留置权,是同根同源同目的的。两种权利在本质上无任何区别,只是基于建设工程施工合同的特殊性等原因,不便赋予施工人留置权,才以优先受偿权代之。如果在承揽合同关系中,实际的承揽人对完成的工作成果是可以行使留置权的,而建设工程施工合同作为特殊的承揽合同,实际施工人却不享有优先受偿权,有点不可思议。

综上,笔者认为,有条件地赋予实际施工人享有工程价款优先受偿权,是很有必要的。可以附两个条件:一是工程转包人、违法分包人或出借施工资质的被挂靠人怠于行使工程价款优先受偿权;二是实际施工人就其承建的工程在发包人欠付工程价款范围内可以主张优先受偿权。

典型案例裁判观点及评析

最高人民法院(2017)最高法民终662号案件裁判观点:《合同法》第286条和最高人民法院《关于建设工程价款优先受偿权问题的批复》第4条规定,均未规定实际施工人享有优先受偿权,且实际施工人进入建设工程领域属于违法行为,不应获得更多的等同于承包人应享有的权利,依法不应享有工程价款优先受偿权。同样,《合同法》第286条中有关承包人申请拍卖、折价的权利也不适用于实际施工人,只是实际施工人可在执行程序中申请人民法院执行,人民法院可以采取保全、拍卖、当事人协商折价等手段进行执行。

最高人民法院(2019)最高法民申2852号案件裁判观点:优先受偿权作为一种物权性权利,根据《物权法》第5条"物权的种类及内容,由法律规定"之物权法定原则,享有建设工程价款优先受偿权的主体必须由法律明确规定。而《合同法》第286条、最高人民法院《关于建设工程价款优先受偿权问题的批复》第1条均明确限定建设工程价款优先受偿权的主体是建设工程的承包人,而非实际施工人。这也与《建设工程司法解释二》第17条明确规定建设工程价款优先受偿权的主体为"与发包人订立建设工程施工合同的承包人"这一最新立法精神相契合。实际施工人并非法定的建设工程价款优先受偿权主体,不享有建设工程价款优先受偿权。

最高人民法院(2019)最高法民再258号案件裁判观点:实际施工人主张依据《建设工程司法解释一》第26条第2款,其应享有工程价款优先受偿权。《建设工程司法解释一》第26条第2款规定的是发包人只在欠付工程价款范围内对实际施工人承担责任,即实际施工人有条件向发包人主张工程价款,但并未规定实际施工人享有工程价款的优先受偿权。《合同法》第286条仅规定承包人享有工程价款优先受偿权,亦未规定实际施工人也享有该项权利。

要点评析：该裁判观点紧扣法律及司法解释条文，认为实际施工人不享有建设工程价款优先受偿权，并无不妥，但值得商榷。工程价款债权作为实际施工人的合法权益，也可以通过建设工程价款优先受偿权制度得以保障。法律赋予实际施工人享有优先受偿权，完全符合优先受偿权制度设立的初衷。

四、建设工程价款债权的受让人是否享有优先受偿权

建设工程价款债权转让后，关于受让人是否应享有优先受偿权尚无定论。最高人民法院民一庭也未有明确的观点，只是认为"工程价款优先受偿权制度的目的是保护施工人的劳动报酬，如果承包人通过转让工程价款的债权获得相应对价，则承包人的权利得以实现"。[1] 对于受让人是否享有优先受偿权，未置可否。部分地方法院有相应的指导意见，但分歧较大。

比如，广东省深圳市中级人民法院《关于建设工程施工合同纠纷案件的裁判指引》(2014 年)第 24 条规定："承包人将其对发包人的工程款债权转让给第三人的，建设工程价款优先受偿权随之转让。"

河北省高级人民法院《建设工程施工合同案件审理指南》(2018 年)第 37 条规定："建设工程价款优先受偿权与建设工程价款请求权具有人身依附性，承包人将建设工程价款债权转让，建设工程价款的优先受偿权消灭。"

江苏省高级人民法院《关于审理建设工程施工合同纠纷案件若干问题的解答》(2018 年)第 20 条规定："建设工程价款优先受偿权依附于工程款债权，承包人将建设工程价款债权转让的，建设工程价款优先受偿权随之转让。受让人是否实际享有建设工程价款优先受偿权，仍应进行实体审查。"

笔者认为，如前文所述，工程价款优先受偿权的性质是法律为承包人的工程价款债权而设定的法定优先权，赋予其在清偿顺位上具有法定优先的权利，其功能是保障工程价款债权得以顺利实现。无论谁依法享有工程价款债权，都可以享有优先受偿权。这也完全符合优先受偿权的设立的初衷。

另外，可以借鉴《民法典》第 407 条(吸收了《物权法》第 192 条)的规定，即"抵押权不得与债权分离而单独转让或者作为其他债权的担保。债权转让的，担保该债权的抵押权一并转让，但法律另有规定或者当事人另有约定的除外"。承包人将

---

[1] 最高人民法院民事审判第一庭编著：《最高人民法院建设工程施工合同司法解释(二)理解与适用》，人民法院出版社 2019 年版，第 373 页。

工程价款债权转让给第三人的,建设工程价款优先受偿权一并转让。但也有不同意见,比如,安徽省芜湖市中级人民法院在(2019)皖02民终2629号案件中认为:“担保法及物权法均未规定建设工程价款优先受偿权属于担保物权。主张建设工程价款优先受偿权属于法定担保物权,应当适用法律关于主债权转让的担保物权一并转让的规定的主张,不能成立。案涉工程价款优先受偿权系专属于承包人自身的权利,该工程价款债权转让的,建设工程价款优先权不能随之转让。”

建设工程价款优先受偿权专属于承包人自身还是依附于工程价款债权,是工程价款债权受让人能否享有优先受偿权的关键所在。笔者认为,建设工程价款优先受偿权并非专属于承包人的权利,理由如下。

第一,专属于人身的财产权利,是指智力成果的创造者在取得劳动报酬的过程中,被法律和法规所赋予个人的私有财产权,包括报酬类、收益类、奖励类和派生类,是知识产权权利体系中的一个重要类别。[1] 建设工程价款优先受偿权显然不属于此类权利。

第二,具有人身专属性的财产权利的行使,不适用除斥期间的规定,而工程价款优先受偿权适用于除斥期间的规定,故建设工程价款优先受偿权不是承包人专属性权利。

第三,建设工程价款优先受偿权依附于工程价款债权。最高人民法院在(2017)最高法民申3773号案件中也认为:“建设工程价款优先受偿权源于工程款债权,系对承包人建设工程投入的保护。”

典型案例裁判观点及评析

江苏省宿迁市中级人民法院(2019)苏13民终481号案件裁判观点:建设工程价款优先受偿权依附于工程价款债权,承包人将建设工程价款债权转让的,建设工程价款优先受偿权随之转让,故本案工程价款受让人是否享有优先受偿权以及优先受偿权的范围,取决于承包人对发包人是否享有优先受偿权和优先受偿权的范围。

要点评析:建设工程价款优先受偿权依附于工程价款债权,并非依附于承包人。受让人依法受让工程价款债权后,也应享有建设工程价款优先受偿权。

---

〔1〕 参见丁福虎、王吉国:《人身财产权的划分与特征》,载《河南科技》1998年第10期。

五、建设工程价款优先受偿权客体的限制

根据《民法典》第 807 条规定，建设工程价款优先受偿权的客体是建设工程。但上述规定亦规定“根据建设工程的性质不宜折价、拍卖”的建设工程除外。因缺乏明确的、统一的标准，“不宜折价、拍卖建设工程”如何界定，是司法实践中的一大难题。经检索中级人民法院及以上生效裁判文书关于“不宜折价、拍卖建设工程”的界定，大概分为以下几种情况：

第一种情况：违章建筑或工程质量不合格且难以修复的建筑。

最高人民法院在（2019）最高法民申 6931 号案件中认为：“违章建筑、工程质量不合格且难以修复的建筑，属于《合同法》第 286 条规定的不宜折价、拍卖的建设工程。”

最高人民法院在（2019）最高法民申 1250 号案件中认为：“未办理建设工程规划许可证、建设工程施工许可证，属于违法建筑，其不能依法取得相应物权，且相关工程一直处于停工状态，属于依现状不宜折价、拍卖的建设工程。”

江苏省高级人民法院在（2016）苏民申 5851 号案件中认为：“未取得建设用地规划许可证以及建设工程规划许可证的建设工程应当认定为不宜折价、拍卖的建设工程。”

天津市第一中级人民法院在（2019）津 01 民终 4535 号案件中认为：“未取得建设用地规划许可证、建设工程规划许可等，属于不宜折价、拍卖的建设工程，不能成为建设工程优先受偿权的对象。”

第二种情况：学校、幼儿园、医院等以公益为目的的事业单位、社会团体的建筑，但有例外。

最高人民法院在（2019）最高法民申 6931 号案件中认为：“学校、幼儿园、医院等以公益为目的的事业单位、社会团体的教育设施、医疗卫生设施和其他社会公益设施等，属于《合同法》第 286 条规定的不宜折价、拍卖的建设工程。”

对此，也有例外情况，比如上海市高级人民法院在（2015）沪高民一（民）申字第 1311 号案件中认为：“系争工程用途虽为学校，但双方均确认工程现状为空置，且中西进修学院的办学许可证已经过期，系争工程并未实际用于办学，故系争工程并不存在不宜折价、拍卖的情形。”

第三种情况：保障性住房项目。

广东省佛山市中级人民法院在（2019）粤 06 民终 1808 号案件中认为：“保障性

住房项目,从性质上来说属于公共利益工程,可认定为事关国计民生或为社会公众服务的工程,并不适宜进行折价或者拍卖,不宜作为工程价款优先受偿权的客体。”

重庆市第四中级人民法院在(2018)渝04民终1424号案件中认为:“廉租房含有公益性质,属于《合同法》第286规定的不宜折价、拍卖的建设工程。”

山东省高级人民法院在(2017)鲁民终210号案件中认为:“旧村改造的回迁安置工程,应为不宜折价、拍卖的建设工程。”

第四种情况:国家机关办公用房、军用设施等公有物和公共道路、桥梁、机场、港口等公用物。

最高人民法院在(2019)最高法民申6931号案件中认为:“国防设施,属于《合同法》第286条规定的不宜折价、拍卖的建设工程。”

辽宁省沈阳市中级人民法院在(2019)辽01民终2001号案件中认为:“检察院新建办公楼,现已被国有资产经营有限公司接收,属于不宜折价、拍卖的建设工程。”

江苏省无锡市中级人民法院在(2019)苏02民终2060号案件中认为:“国家机关办公用房、军用设施等公有物和公共道路、桥梁、机场、港口等公用物,属于法律禁止流通的范围,因其性质的特殊性不宜折价、拍卖,亦不宜由承包人优先受偿。本案承包人施工的是机场南路下穿引道工程,属于市政道路工程,具有公用性和禁止流通性,不宜折价拍卖和优先受偿。”

第五种情况:建设工程不归发包人所有。

湖北省高级人民法院在(2019)鄂民终1079号案件中认为:“保康文体中心项目是县人民政府委托发包人建设的工程,发包人并非案涉工程的所有权人,李某主张对案涉工程折价、拍卖的工程款享有优先受偿权,没有实现的基础。”

广西壮族自治区南宁市中级人民法院在(2013)南市民一终字第968号案件中认为:“建设工程系村委会所有而非是发包人所有,故不应当适用《合同法》第286条规定。”

第六种情况:其他不宜折价、拍卖的建设工程。

湖北省高级人民法院在(2019)鄂民终156号案件中认为:《合同法》第286条规定的“不宜折价、拍卖的建设工程”是指事关国计民生或为社会公众服务的工程;自然人生存必需的住宅;消费者已支付一定房款的在建商品房;与主体工程融为一体的设备安装或装修装饰工程等建设工程。

吉林省高级人民法院在(2017)吉民终353号案件中认为:“宗教活动场所用于

宗教活动,按性质属不宜折价、拍卖的建设工程。”

司法实践中的案例并不能穷尽“不宜折价、拍卖的建设工程”,具体情况还要具体分析。严格来讲,上述案例中有些并非因为建设工程的性质而不宜折价、拍卖,而是不能折价、拍卖,如发包人非所有权人等。如果有一个相对明确的司法解释或指导意见以满足司法实践的需要,将有利于指导司法实践并统一裁判尺度。笔者建议对《民法典》第807条制定司法解释,内容如下:

《民法典》第八百零七条规定的“根据建设工程的性质不宜折价、拍卖”的建设工程包括以下类型:

(一)用于国防、军事、外交的建设工程;

(二)由政府组织实施的能源、交通、水利、电力等基础设施工程;

(三)由政府组织实施的涉及农业、农村、农民等建设工程及城镇保障性安置工程;

(四)由政府组织实施的科技、教育、文化、卫生、体育、防灾减灾、疫情防控、社会福利、市政公用等公共事业及基础设施工程;

(五)法律、行政法规规定的其他涉及公共利益的建设工程。

上述建设工程的性质或权属发生改变,不再属于本条第一款情形时除外。

政府财政资金拨付的建设工程,承包人对拨付资金享有优先受偿权。建设工程有偿转让或被征收时,承包人对转让价款或征收补偿款享有优先受偿权。

典型案例裁判观点及评析

广东省佛山市中级人民法院(2007)佛中法民五终字第58号案件裁判观点:一审法院判决认定工程不宜折价、拍卖,并不是以工程在性质上不适合折价、拍卖为标准,而是以承包人所承建工程的从属性以及承建工程量占整个建设工程量的比例大小来确定是否应限制承包人优先权的行使的。而且工程不宜折价、拍卖与工程不宜单独折价、拍卖从法律上来说亦是两个完全不同的概念,《合同法》第286条限制优先权的行使仅指工程不宜折价、拍卖的情形,而并非指工程不宜单独折价、拍卖的情形。因此,上诉人认为,一审法院判决以上述标准来限制上诉人优先权的行使显然是与《合同法》第286条严重不符的。

要点评析:《合同法》第286条(已被《民法典》第807条吸收)规定的“按照建设

工程的性质不宜折价、拍卖的”，指的是“建设工程的性质”，并非“建设工程的状态”。

黑龙江省高级人民法院(2019)黑民再23号案件裁判观点：《合同法》第286条对建设工程款优先受偿权的行使予以限制：一是优先受偿对象是工程折价或者拍卖价款；二是对不宜拍卖、折价的工程不得行使。案涉工程不属于建设工程款优先受偿权行使的客体。承包人从2009年开始陆续承建的发包人的项目中大多属于冶金建设工程，承包人主张行使建设工程款优先受偿权的客体为冶炼企业经营性设施及设备，而上述设施及设备均不宜进行折价或拍卖，否则造成钢铁企业经营难以为继。

要点评析：《合同法》第286条（已被《民法典》第807条吸收）对建设工程价款优先受偿权的客体“建设工程”进行了限制，按照建设工程性质不宜折价或拍卖的，不得作为优先受偿权的客体。

六、建设用地使用权是否属于建设工程价款优先受偿权的客体

建设工程优先受偿权的客体是建设工程，但在“房地一体主义”的制度下，如果对建筑工程进行拍卖，房地是一体拍卖的，所得的全部款项是否都用以保证承包人工程价款债权优先受偿的范围？建设工程优先受偿权是法定优先权。法律赋予承包人法定优先权的原因在于，承包人在整个施工过程中将建筑材料和劳动力已经物化在建设工程之中，承包人关于人、材、机的所有投入均转化为在建工程，已经和在建工程不可分离，故承包人基于所有权的转化方式对在建工程享有优先受偿的权利。土地虽是建设工程的一个载体，但仅就土地而言，承包人没有任何投入，承包人的投入也并未物化在土地上，故土地不应作为建设工程优先受偿权的客体。虽然房地是一体拍卖的，但承包人仅从建筑物本身的拍卖款中优先受偿，土地使用权所对应的拍卖款应当剥离出来。

典型案例裁判观点及评析

湖南省高级人民法院(2019)湘民终693号案件裁判观点：建设工程价款的法定优先权根源于建设工程承揽人在建设用地上添附的价值，主要目的在于优先实现因工程垫资、建筑工人劳动价值、建筑材料价值等添附在建设用地之上部分的价值，而工程垫资、建筑工人的劳动价值、建筑材料的投入等对于建设用地使用权部

分并无增值贡献，因此，建设用地使用权不是建设工程优先受偿权的客体，且实践中建筑物的价值和建设用地使用权的价值是可区分的，因此，承包人享有的建设工程价款优先受偿权不及于涉案土地使用权。

四川省高级人民法院(2017)川民终163号案件裁判观点：建设工程价款优先受偿权的主要立法目的在于保护承包人因垫支、工人工资等而附加在建设工程的部分，而垫资、工人工资等对于建设用地使用权价值部分并无增值贡献。因此，建设工程价款优先受偿权的客体并不及于建设用地使用权的部分，在建设工程价值变现时要区别其建筑物的价值和土地使用权部分的价值，建设工程价款优先受偿权只能对于建筑物的价值部分行使优先受偿权的效力。

要点评析：建设工程价款优先受偿权制度源于对施工人基于将劳动成果和建筑材料物化到建设工程而享有的工程价款债权的保障。因此，优先受偿权的客体只能是施工方施工的建设工程，而非建设土地使用权。

七、建设工程价款优先受偿权行使期限的起算时间

建设工程价款优先受偿权行使期限的性质，最高人民法院民一庭的观点是："为了促使承包人积极行使权利，也为了保护其他权利人的合法权益及时得到实现，稳定社会经济秩序，此期限作为承包人的权利行使期限，应当是除斥期间而非特殊诉讼时效，承包人必须在该期间内行使优先受偿权，否则将不能得到支持。"[1]

2018年《建设工程司法解释二》施行前，近20年间，关于建设工程优先受偿权期限的起算时间只有最高人民法院《关于建设工程价款优先受偿权问题的批复》(2002年)有相应的规定。该批复第4条规定："建设工程承包人行使优先权的期限为六个月，自建设工程竣工之日或者建设工程合同约定的竣工之日起计算。"此批复规定的起算时间点是非常清楚且不容易有争议的，实际竣工之日或约定竣工之日，正常情况下，这两个时间点至少有一个是明确存在的。

该规定弥补了关于优先受偿权行使期限的空白，但在司法实践的适用中也逐渐显露了以下缺陷：一是部分建设工程施工合同未约定竣工日期，建设工程事实上也未竣工，因而无法适用该规定。二是无论是约定竣工日期还是实际竣工日期，都有可能与发包人应付工程价款的时间没有关联性。如果发包人的付款义务尚未产

---

[1] 最高人民法院民事审判第一庭编著：《最高人民法院建设工程施工合同司法解释(二)理解与适用》，人民法院出版社2019年版，第447页。

生,优先受偿权行使期限已开始起算,对承包人是不公平的,也不符合设立优先受偿权制度的目的。只有在确定工程价款数额之后,承包人才能行使优先受偿权。

2018 年《建设工程司法解释二》第 22 条规定:"承包人行使建设工程价款优先受偿权的期限为六个月,自发包人应当给付建设工程价款之日起算。"此条解释有利于统一无论建设工程施工合同是否有效,无论合同是否解除,无论工程是否竣工,都可以适用的起算标准。至于应付工程价款之日的确定,详见工程价款结算部分的论述,在此不再赘述。2020 年《建设工程司法解释》第 41 条将优先受偿权行使期限放宽至 18 个月,但行使期限的起算时间仍与上述第 22 条一致。最高人民法院《关于建设工程价款优先受偿权问题的批复》(2002 年)已废止。

根据 2020 年《建设工程司法解释》第 41 条规定,延伸思考一个问题:工程价款数额尚不能确定时,是否影响优先受偿权期限的起算时间? 比如,工程价款数额需要通过工程造价司法鉴定才能确定的。笔者认为,优先受偿权期限的起算时间同工程价款利息的起算时间是一样的,只跟工程价款应付之日有关,与工程价款数额及是否已确定无关。

典型案例裁判观点及评析

最高人民法院(2007)民一终字第 10 号案件裁判观点:建设工程款具有优先受偿性质。建发公司基于受让债权取得此项权利。鉴于该项建设工程目前尚未全部竣工,建发公司优先受偿权的行使期限应从 2005 年 10 月 10 日解除合同时起算。此前建发公司已提起诉讼,故不应认定其优先受偿权的行使期限已超过 6 个月。

要点评析:在 2018 年《建设工程司法解释二》施行前,最高人民法院《关于建设工程价款优先受偿权问题的批复》所确定的优先受偿权行使期限的起算点"建设工程竣工之日或者建设工程合同约定的竣工之日"不适用于建设工程施工合同中途解除的情形,裁判观点认为应从合同解除之日起算,值得称赞。但 2020 年《建设工程司法解释》施行后,建设工程施工合同中途解除的,建设工程价款优先受偿权行使期限也从发包人应当给付工程价款之日起算。

最高人民法院(2018)最高法民终 325 号案件裁判观点:本案不能按照最高人民法院《关于建设工程价款优先受偿权问题的批复》第 4 条规定,以"建设工程竣工之日"或"约定的竣工之日"作为工程价款优先受偿权的起算时间。应当以双方签订《补充协议书》就工程价款结算及支付事宜达成合意的 2012 年 10 月 13 日作为优先受偿权的起算时间。

要点评析:建设工程价款优先受偿权行使期限的起算点应与当事人约定的或法律规定的发包人应付款时间相关联,与建设工程约定竣工日或实际竣工日并无关系。

最高人民法院(2017)最高法民终655号案件裁判观点:建设工程价款优先受偿权的立法本意是保障承包人工程价款权利的实现,该权利的行使以发包人欠付工程款为前提。承包人应当在法律规定的期限内,积极行使权利。虽然涉案各分项工程的12份审计报告于2014年6~7月作出,但该审计结论系对欠付工程款具体数额的确定,在欠付工程款事实确定的情况下,审计结论的作出时间与优先受偿权行使期限的起算点不具有关联性。

要点评析:建设工程价款优先受偿权行使期限与发包人应付款时间有关联,与工程价款数额的确定时间无关联。

最高人民法院(2016)最高法民再295号案件裁判观点:合同法关于建设工程优先受偿权的规定,是为了维护承包人的生存利益以及鼓励建筑,创造社会财富。同时,为了督促承包人及时行使权利,避免法律关系长期处于不确定的状态,有必要就行使优先受偿权设置相应的期限。当由于承包人的原因导致工程未竣工的,其应当及时向发包人主张权利,故适用最高人民法院《关于建设工程价款优先受偿问题的批复》从合同约定竣工之日起算6个月的期限并无不当。而在发包人一方原因导致合同未竣工的情形下,工程价款往往无法结算,承包方此时难以行使优先受偿权,而非怠于行使自己的权利。此时如仍以合同约定竣工之日作为行使优先受偿权的起算点,相当于由承包人承担因发包人过错导致的不利后果,明显有违工程价款优先受偿权的立法本意。按照合同法关于建设工程价款优先受偿权的立法本意及最高人民法院《关于建设工程价款优先受偿问题的批复》规定的精神,结合最高人民法院《2011年民事审判工作会议纪要》关于如建设工程由于发包人原因解除,承包人行使建设工程价款优先受偿权的期限可以自合同解除之日起计算的意见,承包人对案涉工程价款优先受偿权并未超过6个月的行使期限,对承包人行使优先受偿权的主张应予支持。

要点评析:在2018年《建设工程司法解释二》施行前,此裁判观点基于发包人过错而选择有利于保障承包人合法权益的建设工程价款优先受偿权行使期限起算点，是对当时现有规定的突破，值得称赞，亦符合建设工程价款优先受偿权制度设立的初衷。

八、建设工程价款优先受偿权的放弃或限制

承包人是否可以事先承诺全部或部分放弃建设工程价款优先受偿权或者限制建设工程价款优先受偿权的行使，在实务中一直是存在争议的。有观点认为可以。毕竟“法无禁止皆可为”是民法的基本法理之一，民事权利主体有权自由处分其财产权利，包括放弃或者限制其财产权利。也有观点认为不可以。主要的理由是，承包人自由处分建设工程价款优先受偿权的行为可能违背《民法典》第 807 条的立法宗旨，即可能损害农民工等建筑工人的权益。笔者认为，这种观点从出于对建筑工人权益优先保护的角度而言，有其可取之处，但又过于牵强。理由如下：

第一，农民工等建筑工人对建设工程价款和建设工程本身并不直接享有权利，包括物权和债权。而承包人放弃优先受偿权，放弃的只是一种担保，并不是放弃工程价款，承包人有选择要求发包人担保或不担保的权利。

第二，虽然存在因放弃优先权而使得建设工程价款债权可能无法得以清偿进而可能损害农民工等建筑工人利益的可能性，但承包人所有的债权人都有可能因这种可能性而面临同样的风险，并不必然会损害包括建筑工人在内的债权人的利益。建筑工人、建筑材料商的权益均可依据劳动关系或合同予以主张，不应过分拔高建设工程款优先受偿权的地位，更不应夸大其功能。

第三，《民法典》第 807 条对承包人而言，是授权性规定，而非禁止性规定，不存在承包人违反该规定的问题。

就此问题，2018 年《建设工程司法解释二》的施行起到定分止争的作用。其第 23 条规定：“发包人与承包人约定放弃或者限制建设工程价款优先受偿权，损害建筑工人利益，发包人根据该约定主张承包人不享有建设工程价款优先受偿权的，人民法院不予支持。”2020 年《建设工程司法解释》第 42 条全盘吸收了该条款。笔者推测最高人民法院这样规定的原因是，建筑工人根据承包人的要求实际完成建设工程，将自己的劳务物化到建设工程之中，虽不对建设工程价款或者建设工程享有权利，但对承包人享有工资给付请求权。承包人放弃或者限制其建设工程价款优先受偿权，可能会导致其责任财产减少，不能向建筑工人发放工资，损害建筑工人的利益。

客观地讲，该条解释规定不够科学，值得商榷。尚不如江苏省高级人民法院

《关于审理建设工程施工合同纠纷案件若干问题的解答》(2018 年)第 19 条的规定,即“法律并未禁止承包人放弃建设工程优先受偿权。承包人自愿放弃建设工程价款优先受偿权的,只涉及承包人自身利益的,该放弃行为有效。但该放弃行为损害实际施工人等第三人利益的,对该第三人不产生效力”。

笔者认为,应当考虑“损害建筑工人利益”是否实际存在,比如,承包人是否将建筑工人的工资发放完毕、承包人的资产负债情况如何及现金流情况等,而不能仅以是否欠付某一建筑工人工资来简单判断是否损害建筑工人利益。

典型案例裁判观点及评析

最高人民法院(2018)最高法民终 99 号案件裁判观点:建设工程价款优先受偿权的性质为具有担保性质的民事财产权利,属于私权范畴,承包人有权选择行使或放弃。根据最高人民法院《关于建设工程价款优先受偿权问题的批复》第 3 条的规定,工程价款优先受偿权虽然旨在赋予承包人优于抵押权的法定优先权进而间接保障建筑工人、材料商的合法权益,但并未规定该优先权的行使、放弃需征得建筑工人和材料商的同意,承包人主张因其未征得上述人员同意,放弃优先权的意思表示无效,缺乏法律依据。

最高人民法院(2016)最高法民终 532 号和(2019)最高法民终 978 号案件裁判观点:《民事诉讼法》第 13 条规定,当事人有权在法律规定的范围内处分自己的民事权利和诉讼权利。建设工程优先受偿权是法律赋予建设工程施工人的法定权利,属于具有担保性质的民事财产权利。作为民事财产权利,权利人当然可以自由选择是否行使,当然也应当允许其通过约定放弃。而且,放弃优先受偿权并不必然侵害建设工程承包人或建筑工人的合法权益,承包人或建筑工人的合法权益还可通过其他途径的保障予以实现。

要点评析:建设工程价款优先受偿权系担保性质的法定优先权,虽有间接保障建筑工人和材料商合法权益的功能,但承包人放弃优先受偿权系对自身权利的处分,无须征得建筑工人和材料商的同意,也不必然侵害建筑工人和材料商的合法权益。

辽宁省高级人民法院(2018)辽民终 111 号案件裁判观点:现有生效的法律、行政法规并没有任何禁止施工方放弃工程价款优先受偿权之规定,承包人放弃工程价款优先受偿权的承诺并不违背法律、行政法规的强制性规定。《合同法》第 286

条规定的施工人对于工程价款享有优先受偿权，虽然在一定程度上可以保护施工人特别是农民工工资权益，但是本案工程款实际已经给付大部分，施工人放弃工程款优先受偿权并不必然损害农民工工资利益，施工人有义务通过其他途径对农民工工资利益予以保障。承包人作为工程价款的权利人，可以选择依法行使优先受偿权，也可以主动放弃优先受偿权，也允许其与他人通过约定放弃优先受偿权。

要点评析：建设工程价款优先受偿权是承包人享有的具有担保性质的法定优先权，并非实体权利，司法实践中不应将该权利与建筑工人的合法权益捆绑一起。尤其在个案中，发包人已支付大部分工程价款的情况下，应尊重承包人放弃工程价款优先受偿权的意思表示。

九、建设工程未竣工情形下的工程价款优先受偿权

建设工程未竣工，包括因发包人与承包人的原因及其他因素导致停止施工，也包括施工合同解除的情形。在此种情况下，承包人是否享有优先受偿权？也就是说，建设工程优先受偿权是否以建设工程竣工为前提。2018年《建设工程司法解释二》和2020年《建设工程司法解释》施行前，各地方人民法院的指导意见基本都是以合同实际解除、终止之日作为优先受偿权期限的起算点。

江苏省高级人民法院《关于审理建设工程施工合同纠纷案件若干问题的解答》（2018年）第14条规定："建设工程施工合同解除、终止履行的，优先受偿权的期限自合同实际解除、终止之日起算。"

河北省高级人民法院《建设工程施工合同案件审理指南》（2018年）第35条规定："工程尚未竣工而合同解除、终止履行的，以合同实际解除、终止之日作为优先受偿权期限的起算点。"

广东省高级人民法院《关于审理建设工程合同纠纷案件疑难问题的解答》（2017年）第16条规定："工程尚未竣工而合同解除、终止履行的，以合同实际解除、终止之日作为优先受偿权期限的起算点。"

河北省高级人民法院《建设工程施工合同案件审理指南》（2018年）第35条规定的指导意见与上述广东省高级人民法院的意见基本一致。

上述指导意见单纯是为解决工程未竣工情形下是否适用优先受偿权及期限如何起算而出台的，但明显存在缺陷。

第一，上述指导意见可能未考虑到"合同实际解除、终止之日"可能与发包人应付工程价款的时间并无任何关联。比如，双方约定或再次协商的付款时间远在"合

同实际解除、终止之日”之后。这样可能导致付款义务尚未开始,优先受偿权期限就已开始起算甚至已届满。

第二,上述指导意见未考虑到优先受偿权期限起算时间应与工程质量是否合格挂钩。就未竣工的建设工程而言,承包人享有优先受偿权须以工程质量合格为前提,其道理很简单:优先受偿权保障的是承包人所享有的工程价款债权得以顺利实现,而承包人享有的工程价款债权就是发包人应付的工程价款,而应付工程价款须以工程质量合格为前提。

2020 年《建设工程司法解释》第 39 条规定:“未竣工的建设工程质量合格,承包人请求其承建工程的价款就其承建工程部分折价或者拍卖的价款优先受偿的,人民法院应予支持。”该条解释以工程质量合格为前提,这是比地方性司法规范性文件科学合理之处。关于优先受偿权行使期限的起算点与发包人应付工程价款时间挂钩问题,已由 2020 年《建设工程司法解释》第 41 条予以解决。

典型案例裁判观点及评析

最高人民法院(2019)最高法民终 273 号案件中的裁判观点:根据《建设工程司法解释二》第 22 条规定,工程竣工验收并非承包人取得建设工程价款优先受偿权的必要条件。第 22 条规定,承包人行使建设工程价款优先受偿权的期限为 6 个月,自发包人应当给付建设工程价款之日起算。结合本案系发包人无力支付工程价款导致合同实际终止履行的情况,本院认定 2015 年 4 月 30 日实际停工日期为应当给付建设工程价款之日。

要点评析:建设工程价款优先受偿权不以工程竣工验收为前提,只要已完工部分的工程质量合格,承包人即享有此权利。

最高人民法院(2019)最高法民再 89 号案件裁判观点:实际施工人在 2014 年 7 月 15 日向发包人提交了阶段性结算报告书及工程款支付函等文件,但案涉工程并未竣工验收,也未交付使用,工程质量是否合格尚未确定,且案涉合同无效。实际施工人主张案涉工程款给付请求权的优先受偿权,不符合《合同法》第 286 条的规定,本院不予支持。

要点评析:建设工程施工合同无效,承包人享有建设工程价款优先受偿权须以工程质量合格为前提。虽然《民法典》和 2020 年《建设工程司法解释》等规定并未赋予实际施工人享有建设工程价款优先受偿权,但并不符合建设工程价款优先受偿权制度设立的初衷。

十、建设工程价款优先受偿的债权范围

《民法典》第807条规定,可以优先受偿的范围是"建设工程的价款"。最高人民法院《关于建设工程价款优先受偿权问题的批复》(法释〔2002〕16号)第3条将工程价款进一步明确为:"建筑工程价款包括承包人为建设工程应当支付的工作人员报酬、材料款等实际支出的费用,不包括承包人因发包人违约所造成的损失。"2004年《建设工程司法解释一》未涉及建设工程价款优先受偿权问题。

在司法实践中,关于对工程价款优先受偿权的理解与适用争议较大,以致2018年《建设工程司法解释二》专门用了7个条文对优先受偿权的适用问题作了规定。但涉及优先受偿范围的第21条的制定,最高人民法院经历多次征求意见和研究后,才最终得以确定。

2018年《建设工程司法解释二》(征求意见稿)第一稿:

第29条【优先受偿权担保范围】

合同法第二百八十六条规定的价款是指工程结算造价。

2018年《建设工程司法解释二》(征求意见稿)第二稿:

第21条【优先受偿的债权范围】

承包人就发包人尚欠的工程价款主张优先受偿权的,人民法院应予支持。

上述工程价款,是指承包人承建工程的造价。

承包人就发包人违约所造成的损失主张优先受偿权的,人民法院不予支持。

2018年《建设工程司法解释二》(征求意见稿)第三稿:

第27条【优先受偿的债权范围】

合同法第二百八十六条规定的价款是指承包人就其完成的工程成果所产生的费用,包括直接费、间接费、利润、税金等,不包括承包人因发包人违约所产生的损失。

2018 年《建设工程司法解释二》(征求意见稿)第四稿:

第 21 条【建设工程价款优先受偿的范围】

承包人建设工程价款优先受偿的范围包括人工费、材料费、施工机具使用费、企业管理费、利润、规费和税金等,但不包括利息、违约金、损害赔偿金等。

最终确定并施行的第 21 条规定:“承包人建设工程价款优先受偿的范围依照国务院有关行政主管部门关于建设工程价款范围的规定确定。承包人就逾期支付建设工程价款的利息、违约金、损害赔偿金等主张优先受偿的,人民法院不予支持。”该条款被 2020 年《建设工程司法解释》第 40 条全盘吸收。

国务院有关行政主管部门关于建设工程价款范围的规定,主要是住建部、财政部印发的《建筑安装工程费用项目组成》(建标〔2013〕44 号)第 1 条第 1 款的规定,即“建筑安装工程费用项目按费用构成要素组成划分为人工费、材料费、施工机具使用费、企业管理费、利润、规费和税金”。

根据 2020 年《建设工程司法解释》第 40 条和上述规章的规定,工程价款的范围得以确定。但工程价款利息是否属于优先受偿权的范围,是值得探讨的一个问题。2004 年《建设工程司法解释一》第 21 条征求意见稿第一稿未明确工程价款利息和违约责任是否属于优先受偿范围,征求意见稿第二稿则明确将违约所造成的损失排除出优先受偿范围。直到征求意见稿第四稿才将工程价款利息明确排除出优先受偿范围。可以看出,最高人民法院也在纠结工程价款利息是否属于优先受偿权的范围。《民法典》第 807 条也未涉及此问题。此前,地方高级人民法院就此问题所发布的指导意见,也有很大差异。

广东省高级人民法院《关于审理建设工程合同纠纷案件疑难问题的解答》(2017 年)第 15 条规定:“利息属于工程价款的法定孳息,承包人主张利息属于工程价款优先受偿权范围的,应予支持。”

河北省高级人民法院《建设工程施工合同案件审理指南》(2018 年)第 34 条规定:“承包人享有的优先受偿权的建设工程价款范围是指承包人完成的工作成果所产生的费用,包括直接费、间接费、利润、税金及工作人员报酬、材料款等实际支出的费用,不包括因发包人违约所产生的损失。利息属于工程价款的法定孳息,承包人主张未付工程价款利息属于工程价款属于优先受偿权范围的,应予支持。”

江苏省高级人民法院《关于审理建设工程施工合同纠纷案件若干问题的解答》(2018 年)第 17 条规定:“承包人主张将工程款利息纳入建设工程价款优先受偿权范围的,不予支持。”

2020 年《建设工程司法解释》第 40 条已明确工程价款利息不属于优先受偿权的范围。但笔者认为,工程价款利息是否属于优先受偿权的范围,取决于工程价款利息的性质,如果定性为工程价款的法定孳息,其应当属于优先受偿权的范围。如果定性为发包人应承担的违约责任,则不属于优先受偿权的范围。最高人民法院在个案中也曾认为工程价款利息系法定孳息,是工程价款的一部分,属于优先受偿权的受偿范围。

典型案例裁判观点及评析

最高人民法院(2018)最高法民终 432 号案件裁判观点:依据最高人民法院《关于建设工程价款优先受偿权问题的批复》第 3 条的规定,建筑工程价款包括承包人为建设工程应当支付的工作人员报酬、材料款等实际支付的费用,不包括承包人因发包人违约所造成的损失。欠付工程价款的利息属于孳息损失的范围,本院不予支持。

最高人民法院(2017)最高法民终 611 号案件裁判观点:根据最高人民法院《关于建设工程价款优先受偿权问题的批复》第 3 条的规定,可以享受建设工程优先受偿权的工程款范围是承包人为建设工程实际支出的费用,包括应当支付的工作人员报酬、材料款等,不包括承包人因发包人违约所造成的损失。但工程款利息属于法定孳息,是基于承包人实际支出的费用而产生的孳息,与工程款本为一体,理应属于优先权的受偿范围。

要点评析:上述两种裁判观点相互矛盾。根据 2018 年《建设工程司法解释二》第 21 条(已被 2020 年《建设工程司法解释》第 40 条吸收)规定,工程价款利息不属于建设工程价款优先受偿的范围。该规定并不符合工程价款利息系法定孳息的性质。

十一、建设工程价款优先受偿权能否阻却对建设工程的强制执行

发包人作为建设工程的所有权人,在其无法清偿生效法律文书确定的债务被申请强制执行时,若法院强制执行该建设工程,承包人能否以其享有建设工程优先受偿权为由提起执行异议或执行异议之诉,进而达到阻却强制执行的法律效果?

笔者认为,建设工程优先受偿权是指承包人对于建设工程就该工程折价或者拍卖的价款享有优先受偿的权利,是工程变价款分配顺位上的法定优先权利,说到底就是承包人享有的法定抵押权,不能达到阻却执行的效果。法院对建设工程采取强制执行措施时,执行标的为建筑物的执行行为并不当然侵害案外人建设工程优先受偿权,承包人以其对该建设工程享有优先受偿权为由提起执行异议或执行异议之诉不能起到停止执行的效果,其只能在执行程序中向执行法院提出优先受偿的主张。但如果承包人与发包人协议将该工程折价后冲抵欠付的工程价款,即以物抵债,且已完成登记备案手续,此时,承包人对建筑物享有足以排除强制执行的权利。因为承包人享有的不再是基于工程价款债权而享有的优先清偿的权利,而享有的是建筑物的所有权。

典型案例裁判观点及评析

最高人民法院(2018)最高法民申1566号案件裁判观点:从《合同法》第286条和最高人民法院《关于建设工程价款优先受偿权问题的批复》第1条可以看出,建设工程的优先受偿权优于抵押权和其他债权。本案中,案涉房屋系承包人基于工程价款的优先受偿权,通过工程抵款方式登记于杨某名下,杨某对案涉房屋享有足以排除强制执行的权利。

要点评析:权利人基于建设工程价款优先受偿权而取得建设工程所有权后,可以排除对该建设工程的强制执行。

最高人民法院(2017)最高法民申5098号案件裁判观点:根据《合同法》第286条规定,建设工程价款优先受偿权是承包人就建设工程折价或者拍卖的价款优先受偿的权利,属于法定优先权的范畴。优先受偿权是债权优先得到清偿的权利,这种权利不是所有权等实体权利,不能阻止执行标的的转让、交付。因此,主张建设工程价款优先权的人,不能依照《民事诉讼法》第227条规定提出异议。

要点评析:建设工程价款优先受偿权系法定优先权,优先于抵押权和其他债权而实现,是清偿顺位上的优先权,并非权利人的实体权利,不能阻止建设工程的转让。

十二、建设工程价款优先受偿权的实现顺位

承包人享有的建设工程优先受偿权本质上是一种法定优先权,在清偿顺位上

具有法定优先性,但并非绝对优先受偿。法律对清偿顺位另有规定的,应遵从特殊规定。根据最高人民法院《关于建设工程价款优先受偿权问题的批复》前两条之规定,确定了优先受偿权的优先顺位,发包方就建设工程拍卖偿还债务的顺序为:交付购买商品房的全部或者大部分款项的消费者、建设工程优先受偿权、抵押权、普通债权。重庆市高级人民法院《关于对最高人民法院〈关于建设工程价款优先受偿权问题的批复〉应如何理解的意见》(2003 年)强调,在审理和执行购房消费者办理土地使用权、房屋产权证历史遗留问题的案件,优先保护购房消费者的利益时,应注意把握以下几个条件:"首先,购房消费者中消费者的含义应与《消费者权益保护法》中的'消费者'含义相同,即购房者购房是为生活消费需要而不是为经营需要。其次,购房消费者已交付全部或大部分购房款(超过 50%),且能支付尾款。第三,购房消费者在购买商品房的过程中无恶意损害抵押权人利益的行为。"

根据上述规定可知,为保护购房者的利益,对承包人优先受偿权即法定优先权进行了适当限制。除符合法律规定的购房者外,承包人的优先受偿权可以对抗发包人、发包人的债权人及对建筑工程享有抵押权的任何债权人。2020 年《建设工程司法解释》第 36 条吸收了最高人民法院《关于建设工程价款优先受偿权问题的批复》第 1 条,明确将建设工程价款优先受偿权优于抵押权和其他债权。但笔者认为上述批复的第 2 条即"消费者交付购买商品房的全部或者大部分款项后,承包人就该商品房享有的工程价款优先受偿权不得对抗买受人"仍应作为对承包人优先受偿权的限制。遗憾的是,该批复被废止后,第 2 条未被 2020 年《建设工程司法解释》吸收。

典型案例裁判观点及评析

海南省高级人民法院(2019)琼民终 887 号案件裁判观点:根据最高人民法院《关于建设工程价款优先受偿权问题的批复》第 1 条及第 2 条的规定,购买房产的消费者的权益优先于担保物权,而执行异议和复议规定第 29 条规定系基于对消费者生存权的维护,赋予了消费者买受房屋的物权期待权以排除执行的效力。

要点评析:建设工程价款优先受偿权在实现顺位上优先担保物权,而次于符合条件的购房消费者。

十三、建设工程价款优先受偿权的行使方式

法律及司法解释对建设工程价款优先受偿权的行使方式均未有明确规定。探

讨优先受偿权行使方式的意义在于：根据最高人民法院《关于建设工程价款优先受偿权问题的批复》第 4 条之规定和 2018 年《建设工程司法解释二》第 22 条之规定，优先受偿权的期限为 6 个月，2020 年《建设工程司法解释》第 41 条放宽至 18 个月且为除斥期间，如在该期间内未能有效行使，则该优先受偿权将消灭。只有在法定期限内以有效的方式行使的优先受偿权，才产生法律效力。

部分地方人民法院只认可通过提起诉讼或申请仲裁的方式为行使优先受偿权的有效方式。比如，江苏省高级人民法院《关于审理建设工程施工合同纠纷案件若干问题的解答》(2018 年)第 18 条规定："承包人通过提起诉讼或申请仲裁的方式，主张建设工程价款优先受偿权的，属于行使建设工程价款优先受偿权的有效方式。承包人通过发函形式主张建设工程价款优先受偿权的，不认可其行使的效力。"

《民法典》第 807 条规定的优先受偿权行使方式与《民法典》第 410 条规定的抵押权的行使方式是一样的，包括协议折价或者拍卖、变卖抵押物受偿和向人民法院提起诉讼两种。最高人民法院在对《民法典》第 807 条解读时认为："诉讼不是承包人行使建设工程价款优先受偿权的唯一方式。承包人不仅可以通过诉讼的方式行使建设工程价款优先受偿权，还可以通过与发包人协商的方式行使。"[1]

最高人民法院在(2017)最高法民申 4095 号案件中认为：2013 年 8 月 12 日，承包人与发包人签订的《协议书》对承包人终止施工作了约定，明确了发包人应付工程价款的数额和给付时间，说明发包人支付工程价款的条件已经成就，故承包人行使优先受偿权的期限应自 2013 年 8 月 12 日起算。2013 年 12 月 17 日，双方签订的《协议书》对承包人的优先受偿权予以确认，承包人通过签订协议书的方式主张了优先受偿权，故其行使优先受偿权并未超过 6 个月的期限。

典型案例裁判观点及评析

最高人民法院(2017)最高法民再 389 号案件裁判观点：建设工程款优先受偿权的行使期限属于除斥期间，且承包人需在法定期限内通过诉讼的方式予以主张。湖南高院认为优先受偿权须向相对方提出，审判机关不是其权利的行使对象，属于对法律规定的错误理解，本院予以纠正。

最高人民法院(2018)最高法民申 5297 号案件裁判观点：《合同法》第 286 条规

〔1〕 最高人民法院民法典贯彻实施工作领导小组主编：《中华人民共和国民法典合同编理解与适用(三)》，人民法院出版社 2020 年版，第 2042 页。

定虽未明确建设工程价款优先受偿权的行使方式,但对于建设工程价款优先受偿权的行使一般通过提起优先受偿权确认之诉,包括承包人单独提起建设工程价款优先受偿权确认之诉,也包括在工程款诉讼中一并提出确认其享有工程价款优先受偿权。

要点评析:建设工程价款优先受偿权需通过诉讼方式予以行使,但当事人协议折价或者拍卖、变卖受偿的除外。

第九章

“背靠背”条款的若干问题研究

一、“背靠背”条款概述

案例:甲公司作为建设单位将工程发包给乙公司,双方签订了《建设工程施工合同》。乙公司又将该工程整体转包给丙公司,双方亦签订了《建设工程施工合同》。丙公司组织人、材、机将工程施工完毕后,甲公司组织了竣工验收且合格。甲、乙公司就工程价款及支付时间协商一致后签订了结算协议,后乙和丙公司就工程价款及支付时间协商一致后亦签订了结算协议(以下简称后结算协议)。乙和丙公司在后结算协议中约定:“结算款在下列条件全部满足后一个月内支付:1.本结算协议甲(备注:乙公司)乙(备注:丙公司)双方签字盖章。2.乙方将合同结算金额内剩余待开发票开齐交甲方,且甲方收到业主(备注:甲公司)剩余付款后。”甲公司因市场等因素影响导致经济状况急剧下降而无力向乙公司付款,乙公司因此原因亦未向丙公司付款。后丙公司将乙公司作为第一被告、甲公司作为第二被告提起诉讼主张工程价款债权,或丙公司只起诉乙公司主张工程价款债权。在司法实践中,乙公司往往以“因业主(甲公司)尚未付款,此时丙公司向我公司主张工程价款的诉讼请求不符合双方约定”或“因业主(甲公司)尚未付款,我公司与丙公司约定的付款条件尚未成就”等理由进行抗辩。

这是笔者代理的真实案例。在乙公司与丙公司的约定中,暂且不论工程价款发票等问题,仅就乙公司收到业主付款后再向丙公司支付工程价款的约定而言,应如何定性?其效力如何?对此类约定如何处理?司法实践中争议较大。

上述约定俗称“背靠背”条款,即合同中负有付款义务的一方设置的,旨在其与第三人的合同关系中收到相关款项作为其支付本合同款项之前提的约定。“背靠背”条款在其他合同类型中也有,但常见于建设工程施工合同中,尤其是工程转包或分包等情形下的合同中,其核心是以业主付款为前提,以转嫁或共担业主不能付款或不能按约定付款的风险。

追根溯源,“背靠背”条款产生的背景大概有三:第一,在建筑工程领域,转包或分包甚至层层转包或分包的现象比比皆是,这是建筑行业的普遍现象,也是滋生“背靠背”条款的沃土。第二,在建筑工程领域,建设单位拖延或拒绝支付工程价款的情形时常发生,是总包施工单位难以规避的风险,设置“背靠背”条款用以转嫁风险成为总包施工单位行之有效的手段。第三,双方在建筑市场地位的强弱差异促成了“不平等”条款的达成。“背靠背”条款的存在,正如一个比喻“上流无源、下流无水,上流有水、下流支付”。

典型案例裁判观点及评析

内蒙古自治区阿拉善盟中级人民法院(2019)内29民再12号案件裁判观点:化建公司主张双方并未结算,三方当事人的两份合同付款条件是“背靠背”条款,未达到付款条件。合同的相对性原理表明,发包人与承包人之间是工程总承包合同关系,发包人是承包人的付款义务人。承包人与分包人之间仅就分包工程内容建立分包合同关系,承包人是分包人的首要付款义务人。发包人与承包人之间、承包人与分包人之间分属不同的法律关系,彼此之间的付款义务不具有关联关系。因此,化建公司主张不具备付款条件的理由不能成立,本院不予支持。

要点评析:该裁判观点认为三方主体之间系两个合同关系,彼此之间的付款义务不具有关联性,但当事人通过约定将两个不具有关联性的付款义务联系起来,应当尊重当事人意思自治。当事人的抗辩有合同依据。

重庆市高级人民法院(2018)渝民申1281号民事裁定裁判观点:从该约定看,实际施工人以全垫资方式完成工程,在此之前,宇昊公司没有义务向实际施工人支付工程款,而此类约定的习惯是以合同外第三方(通常是业主单位)向发包方付清全款作为发包方向承包人付款的条件,即所谓的“背靠背”条款,此类约定并非无效条款,故本案即使柏椿公司向宇昊公司支付了部分工程款,但在没有付清全部工程款以前,双方约定的付款条件仍未成就。

要点评析:“背靠背”条款系当事人关于付款条件的约定,待条件成就时,权利人方可主张工程价款。

二、"背靠背"条款的效力

关于"背靠背"条款的效力，法律法规和司法解释均未作出明确规定。在司法实践中，对其效力的认定存在不同意见。经笔者检索中级人民法院级别以上法院作出的10份裁判文书，其裁判观点大概分为以下几种：

第一种情况，多数裁判文书认为"背靠背"条款合法有效，如江苏省宿迁市中级人民法院(2019)苏13民终3082号民事判决、重庆市高级人民法院(2018)渝民申1281号民事裁定、浙江省舟山市中级人民法院(2020)浙09民终11号民事判决等。

第二种情况，只有四川省成都市中级人民法院(2020)川01民终7194号民事判决认为"背靠背"条款无效，但认定无效的原因是载明"背靠背"条款的《水电安装工程施工劳务分包合同》无效。

第三种情况，裁判文书中回避了对"背靠背"条款效力的评价，不明确认定"背靠背"条款有效，但又未否定其效力。此类裁判文书均默认"背靠背"条款有效，但其裁判结果往往是以其他理由驳回对"背靠背"条款的适用，如内蒙古自治区阿拉善盟中级人民法院(2019)内29民再12号民事判决、辽宁省沈阳市中级人民法院(2020)辽01民终7231号民事判决。

在建设工程施工合同纠纷案件中，"背靠背"条款的效力如同建设工程施工合同的效力一样，是无法回避的。无论当事人是否对"背靠背"条款的效力提出主张或抗辩，法院都应当主动审查"背靠背"条款的效力并在判决书中明确载明。即使当事人对"背靠背"条款的效力未产生争议，法院也应当就"背靠背"条款的效力进行强制审查，不受当事人是否请求的影响。判断"背靠背"条款是否有效，首先，要看其是否存在《民法典》第144条、第146条、第153条、第154条等关于合同无效的效力性强制性规定的法定情形。如果存在合同无效的法定情形，则属无效条款，反之，应当合法有效。其次，要看其是否存在可撤销、可变更的情形，即便存在，在有效变更和撤销之前，也应当是有效的。在判断"背靠背"条款的效力时，不应当掺杂其他太多的因素或情感，毕竟无效的情形是法定的，在效力问题上，法官并无太大自由裁量的空间。

由于司法实践中建设工程施工合同无效情形较多，有必要探讨施工合同无效对"背靠背"条款效力的影响。施工合同无效是否必然导致"背靠背"条款无效？未必。如果"背靠背"条款约定在施工合同中，施工合同无效，除争议解决条款等法律明确规定其不受合同效力影响外，合同其他内容均为无效约定，当然也包括"背靠背”条款。如果“背靠背”条款约定在另行达成的结算协议中或诸如此类的补充协议中,该“背靠背”条款因独立于施工合同本身,其效力应当不受施工合同效力的影响。此种类型的“背靠背”条款,其效力受载明该条款的结算协议或补充协议效力的影响,以及该条款的内容有无违反法律、行政法规的强制性规定。即使建设工程施工合同无效,在工程验收合格的情况下,同样要进行工程价款结算,双方就工程价款结算所达成的协议包括“背靠背”条款若不存在违反法律、行政法规的强制性规定,都应当是合法有效的。

在司法实践中,将“背靠背”条款认定为无效的情形较少,无效的情形中一般都是因施工合同无效而无效。而因施工合同无效而无效的情形非常少,还有一个重要原因是,在非工程价款结算纠纷中,“背靠背”条款往往是在结算时或结算后涉及何时支付时才形成的合意,独立于施工合同本身,即使施工合同中有“背靠背”条款,在后期的结算协议等协议类文件中通常会再次出现。笔者尚未检索到因“背靠背”条款本身违反法律和行政法规的效力性强制性规定的判例。事实上,真正引发争议或让法官纠结的并非“背靠背”条款的效力,而是其适用问题。该问题将在后文专门详细探讨。

另外,延伸思考一个问题:施工合同和“背靠背”条款均无效,但工程验收合格的,“背靠背”条款是否属于《民法典》第 793 条第 1 款中“参照合同关于工程价款的约定折价补偿承包人”中参照的范围?有观点认为,上述条款主要依据《民法典》第 157 条规定的“折价补偿原则”参照合同有关工程价款计价方法和计价标准的约定,而“背靠背”条款是关于何时支付工程价款的约定并非工程价款如何结算的约定,故不在参照适用的范围内。而江苏省高级人民法院《关于审理建设工程施工合同纠纷案件若干问题的解答》(2018 年)第 5 条规定:“建设工程施工合同无效,建设工程经竣工验收合格的,当事人主张工程价款或确定合同无效的损失时请求将合同约定的工程价款、付款时间、工程价款支付进度、下浮率、工程质量、工期等事项作为考量因素的,应予支持。”即江苏省高级人民法院认可“背靠背”条款属于参照适用的范围。

笔者认为,“背靠背”条款只是当事人就工程价款何时支付而达成的合意,与工程价款数额如何确定无关。不应随意扩大《民法典》第 793 条适用的范围,因为该条款只是《民法典》第 157 条所确定的折价补偿原则在建设工程领域的具体适用。《民法典》第 793 条“可以参照合同关于工程价款的约定折价补偿承包人”的规定更加明确了折价补偿原则,“背靠背”条款不属于参照适用的范围。

典型案例裁判观点及评析

四川省成都市中级人民法院(2020)川01民终7194号案件裁判观点:即使违法分包人认为按照“背靠背”条款原则,应当在该公司收到其合同相对方工程款的情况下才能向实际施工人支付工程款,但前已论述《水电安装工程施工劳务分包合同》系无效合同,违法分包人该项理由没有依据。

要点评析:工程分包合同无效,合同中约定的“背靠背”条款亦无效。

江苏省宿迁市中级人民法院(2019)苏13民终3082号案件裁判观点:本院认为,“背靠背”条款应属有效。主要理由如下:(1)法律规范层面尚无“背靠背”条款无效的规定。《合同法》第52条对合同无效情形进行了明确规定,“背靠背”条款并未损害国家、集体或第三人利益以及以合法形式掩盖非法目的等情形,而现行法律规范中对此亦未作出禁止性规定。(2)从私法自治方面考虑。《民法通则》《合同法》均对合同自由原则和依合同履行义务原则进行了规定,即规定了合同以当事人意思自治为原则。“背靠背”条款系合同当事人真实意思表示,属于私法自治的表现。(3)“背靠背”条款在一定范围内具有合理性。工程分包的目的在于引入专业分包商的技术能力,与总承包商共同向业主承担责任。“背靠背”条款是双方当事人根据自身风险承受能力对合同价款支付风险负担的一种理性判断,艾维特公司在签订该分包合同补充协议时,即应根据自身风险承受能力决定是否接受该条款。综上,该条款亦不违反法律、行政法规的强制性规定,应认定为合法、有效。

要点评析:“背靠背”条款系当事人真实意思表示,内容不违反法律、行政法规的强制性规定,应为合法有效。

三、“背靠背”条款的法律性质

关于“背靠背”条款的性质,目前主流观点认为是附条件的条款,也有观点认为是附期限的条款,还有观点认为可考虑类推适用关于附期限条款的规定。笔者认为,上述观点均未对“背靠背”条款的性质进行准确表述。理由如下:

首先,“背靠背”条款不属于附条件的条款。其理由是,附条件的法律行为,是指在其中设定一定的条件,并将条件的成就作为决定效力发生或消灭的依据的民事法律行为。根据《民法典》第158条之规定,附条件的民事法律行为影响的是民事法律行为的生效和失效。而“背靠背”条款是当事人关于工程价款支付事宜的约定,与合同效力状态无关。显然不符合上述规定。

其次,“背靠背”条款不属于附期限的条款。其理由是,附期限的民事法律行为,是指当事人为民事法律行为设定一定的期限,并把期限的到来作为民事法律行为效力发生或者消灭的前提。根据《民法典》第160条之规定,在法律行为中附加一定的期限,可以控制法律行为生效、失效时间,使其满足当事人特殊的主观意愿。“背靠背”条款显然也不符合该规定。

综上,从现行法律规定来看,附条件的合同与附期限的合同都有对合同效力所附的条件或期限。那么,何为合同的效力?合同效力是法律赋予依法成立的合同所产生的约束力。合同的效力通常分为有效合同、无效合同、效力待定合同以及可变更、可撤销合同。而“背靠背”条款与上述四种效力状态显然不是同一层面的问题。

关于“背靠背”条款的性质问题,笔者观点如下:

首先,如前文所述,“背靠背”条款既不是附条件的条款,也不是附期限的条款,但需强调的是,此处的附条件和附期限是指《民法典》中的附条件和附期限,不应将“背靠背”条款强行往附条件或附期限条款上硬靠,毕竟不是所有的条款都是附条件或附期限的条款,更不是非此即彼。简言之,“背靠背”条款就是当事人关于工程价款支付条件的约定,不能硬套或参照附条件或附期限的规定。

其次,现行法律没有明确规定“背靠背”条款的性质,应当适用法律一般规定。从性质上来讲,“背靠背”条款就是当事人关于工程价款支付条件的约定。虽然这一界定略显笼统,但在现行法律框架内却十分恰当。在司法实践中,遵循“有约定从约定,无约定按法定”这一原则即可,无须过多纠结“背靠背”条款是附条件还是附期限抑或其他。

最后,关于“背靠背”条款是否公平问题不应与其性质混为一谈。条款内容是否公平,涉及对条款的价值评价问题。而条款的性质,是指“条款是什么”,涉及对条款内容的事实评价问题。无论条款的内容是否有失公平,均不影响条款本身的性质认定。这是两个不同层面的问题,不应混为一谈。

典型案例裁判观点及评析

湖北省高级人民法院(2016)鄂民终1045号案件裁判观点:根据双方在《工程承包(协议)责任书》关于付款条件的合意,即第8条第1项关于“所有工程款必须由甲方与业主方办理相关财务手续后将工程款划到甲方规定账户,按双方约定支付……”的约定;第2项关于“业主划拨工程款后,甲方将该工程(代扣代缴)的税金和管理费扣除外,其余工程款乙方申报资金支付明细表报甲方审批后凭材料发票和工资表逐项支付"的约定,一建公司向劳务公司支付工程款的前置条件是业主先向其支付工程款,该公司亦举证证明其对劳务公司的已付款系按该约定履行。一审法院在未查明《工程承包(协议)责任书》约定的付款条件是否成就的情况下,判决一建公司向劳务公司支付工程款,依据不足。

要点评析:"背靠背"条款系当事人关于付款条件的约定。约定的付款条件是否成就决定着付款义务人是否有义务付款。

浙江省杭州市中级人民法院(2019)浙01民终3643号案件裁判观点:原审法院认定《建设工程施工合同》中关于建设公司向装饰公司支付工程款以建设公司收到发包人工程款为前提,如发包人不能按时支付工程款,装饰公司不得要求建设公司支付,并不以任何形式对建设公司进行起诉和索赔的约定合法有效,并无不当,应予以确认。

要点评析:"背靠背"条款是当事人关于付款条件的约定,应当尊重当事人的约定。

四、"背靠背"条款的适用问题

如前文所述,在司法实践中真正让法官纠结的并非"背靠背"条款的效力,而是"背靠背"条款的适用问题。司法实践中的争议基于一个基本事实——业主尚未支付工程价款。如果业主已将工程价款支付完毕,则"背靠背"条款的争议就毫无意义。事实上,在业主已付款的情况下,"背靠背"条款可能还会影响到工程价款利息的起算点问题,因为"背靠背"条款往往会改变施工合同关于付款时间的约定以及法律在当事人没有约定或约定不明确时对应付款时间的规定。如果"背靠背"条款仅仅影响工程价款利息的起算问题,而不影响法院判决给付工程价款,则法官适用"背靠背"条款的概率必将大大增加。

对审判人员而言,最纠结的就是业主尚未付款的情况。如果适用"背靠背"条款,可能意味着原告的诉讼请求全部被驳回。法院审理案件时,原告已投入大量的物力和财力将其劳动成果物化为建设工程,甚至建设工程竣工验收后已投入使用很多年,而且原告背后可能还有建筑工人工资或材料款尚未付清等问题,在这种情况下,明明还有工程价款未付清,却要判决驳回原告的诉讼请求,法院"于心不忍"或"下不了手"。于是,法官就会主动寻找不适用"背靠背"条款的理由。首先,是

“背靠背”条款的效力。就“背靠背”条款的内容而言,确实难以认定无效,几乎无从下手。“背靠背”条款若存在于建设工程施工合同中,因合同无效而无效,此时就不存在适用该条款的问题。除此之外,在“背靠背”条款效力方面很难有突破口。其次,是合同相对性原理。建设工程施工合同的相对方是转包人、违法分包人或总承包人等,并非业主(发包人)。即使业主未付款,也不影响相对方向原告付款且不影响相对方向业主主张权利。所以,法院对被告以“背靠背”条款进行抗辩的理由不予采纳。再次,以“当事人为自己的利益不正当地阻止付款条件成就”为理由,视为付款条件已成就。法院可能综合案件情况认定总承包人等存在故意阻止付款条件成就或客观上阻止了其对原告付款条件的成就,并使付款期限长期处于不确定状态,视为付款条件已成就。其认定阻止付款条件成就的理由一般是总承包人等长期怠于向业主行使权利。最后,法院以“背靠背”条款显失公平为由,甚至以总承包人等违反诚信原则为由,对其以“背靠背”条款进行抗辩的理由不予采纳。

关于“背靠背条款”在具体案件中应如何处理,笔者观点如下:

首先,依法评价“背靠背”条款的效力,并应在裁判文书中明确阐述理由。这是是否适用以及如何适用“背靠背”条款的前提。例如,北京市高级人民法院《关于审理建设工程施工合同纠纷案件若干疑难问题的解答》(2012 年)第 22 条就明确认定“背靠背”条款有效。

其次,尊重当事人意思自治原则,遵循“有约定从约定”的规则。合法有效的“背靠背”条款系当事人真实意思表示,且当事人并非普通的民事主体而是具有一定建筑领域专业背景的“商主体”,其具备预估风险和预知业主不付款的后果,所以,应最大限度地尊重当事人的约定。如果不尊重当事人约定,就可能存在矫枉过正的情况,偏袒一方而损害另一方的利益。审判人员在处理“背靠背”条款的适用问题时,应尽量避免掺杂过多情感因素。在法庭调查阶段,将业主付款情况及总承包人等有无怠于向业主主张权利作为法庭重点调查核实的问题。除工程价款数额外,上述争议将是案件最为关键的问题,应当调查核实清楚再进行裁判。

再次,为平衡风险并督促工程价款债权人积极主张权利,应当合理分配举证责任,具体如下。

第一,与业主工程价款结算及业主具体付款的情况,由总承包人等承担举证责任。在一般情况下,转承包人或分包人等很难举证证实业主和总承包人结算及付款情况,将此举证责任分配给总承包人更为合理,同时也有利于督促总承包人积极与业主结算或行使到期债权。

第二,是否积极与业主结算或行使到期债权,由总承包人承担举证责任,以便法院判断总承包人是否积极行使权利。北京市高级人民法院在上述指导意见中也规定了例外情况,即总承包人拖延结算或怠于向业主行使到期债权的,其仍有义务向转包人或分包人支付工程价款。笔者认为,可以提高总承包人就上述待证事实的证明标准,如是否已通过诉讼的方式向业主主张权利等。相对而言,诉讼的方式比单纯的催促更为积极、有效。

最后,“背靠背”条款在具体案件中适用与否,裁判结果差异较大。为平衡当事人利益并统一裁判尺度,即使目前尚不具备制定司法解释的条件,最高人民法院仍可通过会议纪要等方式就“背靠背”条款的适用问题提供指导意见,也可由各高级人民法院通过制定规范性文件等方式出台审理指南等。

典型案例裁判观点及评析

浙江省舟山市中级人民法院(2020)浙09民终11号案件裁判观点:结合一审中录音证据的证明效力,可确认高某与垚建公司曾口头约定待垚建公司从发包方取得涉案工程的工程款,再将该工程款支付给高某的事实,即高某取得工程款是以一定条件成就为前提的,系高某对己不利事实的承认,对其具有法律约束力,且又无证据证明其承认行为是在受胁迫或者重大误解情况下作出,故一审认定因双方约定的支付条件不成就,高某尚不能取得涉案工程款,并无不当。

要点评析:当事人关于付款条件的约定,对双方均具有法律约束力。

山东省青岛市中级人民法院(2019)鲁02民终8059号案件裁判观点:虽然双方合同约定,如因业主未及时支付给甲方工程款或未及时办理完结算等原因而导致甲方不能按本合同的规定付款,乙方同意甲方有权延期支付工程款直至甲方收到业主支付的全部工程款或结算款且不向甲方收取任何利息和费用。但在涉案工程早已交付使用且建设单位已进入破产程序、建设单位能否及时、足额支付宝冶公司工程款存在极大不确定性的情况下,基于公平、诚信原则,宝冶公司应当支付赛迪公司剩余工程款。

要点评析:工程转包人、违法分包人和出借施工资质的被挂靠人等约定“背靠背”条款的目的是转移业主不能付款的风险,实际施工人同意该条款,就表示愿意与合同相对方共担业主不能付款的风险。即使考虑公平原则和诚信原则,也应当平衡双方的利益,不能从一个极端到另一个极端。

五、“背靠背”条款的法律风险与防范

“背靠背”条款的法律风险和防范,不属于建设工程施工合同纠纷案件中应解决的问题,是笔者在司法实践中总结的经验和教训。鉴于“背靠背”条款暂时没有明确的法律规定及司法实践中认识和适用不统一等因素,该条款的设置存在巨大的法律风险。

对于总承包人等而言,其风险在于“背靠背”条款得不到法院支持时,若业主不能及时付款,则无法达到转嫁风险的目的,甚至有可能“垫付”巨额款项。对于分包人等而言,“背靠背”条款一旦得到法院支持,其风险在于若业主未能按约定付款时债权可能无法实现,而且将影响工程价款利息的起算时间等。

总承包人等的风险防范措施如下:

第一,将“背靠背”条款书写完整、规范,表达清晰、明确,并用醒目的方式呈现出来。比如,一定要写明业主不能付款时的后果。

第二,积极向业主主张工程价款债权,并保留相应的证据,同时向分包人披露索要工程价款的进度。如业主无故拖延结算或未能按约定付款,可通过诉讼主张工程价款债权。甚至可考虑让分包人以其名义起诉业主主张工程价款债权。

分包人等的风险防范措施如下:

第一,签订“背靠背”条款时,一定要慎之又慎,充分考虑其风险,该拒绝时就拒绝。基于市场地位和经济压力,分包人往往处于被动地位甚至被迫无奈而接受,但也并非只有接受“背靠背”条款这一种选择。

第二,可对“背靠背”条款加以限制以降低分包人的风险。比如,增加“若业主逾期付款超过 3 个月,双方上述约定作废”等内容。

第三,若总承包人拖延结算或怠于行使到期债权,分包人可依据 2020 年《建设工程司法解释》第 43 条和第 44 条之规定及时向业主主张权利。

典型案例裁判观点及评析

辽宁省沈阳市中级人民法院(2020)辽 01 民终 7231 号案件裁判观点:双方约定了付款条件,但合同双方当事人应当让合同约定的条件自然而然地发生或不发生,而不能为自己的利益不正当地阻止或促成条件的成就。这是对合同当事人滥用条件的法律限制。本案上诉人虽然不存在故意阻止条件成就的情形,但诉争工程已于 2012 年由发包人实际占有使用,至今长达 7 年多的时间,上诉人未能证明其积极

向发包人主张工程款未果，客观上阻止了其对被上诉人付款条件的成就，并使该履行期限处于不确定状态，根据诚实信用原则及公平原则，一审判决上诉人向被上诉人支付工程款并无不当。

要点评析："背靠背"条款是当事人关于付款条件的约定，如果付款义务人故意阻止付款条件成就，则根据诚实信用原则和公平原则，法院判决付款义务人承担付款责任并无不妥。但如果付款义务人不存在阻止付款条件成就的情形，甚至付款义务人已积极向业主主张权利，则权利人应待当事人约定的付款条件成就后再主张权利。

第十章

其他常见问题

一、中标通知书的性质

中标通知书的性质一直是一个颇有争议的问题，尤其是在建设工程领域更是如此。中标通知书发出后，是否意味着合同成立或者生效？中标通知书发出后不愿签订书面合同的，应承担缔约过失责任还是违约责任？学术界和实务界均有很大争议。

《招标投标法》第45条第1款规定："中标人确定后，招标人应当向中标人发出中标通知书……"第46条规定："招标人和中标人应当自中标通知书发出之日起三十日内，按照招标文件和中标人的投标文件订立书面合同……"根据上述规定，在中标通知书发出之后，招标人和中标人需要另行签订书面合同。中标通知书和发出中标通知书后签订的书面合同是什么关系？最高人民法院民一庭在《最高人民法院建设工程施工合同司法解释（二）理解与适用》中对第1条和第10条（已被2020年《建设工程司法解释》第2条和第22条吸收）进行解读时的观点，分别如下。

对第1条解读中的观点：招标行为的法律性质是要约邀请，投标行为的法律性质是要约行为，确定中标人行为的法律性质是承诺行为。《招标投标法》第46条第1款中的"书面合同"应当是指《合同法》第32条（已被《民法典》第490条吸收）规定的合同书。招标人发出中标通知书后，一方不与对方签订合同的，应当依法承担相应的法律责任，包括两方面：一是《招标投标法》第59条规定的责任，二是民事责任。由于《合同法》第32条规定"当事人采用合同书形式订立合同的，自双方当事人签字或者盖章时合同成立"，招标人发出中标通知书后，一方不与对方订立书面合同的，不承担违反建设工程施工合同的责任，此时合同尚未成立。此时招标投标程序的当事人承担的民事责任应为缔约过失责任。当然，似乎也可以理解为，招标人与中标人在中标通知书发出后，双方存在预约关系。如果一方不与对方签订书面合同,则要承担违反预约的违约责任。[1]

对第10条解读中的观点:招标人发出邀请,投标人进行响应,之后经开标、评标和定标程序确定中标人,投标人向中标人发出中标通知书,这是我国《招标投标法》规定的招标投标基本程序。关于中标通知书的法律性质,依据要约、承诺的合同订立结构分析,中标通知书属于承诺。关于中标通知书的生效时间,依据《招标投标法》第45条规定,中标人确定后,招标人应当向中标人发出中标通知书,中标通知书发出后,招标人改变中标结果的,或者中标人放弃中标项目的,应当依法承担法律责任。因此,只要招标人将中标通知书发出,中标通知书即生效。招标人发出中标通知书后,即产生在招标人、中标人之间成立书面合同的效力。至于《招标投标法》第46条的规定则属于管理性、倡导性规定,对合同成立并无影响。[2]

从上述两条解读中的观点不难看出,最高人民法院对中标通知书的性质尚未形成统一的倾向性意见。其根源在于,《招标投标法》和《合同法》的衔接出了问题。这也是理论界和实务界关于中标通知书发出后是成立本约合同还是预约合同之争论的根源。

从合同法的角度来讲,中标通知书的性质是承诺,招标人向中标人发出中标通知书后,建设工程施工合同成立。《民法典》也吸收了《合同法》依据要约、承诺而订立合同的结构。

从招标投标法的角度来看,中标通知书的性质是订立(书面建设工程施工合同)本约合同的预约,目的是订立本约合同。中标通知书发出后至书面合同签订前,建设工程施工合同尚未成立。

上述两种视角下对中标通知书性质的观点都有其合理性及法律依据,如前所述,之所以有争议,是因为两部法律的衔接问题,并非上述任一观点是错误的。但就订立建设工程施工合同而言,笔者更赞同将中标通知书的性质确定为一种预约,招标人发出中标通知书后预约合同成立并生效,而本约合同尚未成立。其理由如下。

第一,就建设工程施工合同的订立而言,《招标投标法》是《合同法》的特别规

---

[1] 最高人民法院民事审判第一庭编著:《最高人民法院建设工程施工合同司法解释(二)理解与适用》,人民法院出版社2019年版,第41~44页。

[2] 同上书,第232~239页。

定。最高人民法院民一庭对此观点也是认可的。[1] 既然是特别法有明确规定时，就应适用特别法的规定，而非适用《合同法》的一般规定。如果《招标投标法》以后修改为与《民法典》一致时，则另当别论。而且招标人发出中标通知书，预约合同成立并生效，也完全符合《合同法》关于"要约、承诺"的规定。

第二，《民法典》第789条（《合同法》第270条）规定："建设工程合同应当采用书面形式。"《民法典》第490条第1款（较《合同法》第32条略有改动）规定："当事人采用书面形式订立合同的，自双方当事人签字或者盖章时合同成立。"《招标投标法》第46条要求自中标通知书发出之日起30日内按照招标文件和投标文件订立书面合同，该书面合同就是《合同法》第270条所规定的书面建设工程合同，其成立时间是双方在书面建设工程施工合同上签字或盖章时，而非中标通知书发出时。

法律既然明确规定，通过招投标活动订立合同必须是书面形式且同时规定了生效时间，那么，坚持认为发出中标通知书后，合同成立并生效的论据显然不足。[2]

第三，《民法典》第491条第1款（较《合同法》第33条略有改动）规定："当事人采用信件、数据电文等形式订立合同要求签订确认书的，签订确认书时合同成立。"《招标投标法》第46条规定的订立书面合同，属于上述确认书。

第四，机械适用《民法典》（《合同法》）关于要约和承诺的规定，与《招标投标法》第46条相矛盾，与《民法典》第490条第1款和第491条第1款（《合同法》第32条和第33条）相矛盾，也难以自圆其说。比如，中标通知书发出后，建设施工合同都已成立并生效了，为何还要签订书面合同？书面合同签订时间与合同成立时间和生效时间有何关联？

第五，《建设工程施工合同》（示范文本）第一部分第6条合同文件构成中将中标通知书、投标文件、协议书、专用条款和通用条款作为合同文件的组成部分。从该示范文本来看，中标通知书作为对招标人和中标人具有法律约束力的招标投标文件，只是书面建设工程施工合同的组成部分，并非代表建设工程施工合同关系的成立。

另外，建设工程项目具有投资大、周期长、技术和工程质量要求高及权利义务关系复杂等特点。建设工程施工合同的示范文本虽不是必须使用，但建设行政主

---

[1] 参见最高人民法院民事审判第一庭编著：《最高人民法院建设工程施工合同司法解释（二）理解与适用》，人民法院出版社2019年版，第40页。

[2] 陈川生、王倩、李显冬：《关于中标通知书法律效力的研究——预约合同的成立与生效》，载《中国政府采购》2011年第1期。

管部门一般会要求按照示范文本签订书面合同,这是基于上述特点而决定的。如果靠招投标文件来约束当事人的行为,是不现实的。当事人之间必须确立书面的合同关系,并将投标文件和中标通知书作为合同的组成部分,一并约束当事人。

第六,如果不把中标通知书确定为一种预约,招标人或中标人未依据《招标投标法》第46条之规定签订书面合同,除承担《招标投标法》第59条规定的责任外,还应承担什么样的民事责任?比如,招标人悔标未将建设工程交给中标人施工,又通过重新招标的方式交给其他建筑企业施工,招标人应承担违约责任还是缔约过失责任?如果是违约责任,如前文所述,依据我国《民法典》(《合同法》)的规定,招标人承担的违约损害赔偿责任范围包括可得利益损失。在这种情况下,招标人将承担巨额赔偿责任,且中标人因合同未履行而获得的利益可能大于其将建设工程施工完毕后而获得的利益。如果将中标通知书的性质定位为预约,违反预约合同应承担的违约责任与本约的缔约过失责任是一样的。上述举例中招标人应承担的缔约过失责任将明显减轻且足以弥补中标人的损失。关于发出中标通知书后未签订书面合同的民事责任,最高人民法院民一庭的观点是:"无论如何解释,具体责任内容包括:如果招标人发出中标通知书后不与中标人签订合同,应当退还投标保证金及投标人的其他实际损失;如果中标人不与招标人签订合同的,应当承担招标人重新招标所遭受的实际损失的责任。"[1]从上述观点得知,最高人民法院民一庭也认为应当承担缔约过失责任,只赔偿因招投标所遭受的实际损失,而非承担违约责任。

第七,中标通知书作为订立书面建设工程施工合同的预约,根据《招标投标法》第46条和第59条等规定,其作用主要体现在两个方面:一是限期签订书面合同,不得悔标;二是书面合同的实质性内容不得与招投标文件相背离。中标通知书作为预约合同成立并生效的标志,正是招标人所作出承诺的法律效力的体现。而且《建设工程施工合同(示范文本)》所附中标通知书的样本中,明确载明:请你方接到本通知后的××日内到××(指定地点)与我方签订施工承包合同。从中标通知书的内容来看,其性质也应当是为订立本约合同的预约。

第八,在司法实践中,各级法院在裁判文书中载明的合同订立时间均为书面建设工程施工合同签订的时间即落款日期,而非中标通知书的发出时间。

综上,在认定中标通知书的性质时,应注重建设工程施工合同的特殊性及《招

---

〔1〕 最高人民法院民事审判第一庭编著:《最高人民法院建设工程施工合同司法解释(二)理解与适用》,人民法院出版社2019年版,第44页。

标投标法》的特别规定,不能过于机械套用《民法典》的一般规定。招标人发出中标通知书双方未签订书面合同的,应认定为预约合同成立并生效,本约合同并未成立。守约一方可依预约合同约定请求相对方继续履行签订主合同的义务等违约责任,亦可向相对方主张未订立本约合同的缔约过失责任。

典型案例裁判观点及评析

北京市高级人民法院(2013)高民提字第1866号案件裁判观点:双方所签书面合同内容应与投标人的投标书和招标人的中标书内容相一致。招标人未予履行先行审批义务就使用已过期的审批图纸进行招标,在中标通知书发出后又要求降低中标价款,由此导致双方未能签订书面合同,其主观上存在过错。中标人中标后,考虑到时间紧迫,为避免违约责任,在未与招标人正式签订书面合同之前就与第三人签订《工业品买卖合同》存在合理性,在该合同履行过程中,中标人提供了中标图纸,要求第三人据此生产。但中标人明知该图纸未经审核,依据该图纸进行生产具有风险性。且第三人生产的产品与图纸有诸多不符之处,中标人不但没有要求其停止生产或纠正错误,反而与其签订强制执行公证书,对不符合合同约定部分未予扣除,亦未按法律规定要求其承担违约责任,而是全额支付货款及违约金,中标人对本案损失281.251万元应承担主要责任。

要点评析:招标人发出中标通知书后,未与中标人签订书面建设工程施工合同的,应赔偿中标人损失,但中标人未采取积极的应对措施造成损失扩大的,扩大部分的损失由中标人自行承担。

内蒙古自治区阿拉善盟中级人民法院(2019)内29民初9号案件裁判观点:本案双方未按照上述规定签订书面建设工程合同,中标通知书本身不具有订立合同的效力,其属于招标人与中标人之间的预约合同,双方签订建设工程合同才为本约合同。根据《合同法》第270条规定:"建设工程合同应当采用书面形式。"第32条规定:"当事人采用合同书形式订立合同的,自双方当事人签字或者盖章时合同成立。"故双方之间应当自书面合同签订之日合同才能成立。本案双方虽未签订建设工程合同,但中标通知书中包含了建设工程合同的基本要素,如项目地点、标的、建设面积、开工及竣工时间等主要内容,其性质应对双方具有法律效力。被告作为招标人在未做好研判的情况下进行项目招标,在原告中标后,未按照上述规定及时与原告签订建设工程施工合同,单方放弃中标项目,依法应当承担缔约过失的法律责任，给原告造成的直接经济损失应予以赔偿。原告在双方未签订《建设工程施工合同》的情况下，积极准备开工材料、设备、施工人员等，未能及时止损，存在扩大损失的情形，故对其扩大的损失部分本院不予支持。

要点评析：招标人发出中标通知书后，未与中标人签订书面建设工程施工合同，应向中标人承担缔约过失责任。

二、承兑汇票贴息损失问题

在建设工程施工合同纠纷案件中，承兑汇票贴息损失的争议，往往以已付工程价款争议的形式体现出来。有时，支付工程价款的时间和笔数均是一样的，但发包人记载的金额与承包人记载的金额不一致，其差额部分就是承包人要求从发包人主张的已付款金额中扣减的承兑汇票贴息金额。承包人往往有两种辩解理由：一是由于承兑汇票尚未到期，要提前兑现必须进行贴息，发包人实际支付金额是票面金额减去贴息费用；二是承兑汇票只有等到汇票到期时才能实际取得票面金额，即发包人于汇票到期时才实际支付工程价款，已构成迟延履行，贴息费用是发包人迟延付款期间的利息损失，理应由发包人承担。常见发包人的反驳理由也有两种：一是承兑汇票是中国人民银行认可的支付方式之一，而且合同并未约定只能以现金形式支付或不能以承兑汇票方式支付，所以，以承兑汇票方式支付不违反合同约定。二是承包人接受承兑汇票，并未提出异议，而且承包人开具的收款收据中载明的金额跟承兑汇票票面金额一致。此类争议的焦点是，贴息费用由谁承担或者贴息费用是否应从已付工程价款中扣减？

上述争议源于承兑汇票本质上是一种信用支付，并非现金支付。无论《票据法》规定的银行承兑汇票还是商业承兑汇票，支付手段是承兑汇票等票据的重要功能之一，已被广为接受。但承包人作为收款人收到票据时并未实际得到承兑汇票所载明的款项金额，须在票据载明的到期日届满后方能实际取得票面金额。如需提前承兑，需承担贴息费用。发包人选择以承兑汇票的方式支付工程价款，除票据的支付功能外，更重要的是利用票据的信用支付功能缓解资金压力，但将票据到期日前的融资成本转嫁给了承包人，或由承包人承担提前承兑的贴息费用。在建筑市场领域，尤其是经济下滑时，发包人面临巨大资金压力，以承兑汇票方式支付工程价款的现象会逐渐增多。

解决此类争议，首先，要看合同约定是否禁止以票据形式付款。如合同无禁止，票据作为一种法律允许的支付手段，以票据进行支付并未违反合同约定。其次，要看票据支付时，承包人是否提出异议。如果承包人接收承兑汇票时未提出异议，视为承包人接受此种付款方式，事后再主张贴息费用的，不予支持。有观点认为，所谓承包人提出异议，无非是拒绝接收票据，这对承包人要求过于苛刻，毕竟几乎没有承包人可以做到拒绝接收，尤其是竣工结算之前。笔者认为，只要承包人明确在接收票据时提出异议且要求发包人承担贴息费用的，在发包人没有证据证实已拒绝承包人贴息要求时，承包人要求发包人承担贴息费用的请求，应予以支持。最后，即使承包人提出异议并要求发包人承担贴息费用的，但如果承包人开具的收款收据金额与承兑汇票票面金额一致的，视为承包人接受票据付款的方式和付款金额，承包人要求发包人承担贴息费用的主张，不予支持。实务操作中，虽然存在发包人要求承包人先开具收款收据再给付承兑汇票，但只要收款收据中载明以承兑汇票方式支付或有承兑汇票票号的，都视为承包人认可票面金额。

当然，鉴于采用承兑汇票支付工程价款已是建筑市场非常普遍的一种支付方式，承包人从自身利益考虑，也可以在建设工程施工合同中明确约定是否接受承兑汇票付款，如接受，也可进一步约定如发包人采用承兑汇票支付工程价款时，发包人应承担贴息损失。

典型案例裁判观点及评析

江苏省镇江市中级人民法院（2017）苏11民终1009号案件裁判观点：双方合同约定了明确的付款义务，上诉人应当在约定的时间将相应的款项支付给被上诉人，上诉人向被上诉人交付期限尚未届满的银行汇票，被上诉人不能按照约定的付款时间取得相应的款项，应当认定上诉人以该形式付款不符合约定；在汇票到期日前，应当视为上诉人迟延付款。

要点评析：此种裁判观点，值得商榷。如果承包人接收银行汇票时认可付款方式和票面金额，事后又反悔的，不应支持承包人请求。

最高人民法院（2019）最高法民终754号案件裁判观点：承包人上诉称，案涉工程合同中一般条款约定，工程款以人民币支付，而发包人以汇票方式支付工程款，承包人为及时变现，向银行支付承兑汇票贴息，该项费用应由发包人承担。根据一审法院查明的事实，合同仅约定了工程款支付的币种，并未约定工程款支付的方式。发包人以银行承兑汇票的方式支付工程款，并不违反合同约定；且合同履行中，承包人未曾提出过异议。因此，一审法院不支持承包人关于补偿承兑汇票贴息费用的请求,并无不当,本院予以认可。

要点评析:承包人收到承兑汇票后未提出异议的,视为认可支付方式和票面金额。

三、未开具工程价款发票能否作为拒绝支付工程价款的先履行抗辩事由

在建设工程施工合同中,支付工程价款是发包人的合同义务,开具工程价款发票是承包人的义务,但前者是主要义务,后者是附随义务,二者不是合同的对价义务。合同主要义务与附随义务的重要区别是,主要义务与当事人订立合同的目的紧密相连。建设工程施工合同是典型的双务有偿合同,在双务合同中一方不履行其依据合同所负有的主要义务,另一方有权行使抗辩权。承包人的主要义务是完成合同项下的建设工程并向发包人交付质量合格的工程,发包人的主要义务是按约定向承包人支付工程价款。如果承包人未实际施工或未完工,发包人可以抗辩不付或减付工程价款;但如果承包人未开具工程价款发票,发包人不能以此为由拒付工程价款。因为支付工程价款和开具工程价款发票不是对等的合同义务。对上述问题,司法实践中已基本统一认识,并无实质性争议。存在争议的是建设工程施工合同另有约定的应如何处理?

经检索,下列高级人民法院的指导意见较为典型。

河北省高级人民法院《建设工程施工合同案件审理指南》(2018 年)第 54 条规定:"支付工程价款义务和开具发票义务是两种不同性质的义务,不具有对等关系。发包人以承包人违反约定未开具发票为抗辩理由拒付工程价款的,人民法院不予支持。但可以明确承包人具有向发包人开具发票的义务。发包人提起反诉请求主张承包人开具发票的,人民法院应予支持。"

江苏省高级人民法院《关于审理建设工程施工合同纠纷案件若干问题的解答》(2018 年)第 13 条规定:"发包人能否以承包人未开具发票作为拒绝支付工程价款的先履行抗辩的事由?发包人以承包人未开具发票为由拒绝支付工程价款的,不予支持,当事人另有明确约定的除外。"

四川省高级人民法院《关于审理建设工程施工合同纠纷案件若干疑难问题的解答》(2015 年)第 29 条规定:"……发包人以承包人未开具发票,未移交工程竣工资料为由拒付工程价款的,不予支持。但建设工程施工合同另有约定的除外。"

尽管多地高级人民法院已有相应的指导意见,但由于最高人民法院未有统一规定,司法实践中对建设工程施工合同中另有约定时应如何处理,尚存在争议,尤

其是如何约定或约定到何种程度，发包人才能抗辩承包人要求支付工程价款的主张，争议较大。

一种观点认为，只要约定了先后履行顺序即可，如“先开具发票后支付工程款”或“开具发票后一个月内支付”等；另一种观点认为，不仅要约定先后履行顺序，还应明确约定不开具发票的后果与拒付工程价款挂钩，如应约定“先开具发票后支付工程款，若不开具发票，发包人有权拒付工程款”等。笔者赞同第一种观点，理由如下。

第一，发包人的抗辩属于先履行抗辩，只要合同中约定了履行的先后顺序，甚至能够从从合同文义中推知先后履行顺序即可，无须明确约定先履行者不履行的后果。

第二，如果当事人在合同中明确约定履行的先后顺序或如不及时开具工程价款发票则有权拒绝支付工程价款等，此种约定意味着双方将开具工程价款发票视为与支付工程价款对等的义务。或者将开具工程价款发票视为支付工程价款的前提。在此种情况下，承包人未按约定开具工程价款发票时，发包人可以拒绝支付工程价款。

典型案例裁判观点及评析

最高人民法院（2019）最高法民终564号案件裁判观点：发包人主张承包人未提供尚欠工程款发票，但承包人未开具发票并非拒绝支付工程款的法定抗辩理由，亦非双方约定的支付工程款的前提条件，故发包人以发票未开具作为拒付工程款的理由不能成立，其该项主张，本院不予支持。

要点评析：如果双方未约定开具发票是支付工程价款的前提条件，发包人不能以承包人未开具发票为由拒绝支付工程价款。反过来，如果当事人约定开具发票是支付工程价款的前提条件，承包人未开具发票的，发包人有权拒绝支付。

最高人民法院（2018）最高法民申3707号案件裁判观点：实际施工人已经完成工程施工，并交付发包人，其主合同义务已经履行完毕，发包人应当向实际施工人支付工程款。而实际施工人开具增值税发票仅是该合同的付随义务，与发包人支付工程款的主合同义务并不是对等对价的。且依据《发票管理办法》第3条“本办法所称发票，是指在购销商品、提供或者接受服务以及从事其他经营活动中，开具、收取的收付款凭证”的规定，说明开具发票的行为发生在收款之后，而不是发生在收款之前。因此,发包人并不能以实际施工人未提供发票这一付随义务来拒绝履行其主合同义务。

要点评析:开具发票和支付工程价款并非建设工程施工合同中的对价义务,发包人不能因承包人未开具发票而拒绝支付工程价款。

四、请求开具工程价款发票是否属于法院受理范围

探讨此问题前,先思考三个问题:一是开具工程价款发票是承包人何种性质的义务?二是承包人拒绝开具工程价款发票,应承担何种性质的法律责任?三是承包人未开具工程价款发票,发包人除依约定可以拒绝支付工程价款和向承包人催要工程价款发票外,发包人应如何主张其权利?

《发票管理办法》第19条规定:"销售商品、提供服务以及从事其他经营活动的单位和个人,对外发生经营业务收取款项,收款方应当向付款方开具发票……"从该规定可以看出,开具工程价款发票是承包人的法定义务,即使建设工程施工合同中未约定开具工程价款发票的义务,承包人基于上述规定也应当开具发票。但如果当事人将开具工程价款发票的义务约定在建设工程施工合同中,此时,开具工程价款发票不仅仅是承包人的一项法定义务,也是其合同义务。

承包人拒绝开具工程价款发票,根据《税收征收管理法》第64条之规定,应当承担由税务机关追缴税款、滞纳金及并处罚款等行政责任。承包人未开具工程价款发票,发包人除行使先履行抗辩权外,还可以向税务部门投诉,由税务部门依照税收法律法规进行处理。税务部门也可责令承包人限期改正即开具发票。

司法实践中存在争议的是,发包人能否通过诉讼的方式请求法院判令承包人开具工程价款发票,包括反诉或另行诉讼。持肯定观点的有以下几例。

河北省高级人民法院《建设工程施工合同案件审理指南》(2018年)第54条规定:"发包人提起反诉请求主张承包人开具发票的,人民法院应予支持。"

新疆维吾尔自治区高级人民法院在(2015)新民一终字第47号民事案件中判令:承包人应向发包人开具同等金额的建筑工程发票。

也有持否定意见的。有裁判观点认为,因未开具工程价款发票而产生的纠纷,属行政法律关系而非民事法律关系调整的范畴。

比如,陕西省高级人民法院在(2016)陕民终89号民事案件中认为:根据《税收征收管理法》《发票管理办法》的规定,税务机关负责发票管理工作。因此,发票及税收管理是相关行政机关的行政权范畴,不属于法院职权调整范围。

辽宁省高级人民法院在(2010)辽民一终字第47号案件中认为:“未按规定开具发票的,是属违反发票管理法规的行为。发包人提出的开具工程价款发票的主张是属于行政法律关系,不是民事法律关系。”

最高人民法院在(2016)最高法民申2659号案件中认为:根据《税收征收管理法》《发票管理办法》的规定,发票及税收管理属于税务机关的行政权范畴,不属于人民法院民事案件的管辖范围。二审法院据此驳回发包人提出的索要发票的反诉请求,适用法律正确。

笔者认为,承包人与税务机关之间确实是行政法律关系,但承包人与发包人之间则是民事法律关系。这两种不同的法律关系,就承包人而言,相对方是不一样的。承包人拒绝开具工程价款发票,涉及的相对方是多重的,涉及的法律关系也是多重的。就应承担的法律责任而言,其行为后果应承担的是行政责任和民事责任的竞合,不能以承包人应承担行政责任为由否定其应当向发包人承担的民事责任。当然,也不能以承包人已向发包人承担民事责任为由而否定其应承担的行政责任。因此,在承包人拒绝开具工程价款发票时,发包人即使不符合行使先履行抗辩权的条件,也可能通过提起反诉或另行诉讼的方式请求法院判令承包人开具工程价款发票。

典型案例裁判观点及评析

最高人民法院(2019)最高法民再166号案件裁判观点:开具发票,从文义解释看虽是由税务机关开具和履行,但合同文本中所约定的“开具发票”含义并非指由税务机关开具发票,而是指在给付工程款时需由承包方向发包人给付税务机关开具的发票。该给付义务属承包方应当履行的合同义务。有义务开具发票的当事人在遵守税收法律法规的前提下,可以自主作出向其他民事主体开具发票的意思表示,该行为属于民事法律行为;对于接受发票的一方当事人来说,是否可以取得发票将影响其民事权益,因此当事人之间就一方自主申请开具发票与另一方取得发票的关系,属于民事法律关系范畴,人民法院应当依法审理。原判决以不属于人民法院民事受理范围未予支持发包人的该项诉讼请求确有不当,予以纠正。

要点评析:开具工程价款发票是承包人的合同义务,发包人可以通过诉讼的方式请求承包人履行该义务。

新疆维吾尔自治区高级人民法院(2015)新民一终字第26号案件裁判观点:关

于发包人提出的“判令承包人出具已支付的工程款发票”反诉请求的问题。《发票管理办法》第3条和第19条之规定，承包人收款后，应当向发包人开具相应数额的发票，故本院依法判决“承包人向发包人开具已付工程款相应数额的发票”。

要点评析：法院可以判决承包人向发包人开具工程价款发票。

最高人民法院(2014)民一终字第4号案件裁判观点：收取工程款开具工程款发票是承包方税法上的义务，无论是否在合同中明确约定，要求承包方收到工程款后开具相应数额的工程款发票也都是发包方的合同权利。因此，发包人要求承包人收取工程款后开具相应数额的工程款发票的请求应予支持，一审判决认为该请求不属于民事审判解决的范围并不予审查，属适用法律错误，予以纠正。

要点评析：开具工程价款发票既是承包人的合同义务，也是承包人税法上的义务。即使合同中未约定开具发票的义务，发包人也可以通过民事诉讼的方式请求承包人开具发票。

五、承包人开具工程价款发票是否视为已收到工程价款

承包人已开具工程价款发票是否视为其已收到工程价款，或者发包人持有承包人开具的工程价款发票是否意味着其已付款，司法实践中存在争议。该争议的实质源于两个问题：一是发票是付款凭证还是纳税凭证问题；二是建筑市场先开票后付款已很普遍，先开票后付款和先付款后开票的辨别问题。一种观点认为，发票只是完税凭证，不是付款凭证，不能证实发包人付款的事实，也不能证实承包人收取款项的事实；另一种观点认为，发包人持有发票，如承包人不能举证证实发包人未支付，应认定发包人已支付款项。

上述两种观点均有其道理。《发票管理办法》第3条规定：“本办法所称发票，是指在购销商品、提供或者接受服务以及从事其他经营活动中，开具、收取的收付款凭证。”第19条规定：“销售商品、提供服务以及从事其他经营活动的单位和个人，对外发生经营业务收取款项，收款方应当向付款方开具发票；特殊情况下，由付款方向收款方开具发票。”暂且不论发票是否为纳税凭证，从上述规定可知，发票是付款凭证。但如果依据此规定直接认定持有发票的发包人已支付相应的工程价款，可能会造成错误的裁判结果，毕竟实务中很多时候开具发票和已付款是不画等号的，尤其是建设工程施工合同纠纷案件中，不能唯发票论。具体案件中如何处理已发生的争议，可从以下方面入手，由法院综合予以认定。

第一，合同中有无约定先开具发票后付款。如有约定，发包人对已付款的事实负有举证责任。如无约定，应向发包人核实有无其他付款凭证，如银行转账凭证、收款收据等。毕竟工程价款大额居多，有必要核实付款方式及可以佐证付款事实的其他凭证。另外，还应向发包人核实付款时间、付款地点、双方交接人员等情况。

第二，当事人之间的习惯做法。比如，之前的付款是先开具发票后付款，还是先付款后开具发票。

另外，《买卖合同司法解释》(2020 年 12 月 23 日修正)第 5 条的规定，在解除此类争议时可以给我们提供些有益的启发。该条规定："出卖人仅以增值税专用发票及税款抵扣资料证明其已履行交付标的物义务，买受人不认可的，出卖人应当提供其他证据证明交付标的物的事实。合同约定或者当事人之间习惯以普通发票作为付款凭证，买受人以普通发票证明已经履行付款义务的，人民法院应予支持，但有相反证据足以推翻的除外。"上述规定将增值税专用发票和普通发票区别对待：仅有增值税专用发票不能证实付款事实，但收款方认可的除外；仅有增值税普通发票可证实付款事实，但有相反证据推翻的除外。

为今后避免此类争议，笔者给承包人两点建议：一是如果发包人要求先开具发票后付款，务必将先开具发票后付款写入合同条款；二是如果未写入合同条款，则在向发包人给付发票时，应要求发包人在发票签收单上或发票复印件上注明"发票金额尚未支付"或"款项以实际入账为准"等。

典型案例裁判观点及评析

内蒙古自治区高级人民法院(2018)内民申 417 号案件裁判观点：本案的争议焦点为，承包人为发包人开具的 582,516 元的发票能否作为其已经收到相应款项的证据。发票作为收付款凭证不能等同于付款证明，开具发票的行为不能完全对应付款行为。发票作为税法上规定的收付款凭证，不能单独作为已付款的证据，还需要其他补强证据来予以证明。而且，合同中约定付款条件为之一是承包人开具全额发票，发包人只有在取得发票之后才支付合同价款。因此，发包人仅凭承包人为其开具的 582,516 元的发票主张其已经履行了付款义务的理由不能成立。

要点评析：开具发票的行为不等同于已收到相应的款项。是否已付款需要根据合同约定、交易习惯、当事人举证情况等综合予以认定。

六、承包人拒绝移交竣工资料的相关问题

移交竣工资料虽然也是承包人的附随义务，但承包人拒绝移交竣工资料有别于拒绝开具发票。因为是否移交竣工资料直接影响着建设工程能否竣工验收。竣工资料重要性详见以下内容。

《建设工程质量管理条例》第 16 条第 2 款规定："建设工程竣工验收应当具备下列条件：……(二)有完整的技术档案和施工管理资料；(三)有工程使用的主要建筑材料、建筑构配件和设备的进场试验报告……"

《房屋建筑和市政基础设施工程竣工验收规定》第 5 条规定："工程符合下列要求方可进行竣工验收：……(五)有完整的技术档案和施工管理资料。(六)有工程使用的主要建筑材料、建筑构配件和设备的进场试验报告，以及工程质量检测和功能性试验资料。"

《建设工程施工合同(示范文本)》(GF－2017－0201)第 3.1 条"承包人的一般义务"规定："承包人在履行合同过程中应遵守法律和工程建设标准规范，并履行以下义务：……(9)按照法律规定和合同约定编制竣工资料，完成竣工资料立卷及归档，并按专用合同条款约定的竣工资料的套数、内容、时间等要求移交发包人。"第 13.2.1 条"竣工验收条件"规定："工程具备以下条件的，承包人可以申请竣工验收：……(3)已按合同约定的内容和份数备齐竣工资料。"

从上述行政法规、部门规章和《建设工程施工合同(示范文本)》来看，移交竣工资料是竣工验收的前提条件。不移交竣工资料，就无法启动竣工验收程序。承包人拒绝移交或未按约定移交竣工资料的后果明显比拒绝开具工程价款发票要严重。司法实践中常见的问题如下。

第一，承包人拒绝移交竣工资料，发包人能否拒付工程价款？

移交竣工资料与支付工程价款并非对等义务，发包人不能以承包人未移交竣工资料为由拒绝支付工程价款。但笔者认为，当事人另有约定的除外。比如，合同中约定移交竣工资料在前，发包人可以行使先履行抗辩权。再如，合同中约定移交竣工资料是支付工程价款的前提条件，条件不成就时，发包人可以拒绝支付。

第二，承包人拒绝移交竣工资料，迟延竣工验收对工程价款利息的影响？

如前文所述，竣工验收必须依据竣工资料才能进行。如果承包人拒绝移交竣工资料造成竣工验收迟延，迟延期间的利息损失由承包人自行承担。即使发包人未及时付款，承包人主张工程价款利息时，因承包人原因导致的竣工验收迟延的时

间应当扣除。

第三，承包人拒绝移交竣工资料给发包人造成损失的，是否应承担损害赔偿责任？

因承包人拒绝移交竣工资料导致竣工验收迟延，因此给发包人造成损失的，承包人应承担赔偿责任。比如，发包人因此向业主逾期交房的，发包人向业主承担赔偿责任后，有权向承包人追偿。因为承包人是否配合向发包人移交工程竣工资料直接决定了建设工程能否通过竣工验收，而能否通过竣工验收则直接意味着发包人是否可以如期向业主交付房屋或者是否可以通过投产而获得收益。

第四，承包人拒绝移交竣工资料，发包人可否提起反诉或另行诉讼要求其移交？

移交竣工资料既是承包人的法定义务，也是承包人的合同义务。在承包人拒绝移交竣工资料时，发包人可通过诉讼的方式请求法院判令移交。比如，辽宁省高级人民法院（2016）辽民终 297 号案件判决主文内容如下："本判决生效后 15 日内，营承包人向发包人移交工程竣工资料和竣工图一套（除设计变更单、设计变更图及带有审图章及设计章的施工图纸外），并配合发包人办理竣工验收及备案手续。"辽宁省高级人民法院在（2016）辽民终 721 号案件判决主文内容如下："承包人于本判决生效后十日内，按照政府工程质量监管部门关于建设工程档案归档的要求，向发包人移交全部建设工程施工档案资料。"

典型案例裁判观点及评析

最高人民法院（2019）最高法民申 390 号案件裁判观点：施工方向发包单位移交竣工资料系其附随义务，与发包单位是否能够实际完成产权登记无关，原审法院判令施工方向发包单位移交相关竣工资料，并无不当。

要点评析：移交竣工资料，既是承包人的法定义务，也是承包人的合同义务。发包人可以通过诉讼的方式请求承包人移交竣工资料。

海南省高级人民法院（2012）琼民一终字第 16 号案件裁判观点：按工程验收的一般程序，工程竣工后，建设方和施工方应相互配合，提交有关报建和施工的相关资料，报请规划、城建、质检、设计、监理等职能部门验收，在验收中发现问题应提出整改措施再行验收。然而承包人不配合发包人进行工程竣工验收工作，拒不提交完整的竣工资料，造成该工程不能申报验收备案，其结果是造成发包人与案外人签订的购房合同违约，不能为其办理房屋产权证，被案外人起诉要求赔偿逾期办证违约金，显然两者之间存在因果关系。施工合同里已明确约定承包人未履行合同义务，造成发包人损失的应予赔偿。发包人在向案外人承担违约责任赔偿损失后要求承包人承担该损失及承担相应的诉讼保全费用既有事实依据，亦有法律依据。原审法院引用我国《合同法》第113条的规定并无错误。

要点评析：因承包人未按约定移交竣工资料，导致建设工程无法或迟延竣工验收的，造成发包人损失的，承包人应承担赔偿发包人损失等违约责任。

七、承包人可否要求发包人先行支付无争议部分的工程价款

《民事诉讼法》第106条规定："人民法院对下列案件，根据当事人的申请，可以裁定先予执行：(一)追索赡养费、抚养费、抚育费、抚恤金、医疗费用的；(二)追索劳动报酬的；(三)因情况紧急需要先予执行的。"从表面来看，建设工程施工合同纠纷案件中的承包人主张工程价款债权并不符合上述前两项之规定，而《民事诉讼法解释》第170条对上述第3项中的"情况紧急"所作出的解释中只有第5项"不立即返还款项，将严重影响权利人生活和生产经营的"有点沾边，但非常牵强。笔者也未检索到关于工程价款先予执行的典型案例，而福建省地方性规范文件可以在工程价款的先予执行方面给我们一些启发。

福建省财政厅、发展和改革委员会、建设厅、审计厅《福建省房屋建筑和市政基础设施、工程价款结算暂行办法》(2007年)第23条规定："当事人对竣工结算审核报告存在争议的，无争议部分价款应当依照合同约定期限先行支付，争议部分的竣工价款可以暂缓结算，并按合同约定的争议处理办法处理。"

正常情况下，从时间节点上来说，工程价款结算发生在工程竣工验收合格后，即工程价款结算纠纷或支付纠纷发生时，发包人的付款义务通常已经产生。这就为工程价款先予执行提供了基础条件。笔者赞同工程价款可以先予执行，其理由如下。

第一，承包人的工程价款债权中往往涉及建筑工人的劳动报酬，而漫长的诉讼周期，使建筑工人的讨薪之路更加坎坷。从这个角度来讲，为保障建筑工人等施工人的利益，按"追索劳动报酬"进行先予执行，也未尝不可。有关建设工程的两部司法解释为保障建筑工人等施工人的利益，不惜突破合同相对性原理，此时适用先予执行制度，也无可厚非。

第二，当事人的争议有时只是部分争议，也有无争议的部分。比如，2004年《建

设工程司法解释一》第23条和2020年《建设工程司法解释》第31条规定的原则上只对有争议的事实进行鉴定等。双方无争议的款项,如果不准许先予执行,仍要等到裁判文书生效后再履行,不利于保障承包人及其背后建筑工人的利益。只要掌握一个原则即可,就是工程价款先予执行必须在无争议工程价款范围内。

八、发包人罚款问题

建筑市场普遍存在一种现象:承包人在施工过程中存在违反文明安全施工等规定、约定或管理行为的,发包人基于建设工程施工合同的约定、公示的奖罚考核办法及临时决定等,对承包人处以罚款。实务中,常见的罚款名目如下。

1. 发包人基于安全方面的罚款名目:人员入场不上报、未进行安全教育;进入施工现场不按规定佩戴安全帽;危险施工区域未进行围挡、未设置安全警示标志;无防护措施的高空作业;安全防护设施不按规范或规定设置;未经工地负责人或现场安全员同意,擅自拆除安全防护设施的;未按规定架设电线、电缆;违章指挥、强令他人冒险作业导致安全事故的。

2. 发包人基于文明施工及环境方面的罚款名目:未按要求开展文明施工相关教育及宣传的;酒后进入施工现场的;从高处往抛洒建筑垃圾的;施工现场材料未按规定摆放整齐的;装卸材料、设备发出严重噪声的;挖掘机野蛮施工造成地下设施损坏的。

3. 其他罚款名目:发生安全事故的,如人员伤亡等。

关于罚款的性质及发包人能否对承包人处以罚款,司法实践中存在争议。持否定观点的人认为罚款属于行政法的范畴,属于行政机关的一种行政处罚措施,发包人无权实施。持肯定观点的人认为罚款实为违约金,是发包人要求承包人所承担的一种违约责任。

发包人罚款的现象在建筑领域有其存在的原因及合理性。罚款通常是发包人对承包人施工行为的监管手段,有利于纠正承包人施工过程中的违法、违约及操作不当等行为,对确保工程质量和施工安全也起到重要的监管作用。

虽然建设工程施工合同中约定为"罚款",但从当事人的本意和条款内容的本质上来讲,均是当事人约定的违约金条款。该约定系当事人真实意思表示,符合《民法典》第585条关于违约金的规定。对罚款性质的正确认定,还不足以解决司法实践中存在的问题。实务中,除基于合同约定处以罚款外,发包人还可能基于施工现场监管过程中出现的其他问题而临时决定的罚款。此种情况下的罚款,因没有明确的合同依据，司法实践中争议较大。

笔者认为，承包人对此罚款不认可的，是否应予以支持，取决于承包人是否曾认可或确认过该罚款。如果承包人在罚款单或罚款通知上签字确认，或在会议纪要中表示同意接受罚款，或在工程进度款结算中已抵扣等，都视为承包人同意接受罚款。无论有无合同依据的罚款，只要承包人曾同意接受的，法院不应再审查罚款的依据或数额是否合理等。对于承包人反悔的，不应当支持。如果建设工程施工合同没有约定，承包人又未认可或确认的罚款，发包人无权罚款。承包人因施工行为给发包人造成损失的，发包人可要求其承担相应的赔偿责任。

发包人在诉讼中向承包人主张"罚款"，是否需要提起反诉？如果承包人曾认可或确认过该罚款，则无须提起反诉，以罚款金额作为已付款金额或从应付款中扣减即可。但如果承包人未认可或确认的罚款，发包人应通过提起反诉的方式主张。最高人民法院在(2019)最高法民终 488 号案件中认为："发包人主张承包人逾期完工应支付罚款从应付工程款中予以扣除。从性质上看，逾期完工罚款属于违约金，与承包人主张案涉工程价款属不同的诉讼请求，不属于抗辩事由，发包人应通过反诉方式主张，主张将逾期罚款直接从应付工程款中扣除，缺乏依据，本院不予支持。"笔者认为，这种不区分承包人是否曾认可或确认过罚款的裁判观点，值得商榷。

典型案例裁判观点及评析

江苏省张家港市人民法院(2017)苏 0582 民初 3832 号案件裁判观点：罚款实质是指承包人违反安全文明施工管理规定所应承担的违约责任，此约定系双方真实意思表示，并不违反法律规定。发包人对承包人施工人员在施工过程中违反安全文明施工行为进行了处罚，承包人后向发包人开具了相应收据对罚款金额予以了认可。故承包人要求确认被告罚款行为无效，本院不予支持。

要点评析：此案例虽为基层法院的案件，但具有典型性。承包人曾认可或确认过罚款金额，后又反悔的，承包人要求确认罚款无效或不同意接受罚款的请求，不予支持。

最高人民法院(2019)最高法民终 272 号案件裁判观点：发包人认为承包人未按照规定要求进行施工，而对其进行罚款共计 168, 900 元，其中承包人签收确认 34, 400 元，未签收确认 134, 500 元。鉴于发包人作出该罚款系其单方行为，也未举示证据证明其对承包人进行处罚的合理性,故发包人上诉主张扣减未签收确认的134,500元于法无据,本院不予支持。

要点评析:承包人不曾认可或确认过的罚款,发包人又不能证实罚款合理性的,一般不予支持。

最高人民法院(2019)最高法民终488号案件裁判观点:发包人主张73万元的工程罚款通知单应在推断性造价中扣除。经查,罚款通知属于单方面通知,且双方合同中无相应条款对此进行约定,承包人亦不予认可,故发包人主张该73万元应从工程价款中予以扣除的理由,缺乏合同依据,本院不予认可。

要点评析:发包人没有合同依据的单方罚款行为,承包人不认可的,不予支持。

九、发包人奖励问题

发包人奖励,如同发包人罚款一样,是发包人对进入施工现场各施工单位及从业人员进行管理的手段,目的一般有两层:一是确保施工安全和工程质量,消除安全隐患;二是激励施工人高效、文明施工。常见的奖励名目有工程进度奖、安全文明施工奖、工程质量奖、优秀班组奖及优质工程奖等。发包人的奖励,不但不违反法律、行政法规的强制性规定,而且有利于调动施工人的积极性、增强施工人的责任心、保障施工安全和工程质量,应当予以鼓励。奖励一般约定在建设工程施工合同中,或者在发包人公示的奖励考核办法中,或者体现在会议纪要中,或者发包人承诺,双方共同确认过。承包人在诉讼中请求发包人支付或兑现奖励金时,符合以下任一条件的,应予以支持:第一,双方对奖励金有约定,包括合同、会议纪要等形式的约定,并且已符合约定的条件;第二,发包人承诺给付奖励金的条件已具备;第三,双方曾共同确认过奖励金。如果承包人未能提供证据证实符合上述条件,发包人又不认可的,不予支持。

建设工程施工合同无效的,当事人关于奖励金的约定亦无效,并且不属于参照适用的范围。但当事人在建设工程施工合同之外约定的、发包人承诺的、双方共同确认的除外。

典型案例裁判观点及评析

最高人民法院(2019)最高法民终1459号案件裁判观点:因案涉合同属无效合同,而当事人关于逾期付款违约金、优质工程奖励款的约定不属有关解决争议方法的条款,故亦属无效;因此,一审法院没有支持承包人关于逾期违约金、优质工程奖励款的请求,事实根据和法律依据充分,本院予以支持。

要点评析:建设工程施工合同无效,合同中约定的发包人向承包人奖励的条款亦无效。但如果双方对奖励事项和奖励数额通过会议纪要、结算协议或其他方式予以确认的,不受建设工程施工合同效力的影响。

最高人民法院(2019)最高法民申762号案件裁判观点:奖励金的支付需要对工程进度、工程质量和安全进行考核,考核的方式是实行控制点考核、季兑现,工程中间交接总结算。从双方约定以及合同的实际履行来看,虽然工程如期实现了中间交接,但并无证据证明四川石化公司对安全管理、质量管理、综合管理方面进行了考核,也无证据证明承包人按照工程奖励费用发放程序向业主方提出了申请,故二审判决在现有证据无法证明已经符合支付奖励金条件的情况下,对承包人的该项请求未支持,并无明显不当。

要点评析:当事人约定奖励条件的,承包人主张奖励金时应证明已符合约定的条件。

附一

新旧建设工程司法解释对照

2020年5月28日，第十三届全国人民代表大会审议通过了《中华人民共和国民法典》，新中国第一部民法典诞生。就建设工程施工合同领域而言，《民法典》在吸收《合同法》总则和分则（主要是第15章和第16章）的同时，亦吸收了2004年《建设工程司法解释一》第2条、第3条、第8条、第9条和第10条等内容。最高人民法院于2020年12月25日公布的《建设工程司法解释》将2004年《建设工程司法解释一》和2018年《建设工程司法解释二》合二为一，删除了2004年《建设工程司法解释一》第21条和第24条，将2004年《建设工程司法解释一》第26条和2018年《建设工程司法解释二》第24条合并为第43条。2020年《建设工程司法解释》是根据《民法典》而制定的，除在前两部司法解释的基础上与《民法典》保持一致外，也对其他部分条文作了细微修正，并新增第36条。以2020年《建设工程司法解释》45个条文为主线，将其对前两部司法解释剩余条文的保留、修改或新增等变化对比如下：

2020 年《建设工程司法解释》	2004 年《建设工程司法解释一》	2018 年《建设工程司法解释二》	对比解读
第一条　建设工程施工合同具有下列情形之一的，应当依据民法典第一百五十三条第一款的规定，认定无效： （一）承包人未取得建筑业企业资质或者超越资质等级的； （二）没有资质的实际施工人借用有资质的建筑施工企业名义的； （三）建设工程必须进行招标而未招标或者中标无效的。 承包人因转包、违法分包建设工程与他人签订的建设工程施工合同，应当依据民法典第一百五十三条第一款及第七百九十一条第二款、第三款的规定，认定无效。	**第一条**　建设工程施工合同具有下列情形之一的，应当根据合同法第五十二条第（五）项的规定，认定无效： （一）承包人未取得建筑施工企业资质或者超越资质等级的； （二）没有资质的实际施工人借用有资质的建筑施工企业名义的； （三）建设工程必须进行招标而未招标或者中标无效的。 **第四条**　承包人非法转包、违法分包建设工程或者没有资质的实际施工人借用有资质的建筑施工企业名义与他人签订建设工程施工合同的行为无效。人民法院可以根据民法通则第一百三十四条规定，收缴当事人已经取得的非法所得。		1.《民法典》 第 153 条第 1 款规定："违反法律、行政法规的强制性规定的民事法律行为无效。但是，该强制性规定不导致该民事法律行为无效的除外。" 第 791 条第 2 款规定："总承包人或者勘察、设计、施工承包人经发包人同意，可以将自己承包的部分工作交由第三人完成。第三人就其完成的工作成果与总承包人或者勘察、设计、施工承包人向发包人承担连带责任。承包人不得将其承包的全部建设工程转包给第三人或者将其承包的全部建设工程支解以后以分包的名义分别转包给第三人。" 第 3 款规定："禁止承包人将工程分包给不具备相应资质条件的单位。禁止分包单位将其承包的工程再分包。建设工程主体结构的施工必须由承包人自行完成。" 2. 2020 年《建设工程司法解释》第 1 条根据《民法典》的规定将 2004 年《建设工程司法解释一》第 1 条和第 4 条合并后修改，目的是与《民法典》衔接一致，无其他实质变化。

续表

2020 年《建设工程司法解释》	2004 年《建设工程司法解释一》	2018 年《建设工程司法解释二》	对比解读
第二条 招标人和中标人另行签订的建设工程施工合同约定的工程范围、建设工期、工程质量、工程价款等实质性内容，与中标合同不一致，一方当事人请求按照中标合同确定权利义务的，人民法院应予支持。 招标人和中标人在中标合同之外就明显高于市场价格购买承建房产、无偿建设住房配套设施、让利、向建设单位捐赠财物等另行签订合同，变相降低工程价款，一方当事人以该合同背离中标合同实质性内容为由请求确认无效的，人民法院应予支持。		**第一条** 招标人和中标人另行签订的建设工程施工合同约定的工程范围、建设工期、工程质量、工程价款等实质性内容，与中标合同不一致，一方当事人请求按照中标合同确定权利义务的，人民法院应予支持。 招标人和中标人在中标合同之外就明显高于市场价格购买承建房产、无偿建设住房配套设施、让利、向建设单位捐赠财物等另行签订合同，变相降低工程价款，一方当事人以该合同背离中标合同实质性内容为由请求确认无效的，人民法院应予支持。	2020 年《建设工程司法解释》第 2 条，全盘吸收 2018 年《建设工程司法解释二》第 1 条。无变化。
第三条 当事人以发包人未取得建设工程规划许可证等规划审批手续为由，请求确认建设工程施工合同无效的，人民法院应予支持，但发包人在起诉前取得建设工程规划许可证等规划审批手续的除外。 发包人能够办理审批手续而未办理，并以未办理审批手续为由请求确认建设工程施工合同无效的，人民法院不予支持。		**第二条** 当事人以发包人未取得建设工程规划许可证等规划审批手续为由，请求确认建设工程施工合同无效的，人民法院应予支持，但发包人在起诉前取得建设工程规划许可证等规划审批手续的除外。 发包人能够办理审批手续而未办理，并以未办理审批手续为由请求确认建设工程施工合同无效的，人民法院不予支持。	2020 年《建设工程司法解释》第 3 条，全盘吸收 2018 年《建设工程司法解释二》第 2 条。无变化。

续表

2020年《建设工程司法解释》	2004年《建设工程司法解释一》	2018年《建设工程司法解释二》	对比解读
第四条 承包人超越资质等级许可的业务范围签订建设工程施工合同，在建设工程竣工前取得相应资质等级，当事人请求按照无效合同处理的，人民法院不予支持。	**第五条** 承包人超越资质等级许可的业务范围签订建设工程施工合同，在建设工程竣工前取得相应资质等级，当事人请求按照无效合同处理的，不予支持。		2020年《建设工程司法解释》第4条，全盘吸收2004年《建设工程司法解释一》第5条。无实质性变化。
第五条 具有劳务作业法定资质的承包人与总承包人、分包人签订的劳务分包合同，当事人请求确认无效的，人民法院依法不予支持。	**第七条** 具有劳务作业法定资质的承包人与总承包人、分包人签订的劳务分包合同，当事人以转包建设工程违反法律规定为由请求确认无效的，不予支持。		2020年《建设工程司法解释》第5条，吸收2004年《建设工程司法解释一》第7条。表述上更为简洁，无实质性变化。
第六条 建设工程施工合同无效，一方当事人请求对方赔偿损失的，应当就对方过错、损失大小、过错与损失之间的因果关系承担举证责任。 损失大小无法确定，一方当事人请求参照合同约定的质量标准、建设工期、工程价款支付时间等内容确定损失大小的，人民法院可以结合双方过错程度、过错与损失之间的因果关系等因素作出裁判。		**第三条** 建设工程施工合同无效，一方当事人请求对方赔偿损失的，应当就对方过错、损失大小、过错与损失之间的因果关系承担举证责任。 损失大小无法确定，一方当事人请求参照合同约定的质量标准、建设工期、工程价款支付时间等内容确定损失大小的，人民法院可以结合双方过错程度、过错与损失之间的因果关系等因素作出裁判。	2020年《建设工程司法解释》第6条，全盘吸收2018年《建设工程司法解释二》第3条。无变化。

续表

2020 年《建设工程司法解释》	2004 年《建设工程司法解释一》	2018 年《建设工程司法解释二》	对比解读
第七条 缺乏资质的单位或者个人借用有资质的建筑施工企业名义签订建设工程施工合同,发包人请求出借方与借用方对建设工程质量不合格等因出借资质造成的损失承担连带赔偿责任的,人民法院应予支持。		**第四条** 缺乏资质的单位或者个人借用有资质的建筑施工企业名义签订建设工程施工合同,发包人请求出借方与借用方对建设工程质量不合格等因出借资质造成的损失承担连带赔偿责任的,人民法院应予支持。	2020 年《建设工程司法解释》第 7 条,全盘吸收 2018 年《建设工程司法解释二》第 4 条。无变化。
第八条 当事人对建设工程开工日期有争议的,人民法院应当分别按照以下情形予以认定: (一)开工日期为发包人或者监理人发出的开工通知载明的开工日期;开工通知发出后,尚不具备开工条件的,以开工条件具备的时间为开工日期;因承包人原因导致开工时间推迟的,以开工通知载明的时间为开工日期。 (二)承包人经发包人同意已经实际进场施工的,以实际进场施工时间为开工日期。 (三)发包人或者监理人未发出开工通知,亦无相关证据证明实际开工日期的,应当综合考虑开工报告、合同、施工许可证、竣工验收报告或者竣工验收备案表等载明的时间,并结合是否具备开工条件的事实,认定开工日期。		**第五条** 当事人对建设工程开工日期有争议的,人民法院应当分别按照以下情形予以认定: (一)开工日期为发包人或者监理人发出的开工通知载明的开工日期;开工通知发出后,尚不具备开工条件的,以开工条件具备的时间为开工日期;因承包人原因导致开工时间推迟的,以开工通知载明的时间为开工日期。 (二)承包人经发包人同意已经实际进场施工的,以实际进场施工时间为开工日期。 (三)发包人或者监理人未发出开工通知,亦无相关证据证明实际开工日期的,应当综合考虑开工报告、合同、施工许可证、竣工验收报告或者竣工验收备案表等载明的时间,并结合是否具备开工条件的事实,认定开工日期。	2020 年《建设工程司法解释》第 8 条,全盘吸收 2018 年《建设工程司法解释二》第 5 条。无变化。

续表

2020年《建设工程司法解释》	2004年《建设工程司法解释一》	2018年《建设工程司法解释二》	对比解读
第九条　当事人对建设工程实际竣工日期有争议的，<u>人民法院应当分别</u>按照以下情形<u>予以认定</u>： （一）建设工程经竣工验收合格的，以竣工验收合格之日为竣工日期； （二）承包人已经提交竣工验收报告，发包人拖延验收的，以承包人提交验收报告之日为竣工日期； （三）建设工程未经竣工验收，发包人擅自使用的，以转移占有建设工程之日为竣工日期。	**第十四条**　当事人对建设工程实际竣工日期有争议的，按照以下情形<u>分别</u>处理： （一）建设工程经竣工验收合格的，以竣工验收合格之日为竣工日期； （二）承包人已经提交竣工验收报告，发包人拖延验收的，以承包人提交验收报告之日为竣工日期； （三）建设工程未经竣工验收，发包人擅自使用的，以转移占有建设工程之日为竣工日期。		2020年《建设工程司法解释》第9条，吸收2004年《建设工程司法解释一》第14条。无实质性变化。
第十条　当事人约定顺延工期应当经发包人或者监理人签证等方式确认，承包人虽未取得工期顺延的确认，但能够证明在合同约定的期限内向发包人或者监理人申请过工期顺延且顺延事由符合合同约定，承包人以此为由主张工期顺延的，人民法院应予支持。 当事人约定承包人未在约定期限内提出工期顺延申请视为工期不顺延的，按照约定处理，但发包人在约定期限后同意工期顺延或者承包人提出合理抗辩的除外。		**第六条**　当事人约定顺延工期应当经发包人或者监理人签证等方式确认，承包人虽未取得工期顺延的确认，但能够证明在合同约定的期限内向发包人或者监理人申请过工期顺延且顺延事由符合合同约定，承包人以此为由主张工期顺延的，人民法院应予支持。 当事人约定承包人未在约定期限内提出工期顺延申请视为工期不顺延的，按照约定处理，但发包人在约定期限后同意工期顺延或者承包人提出合理抗辩的除外。	2020年《建设工程司法解释》第10条，全盘吸收2018年《建设工程司法解释二》第6条。无变化。

续表

2020 年《建设工程司法解释》	2004 年《建设工程司法解释一》	2018 年《建设工程司法解释二》	对比解读
第十一条　建设工程竣工前，当事人对工程质量发生争议，工程质量经鉴定合格的，鉴定期间为顺延工期期间。	**第十五条**　建设工程竣工前，当事人对工程质量发生争议，工程质量经鉴定合格的，鉴定期间为顺延工期期间。		2020 年《建设工程司法解释》第 11 条，全盘吸收 2004 年《建设工程司法解释一》第 15 条。无变化。
第十二条　因承包人的原因造成建设工程质量不符合约定，承包人拒绝修理、返工或者改建，发包人请求减少支付工程价款的，人民法院应予支持。	**第十一条**　因承包人的过错造成建设工程质量不符合约定，承包人拒绝修理、返工或者改建，发包人请求减少支付工程价款的，应予支持。		2020 年《建设工程司法解释》第 12 条将 2004 年《建设工程司法解释一》第 11 条中的“过错”修改为“原因”，符合建筑实务和司法实践。这一修改可能源于确保工程质量合格系承包人的主要合同义务，与其是否存在“过错”无关，且承包人的主观过错也难以界定。
第十三条　发包人具有下列情形之一，造成建设工程质量缺陷，应当承担过错责任： （一）提供的设计有缺陷； （二）提供或者指定购买的建筑材料、建筑构配件、设备不符合强制性标准； （三）直接指定分包人分包专业工程。 承包人有过错的，也应当承担相应的过错责任。	**第十二条**　发包人具有下列情形之一，造成建设工程质量缺陷，应当承担过错责任： （一）提供的设计有缺陷； （二）提供或者指定购买的建筑材料、建筑构配件、设备不符合强制性标准； （三）直接指定分包人分包专业工程。 承包人有过错的，也应当承担相应的过错责任。		2020 年《建设工程司法解释》第 13 条，全盘吸收 2004 年《建设工程司法解释一》第 12 条。无变化。

续表

2020 年《建设工程司法解释》	2004 年《建设工程司法解释一》	2018 年《建设工程司法解释二》	对比解读
第十四条　建设工程未经竣工验收，发包人擅自使用后，又以使用部分质量不符合约定为由主张权利的，人民法院不予支持；但是承包人应当在建设工程的合理使用寿命内对地基基础工程和主体结构质量承担民事责任。	**第十三条**　建设工程未经竣工验收，发包人擅自使用后，又以使用部分质量不符合约定为由主张权利的，不予支持；但是承包人应当在建设工程的合理使用寿命内对地基基础工程和主体结构质量承担民事责任。		2020 年《建设工程司法解释》第 14 条，吸收 2004 年《建设工程司法解释一》第 13 条。无实质性变化。
第十五条　因建设工程质量发生争议的，发包人可以以总承包人、分包人和实际施工人为共同被告提起诉讼。	**第二十五条**　因建设工程质量发生争议的，发包人可以以总承包人、分包人和实际施工人为共同被告提起诉讼。		2020 年《建设工程司法解释》第 15 条，全盘吸收 2004 年《建设工程司法解释一》第 25 条。无变化。
第十六条　发包人在承包人提起的建设工程施工合同纠纷案件中，以建设工程质量不符合合同约定或者法律规定为由，就承包人支付违约金或者赔偿修理、返工、改建的合理费用等损失提出反诉的，人民法院可以合并审理。		**第七条**　发包人在承包人提起的建设工程施工合同纠纷案件中，以建设工程质量不符合合同约定或者法律规定为由，就承包人支付违约金或者赔偿修理、返工、改建的合理费用等损失提出反诉的，人民法院可以合并审理。	2020 年《建设工程司法解释》第 16 条，全盘吸收 2018 年《建设工程司法解释二》第 7 条。无变化。

续表

2020 年《建设工程司法解释》	2004 年《建设工程司法解释一》	2018 年《建设工程司法解释二》	对比解读
第十七条 有下列情形之一，承包人请求发包人返还工程质量保证金的，人民法院应予支持： （一）当事人约定的工程质量保证金返还期限届满； （二）当事人未约定工程质量保证金返还期限的，自建设工程通过竣工验收之日起满二年； （三）因发包人原因建设工程未按约定期限进行竣工验收的，自承包人提交工程竣工验收报告九十日后当事人约定的工程质量保证金返还期限届满；当事人未约定工程质量保证金返还期限的，自承包人提交工程竣工验收报告九十日后起满二年。 发包人返还工程质量保证金后，不影响承包人根据合同约定或者法律规定履行工程保修义务。		**第八条** 有下列情形之一，承包人请求发包人返还工程质量保证金的，人民法院应予支持： （一）当事人约定的工程质量保证金返还期限届满。 （二）当事人未约定工程质量保证金返还期限的，自建设工程通过竣工验收之日起满二年。 （三）因发包人原因建设工程未按约定期限进行竣工验收的，自承包人提交工程竣工验收报告九十日后起当事人约定的工程质量保证金返还期限届满；当事人未约定工程质量保证金返还期限的，自承包人提交工程竣工验收报告九十日后起满二年。 发包人返还工程质量保证金后，不影响承包人根据合同约定或者法律规定履行工程保修义务。	2020 年《建设工程司法解释》第 17 条，全盘吸收 2018 年《建设工程司法解释二》第 8 条。无实质性变化。
第十八条 因保修人未及时履行保修义务，导致建筑物毁损或者造成人身损害、财产损失的，保修人应当承担赔偿责任。 保修人与建筑物所有人或者发包人对建筑物毁损均有过错的，各自承担相应的责任。	**第二十七条** 因保修人未及时履行保修义务，导致建筑物毁损或者造成人身、财产损害的，保修人应当承担赔偿责任。 保修人与建筑物所有人或者发包人对建筑物毁损均有过错的，各自承担相应的责任。		2020 年《建设工程司法解释》第 18 条，吸收 2004 年《建设工程司法解释一》第 27 条。表述上更为准确，无实质性变化。

续表

2020 年《建设工程司法解释》	2004 年《建设工程司法解释一》	2018 年《建设工程司法解释二》	对比解读
第十九条　当事人对建设工程的计价标准或者计价方法有约定的，按照约定结算工程价款。 因设计变更导致建设工程的工程量或者质量标准发生变化，当事人对该部分工程价款不能协商一致的，可以参照签订建设工程施工合同时当地建设行政主管部门发布的计价方法或者计价标准结算工程价款。 建设工程施工合同有效，但建设工程经竣工验收不合格的，依照民法典第五百七十七条规定处理。	**第十六条**　当事人对建设工程的计价标准或者计价方法有约定的，按照约定结算工程价款。 因设计变更导致建设工程的工程量或者质量标准发生变化，当事人对该部分工程价款不能协商一致的，可以参照签订建设工程施工合同时当地建设行政主管部门发布的计价方法或者计价标准结算工程价款。 建设工程施工合同有效，但建设工程经竣工验收不合格的，工程价款结算参照本解释第三条规定处理。		1.《民法典》 第 577 条规定："当事人一方不履行合同义务或者履行合同义务不符合约定的，应当承担继续履行、采取补救措施或者赔偿损失等违约责任。" 2. 2020 年《建设工程司法解释》第 19 条根据《民法典》的规定对 2004 年《建设工程司法解释一》第 16 条进修改，目的是与《民法典》衔接一致。 3. 依据《民法典》第 577 条的规定进行处理，强调的是建设工程竣工验收不合格情形下承包人的违约责任，应当按照承担违约责任的相关规定进行处理。
第二十条　当事人对工程量有争议的，按照施工过程中形成的签证等书面文件确认。承包人能够证明发包人同意其施工，但未能提供签证文件证明工程量发生的，可以按照当事人提供的其他证据确认实际发生的工程量。	**第十九条**　当事人对工程量有争议的，按照施工过程中形成的签证等书面文件确认。承包人能够证明发包人同意其施工，但未能提供签证文件证明工程量发生的，可以按照当事人提供的其他证据确认实际发生的工程量。		2020 年《建设工程司法解释》第 20 条，全盘吸收 2004 年《建设工程司法解释一》第 19 条。无变化。

续表

2020 年《建设工程司法解释》	2004 年《建设工程司法解释一》	2018 年《建设工程司法解释二》	对比解读
第二十一条 当事人约定，发包人收到竣工结算文件后，在约定期限内不予答复，视为认可竣工结算文件的，按照约定处理。承包人请求按照竣工结算文件结算工程价款的，人民法院应予支持。	**第二十条** 当事人约定，发包人收到竣工结算文件后，在约定期限内不予答复，视为认可竣工结算文件的，按照约定处理。承包人请求按照竣工结算文件结算工程价款的，应予支持。		2020 年《建设工程司法解释》第 21 条，吸收 2004 年《建设工程司法解释一》第 20 条。无实质性变化。
第二十二条 当事人签订的建设工程施工合同与招标文件、投标文件、中标通知书载明的工程范围、建设工期、工程质量、工程价款不一致，一方当事人请求将招标文件、投标文件、中标通知书作为结算工程价款的依据的，人民法院应予支持。		**第十条** 当事人签订的建设工程施工合同与招标文件、投标文件、中标通知书载明的工程范围、建设工期、工程质量、工程价款不一致，一方当事人请求将招标文件、投标文件、中标通知书作为结算工程价款的依据的，人民法院应予支持。	2020 年《建设工程司法解释》第 22 条，全盘吸收 2018 年《建设工程司法解释二》第 10 条。无变化。
第二十三条 发包人将依法不属于必须招标的建设工程进行招标后，与承包人另行订立的建设工程施工合同背离中标合同的实质性内容，当事人请求以中标合同作为结算建设工程价款依据的，人民法院应予支持，但发包人与承包人因客观情况发生了在招标投标时难以预见的变化而另行订立建设工程施工合同的除外。		**第九条** 发包人将依法不属于必须招标的建设工程进行招标后，与承包人另行订立的建设工程施工合同背离中标合同的实质性内容，当事人请求以中标合同作为结算建设工程价款依据的，人民法院应予支持，但发包人与承包人因客观情况发生了在招标投标时难以预见的变化而另行订立建设工程施工合同的除外。	2020 年《建设工程司法解释》第 23 条，全盘吸收 2018 年《建设工程司法解释二》第 9 条。无变化。

续表

2020 年《建设工程司法解释》	2004 年《建设工程司法解释一》	2018 年《建设工程司法解释二》	对比解读
第二十四条 当事人就同一建设工程订立的数份建设工程施工合同均无效，但建设工程质量合格，一方当事人请求参照实际履行的合同关于工程价款的约定折价补偿承包人的，人民法院应予支持。 实际履行的合同难以确定，当事人请求参照最后签订的合同关于工程价款的约定折价补偿承包人的，人民法院应予支持。		**第十一条** 当事人就同一建设工程订立的数份建设工程施工合同均无效，但建设工程质量合格，一方当事人请求参照实际履行的合同结算建设工程价款的，人民法院应予支持。 实际履行的合同难以确定，当事人请求参照最后签订的合同结算建设工程价款的，人民法院应予支持。	2020 年《建设工程司法解释》第 24 条在 2018 年《建设工程司法解释二》第 11 条的基础上，与《民法典》第 157 条确定的“折价补偿原则”及第 793 条“建设工程验收合格的，可以参照合同关于工程价款的约定折价补偿承包人”等规定相衔接。
第二十五条 当事人对垫资和垫资利息有约定，承包人请求按照约定返还垫资及其利息的，人民法院应予支持，但是约定的利息计算标准高于垫资时的同类贷款利率或者同期贷款市场报价利率的部分除外。 当事人对垫资没有约定的，按照工程欠款处理。 当事人对垫资利息没有约定，承包人请求支付利息的，人民法院不予支持。	**第六条** 当事人对垫资和垫资利息有约定，承包人请求按照约定返还垫资及其利息的，应予支持，但是约定的利息计算标准高于中国人民银行发布的同期同类贷款利率的部分除外。 当事人对垫资没有约定的，按照工程欠款处理。 当事人对垫资利息没有约定，承包人请求支付利息的，不予支持。		2020 年《建设工程司法解释》第 25 条在 2004 年《建设工程司法解释一》第 6 条的基础上，与“2019 年 8 月 20 日起，中国人民银行已经授权全国银行间同业拆借中心于每月 20 日（遇节假日顺延）9 时 30 分公布贷款市场报价利率（LPR）”等规定相衔接。无实质性变化。

续表

2020年《建设工程司法解释》	2004年《建设工程司法解释一》	2018年《建设工程司法解释二》	对比解读
第二十六条　当事人对欠付工程价款利息计付标准有约定的，按照约定处理。没有约定的，按照同期同类贷款利率或者同期贷款市场报价利率计息。	**第十七条**　当事人对欠付工程价款利息计付标准有约定的，按照约定处理；没有约定的，按照中国人民银行发布的同期同类贷款利率计息。		2020年《建设工程司法解释》第26条在2004年《建设工程司法解释一》第17条的基础上，与“2019年8月20日起，中国人民银行已经授权全国银行间同业拆借中心于每月20日（遇节假日顺延）9时30分公布贷款市场报价利率（LPR）”等规定相衔接。无实质性变化。
第二十七条　利息从应付工程价款之日开始计付。当事人对付款时间没有约定或者约定不明的，下列时间视为应付款时间： （一）建设工程已实际交付的，为交付之日； （二）建设工程没有交付的，为提交竣工结算文件之日； （三）建设工程未交付，工程价款也未结算的，为当事人起诉之日。	**第十八条**　利息从应付工程价款之日计付。当事人对付款时间没有约定或者约定不明的，下列时间视为应付款时间： （一）建设工程已实际交付的，为交付之日； （二）建设工程没有交付的，为提交竣工结算文件之日； （三）建设工程未交付，工程价款也未结算的，为当事人起诉之日。		2020年《建设工程司法解释》第27条，吸收2004年《建设工程司法解释一》第18条。表述上增加“开始”二字，无实质性变化。
第二十八条　当事人约定按照固定价结算工程价款，一方当事人请求对建设工程造价进行鉴定的，人民法院不予支持。	**第二十二条**　当事人约定按照固定价结算工程价款，一方当事人请求对建设工程造价进行鉴定的，不予支持。		2020年《建设工程司法解释》第28条，吸收2004年《建设工程司法解释一》第22条。无变化。

续表

2020 年《建设工程司法解释》	2004 年《建设工程司法解释一》	2018 年《建设工程司法解释二》	对比解读
第二十九条　当事人在诉讼前已经对建设工程价款结算达成协议,诉讼中一方当事人申请对工程造价进行鉴定的,人民法院不予准许。		**第十二条**　当事人在诉讼前已经对建设工程价款结算达成协议,诉讼中一方当事人申请对工程造价进行鉴定的,人民法院不予准许。	2020 年《建设工程司法解释》第 29 条,全盘吸收 2018 年《建设工程司法解释二》第 12 条。无变化。
第三十条　当事人在诉讼前共同委托有关机构、人员对建设工程造价出具咨询意见,诉讼中一方当事人不认可该咨询意见申请鉴定的,人民法院应予准许,但双方当事人明确表示受该咨询意见约束的除外。		**第十三条**　当事人在诉讼前共同委托有关机构、人员对建设工程造价出具咨询意见,诉讼中一方当事人不认可该咨询意见申请鉴定的,人民法院应予准许,但双方当事人明确表示受该咨询意见约束的除外。	2020 年《建设工程司法解释》第 30 条,全盘吸收 2018 年《建设工程司法解释二》第 13 条。无变化。
第三十一条　当事人对部分案件事实有争议的,仅对有争议的事实进行鉴定,但争议事实范围不能确定,或者双方当事人请求对全部事实鉴定的除外。	**第二十三条**　当事人对部分案件事实有争议的,仅对有争议的事实进行鉴定,但争议事实范围不能确定,或者双方当事人请求对全部事实鉴定的除外。		2020 年《建设工程司法解释》第 31 条,全盘吸收 2004 年《建设工程司法解释一》第 23 条。无变化。

续表

2020 年《建设工程司法解释》	2004 年《建设工程司法解释一》	2018 年《建设工程司法解释二》	对比解读
第三十二条 当事人对工程造价、质量、修复费用等专门性问题有争议,人民法院认为需要鉴定的,应当向负有举证责任的当事人释明。当事人经释明未申请鉴定,虽申请鉴定但未支付鉴定费用或者拒不提供相关材料的,应当承担举证不能的法律后果。 一审诉讼中负有举证责任的当事人未申请鉴定,虽申请鉴定但未支付鉴定费用或者拒不提供相关材料,二审诉讼中申请鉴定,人民法院认为确有必要的,应当依照民事诉讼法第一百七十条第一款第三项的规定处理。		**第十四条** 当事人对工程造价、质量、修复费用等专门性问题有争议,人民法院认为需要鉴定的,应当向负有举证责任的当事人释明。当事人经释明未申请鉴定,虽申请鉴定但未支付鉴定费用或者拒不提供相关材料的,应当承担举证不能的法律后果。 一审诉讼中负有举证责任的当事人未申请鉴定,虽申请鉴定但未支付鉴定费用或者拒不提供相关材料,二审诉讼中申请鉴定,人民法院认为确有必要的,应当依照民事诉讼法第一百七十条第一款第三项的规定处理。	2020 年《建设工程司法解释》第 32 条,全盘吸收 2018 年《建设工程司法解释二》第 14 条。无变化。
第三十三条 人民法院准许当事人的鉴定申请后,应当根据当事人申请及查明案件事实的需要,确定委托鉴定的事项、范围、鉴定期限等,并组织当事人对争议的鉴定材料进行质证。		**第十五条** 人民法院准许当事人的鉴定申请后,应当根据当事人申请及查明案件事实的需要,确定委托鉴定的事项、范围、鉴定期限等,并组织双方当事人对争议的鉴定材料进行质证。	2020 年《建设工程司法解释》第 33 条,全盘吸收 2018 年《建设工程司法解释二》第 15 条。无实质性变化。

续表

2020 年《建设工程司法解释》	2004 年《建设工程司法解释一》	2018 年《建设工程司法解释二》	对比解读
第三十四条　人民法院应当组织当事人对鉴定意见进行质证。鉴定人将当事人有争议且未经质证的材料作为鉴定依据的，人民法院应当组织当事人就该部分材料进行质证。经质证认为不能作为鉴定依据的，根据该材料作出的鉴定意见不得作为认定案件事实的依据。		**第十六条**　人民法院应当组织当事人对鉴定意见进行质证。鉴定人将当事人有争议且未经质证的材料作为鉴定依据的，人民法院应当组织当事人就该部分材料进行质证。经质证认为不能作为鉴定依据的，根据该材料作出的鉴定意见不得作为认定案件事实的依据。	2020 年《建设工程司法解释》第 34 条，全盘吸收 2018 年《建设工程司法解释二》第 16 条。无变化。
第三十五条　与发包人订立建设工程施工合同的承包人，依据民法典第八百零七条的规定请求其承建工程的价款就工程折价或者拍卖的价款优先受偿的，人民法院应予支持。		**第十七条**　与发包人订立建设工程施工合同的承包人，根据合同法第二百八十六条规定请求其承建工程的价款就工程折价或者拍卖的价款优先受偿的，人民法院应予支持。	1.《民法典》 第 807 条规定："发包人未按照约定支付价款的，承包人可以催告发包人在合理期限内支付价款。发包人逾期不支付的，除根据建设工程的性质不宜折价、拍卖外，承包人可以与发包人协议将该工程折价，也可以请求人民法院将该工程依法拍卖。建设工程的价款就该工程折价或者拍卖的价款优先受偿。" 2. 2020 年《建设工程司法解释》第 35 条根据《民法典》的规定对 2018 年《建设工程司法解释二》第 17 条进修改，目的是与《民法典》衔接一致。

续表

2020年《建设工程司法解释》	2004年《建设工程司法解释一》	2018年《建设工程司法解释二》	对比解读
第三十六条　承包人根据民法典第八百零七条规定享有的建设工程价款优先受偿权优于抵押权和其他债权。			相对于2004年《建设工程司法解释一》和2018年《建设工程司法解释二》而言,2020年《建设工程司法解释》第36条为新增条款,该条款吸收的是最高人民法院《关于建设工程价款优先受偿权问题的批复》(法释〔2002〕16号)第1条的规定。
第三十七条　装饰装修工程具备折价或者拍卖条件,装饰装修工程的承包人请求工程价款就该装饰装修工程折价或者拍卖的价款优先受偿的,人民法院应予支持。		**第十八条**　装饰装修工程的承包人,请求装饰装修工程价款就该装饰装修工程折价或者拍卖的价款优先受偿的,人民法院应予支持,但装饰装修工程的发包人不是该建筑物的所有权人的除外。	2020年《建设工程司法解释》第37条在2018年《建设工程司法解释二》第18条的基础上删除了但书条款,增加了"装饰装修工程具备折价或者拍卖条件"这一前提条件。统一了装饰装修工程与建设工程优先受偿权的规定。
第三十八条　建设工程质量合格,承包人请求其承建工程的价款就工程折价或者拍卖的价款优先受偿的,人民法院应予支持。		**第十九条**　建设工程质量合格,承包人请求其承建工程的价款就工程折价或者拍卖的价款优先受偿的,人民法院应予支持。	2020年《建设工程司法解释》第38条,全盘吸收2018年《建设工程司法解释二》第19条。无变化。

续表

2020 年《建设工程司法解释》	2004 年《建设工程司法解释一》	2018 年《建设工程司法解释二》	对比解读
第三十九条 未竣工的建设工程质量合格，承包人请求其承建工程的价款就其承建工程部分折价或者拍卖的价款优先受偿的，人民法院应予支持。		**第二十条** 未竣工的建设工程质量合格，承包人请求其承建工程的价款就其承建工程部分折价或者拍卖的价款优先受偿的，人民法院应予支持。	2020 年《建设工程司法解释》第 39 条，全盘吸收 2018 年《建设工程司法解释二》第 20 条。无变化。
第四十条 承包人建设工程价款优先受偿的范围依照国务院有关行政主管部门关于建设工程价款范围的规定确定。 承包人就逾期支付建设工程价款的利息、违约金、损害赔偿金等主张优先受偿的，人民法院不予支持。		**第二十一条** 承包人建设工程价款优先受偿的范围依照国务院有关行政主管部门关于建设工程价款范围的规定确定。 承包人就逾期支付建设工程价款的利息、违约金、损害赔偿金等主张优先受偿的，人民法院不予支持。	2020 年《建设工程司法解释》第 40 条，全盘吸收 2018 年《建设工程司法解释二》第 21 条。无变化。
第四十一条 承包人应当在合理期限内行使建设工程价款优先受偿权，但最长不得超过十八个月，自发包人应当给付建设工程价款之日起算。		**第二十二条** 承包人行使建设工程价款优先受偿权的期限为六个月，自发包人应当给付建设工程价款之日起算。	2020 年《建设工程司法解释》第 41 条在 2018 年《建设工程司法解释二》第 22 条的基础上，将优先受偿权的行使期限放宽至 18 个月。

续表

2020 年《建设工程司法解释》	2004 年《建设工程司法解释一》	2018 年《建设工程司法解释二》	对比解读
第四十二条　发包人与承包人约定放弃或者限制建设工程价款优先受偿权，损害建筑工人利益，发包人根据该约定主张承包人不享有建设工程价款优先受偿权的，人民法院不予支持。		**第二十三条**　发包人与承包人约定放弃或者限制建设工程价款优先受偿权，损害建筑工人利益，发包人根据该约定主张承包人不享有建设工程价款优先受偿权的，人民法院不予支持。	2020 年《建设工程司法解释》第 42 条，全盘吸收 2018 年《建设工程司法解释二》第 23 条。无变化。
第四十三条　实际施工人以转包人、违法分包人为被告起诉的，人民法院应当依法受理。 实际施工人以发包人为被告主张权利的，人民法院<u>应当</u>追加转包人或者违法分包人为本案<u>第三人</u>，在查明发包人欠付转包人或者违法分包人建设工程价款的数额后，判决发包人在欠付建设工程价款范围内对实际施工人承担责任。	**第二十六条**　实际施工人以转包人、违法分包人为被告起诉的，人民法院应当依法受理。 实际施工人以发包人为被告主张权利的，人民法院<u>可以</u>追加转包人或者违法分包人为本案<u>当事人。发包人只在欠付工程价款范围内对实际施工人承担责任。</u>	**第二十四条**　实际施工人以发包人为被告主张权利的，人民法院应当追加转包人或者违法分包人为本案第三人，在查明发包人欠付转包人或者违法分包人建设工程价款的数额后，判决发包人在欠付建设工程价款范围内对实际施工人承担责任。	2020 年《建设工程司法解释》第 43 条将 2004 年《建设工程司法解释一》第 26 条第 1 款和 2018 年《建设工程司法解释二》第 24 条合并，删除了 2004 年《建设工程司法解释一》第 26 条第 2 款，解决了上述第 26 条和第 24 条之间的冲突问题。

续表

2020 年《建设工程司法解释》	2004 年《建设工程司法解释一》	2018 年《建设工程司法解释二》	对比解读
第四十四条　实际施工人依据民法典第五百三十五条规定，以转包人或者违法分包人怠于向发包人行使到期债权或者与该债权有关的从权利，影响其到期债权实现，提起代位权诉讼的，人民法院应予支持。		**第二十五条**　实际施工人根据合同法第七十三条规定，以转包人或者违法分包人怠于向发包人行使到期债权，对其造成损害为由，提起代位权诉讼的，人民法院应予支持。	1.《民法典》 第 535 条规定：“因债务人怠于行使其债权或者与该债权有关的从权利，影响债权人的到期债权实现的，债权人可以向人民法院请求以自己的名义代位行使债务人对相对人的权利，但是该权利专属于债务人自身的除外。代位权的行使范围以债权人的到期债权为限。债权人行使代位权的必要费用，由债务人负担。相对人对债务人的抗辩，可以向债权人主张。” 2. 2020 年《建设工程司法解释》第 44 条根据《民法典》的规定对 2018 年《建设工程司法解释二》第 25 条进修改，目的是与《民法典》衔接一致。
第四十五条　本解释自 2021 年 1 月 1 日起施行。	**第二十八条**　本解释自二〇〇五年一月一日起施行。 施行后受理的第一审案件适用本解释。 施行前最高人民法院发布的司法解释与本解释相抵触的，以本解释为准。	**第二十六条**　本解释自 2019 年 2 月 1 日起施行。 本解释施行后尚未审结的一审、二审案件，适用本解释。 本解释施行前已经终审、施行后当事人申请再审或者按照审判监督程序决定再审的案件，不适用本解释。 最高人民法院以前发布的司法解释与本解释不一致的，不再适用。	2020 年《建设工程司法解释》虽没有溯及适用的具体规定，但最高人民法院《关于适用〈中华人民共和国民法典〉时间效力的若干规定》对此问题有相应的规定。

附二

《关于审理建设工程施工合同纠纷案件适用法律问题的解释》(修改建议稿)[1]

根据《中华人民共和国民法典》《中华人民共和国建筑法》《中华人民共和国招标投标法》《中华人民共和国民事诉讼法》等法律规定,就审理建设工程施工合同纠纷案件中适用法律的问题,建议将最高人民法院《关于审理建设工程施工合同纠纷案件适用法律问题的解释》和最高人民法院《关于审理建设工程施工合同纠纷案件适用法律问题的解释(二)》合并,并修改如下:

第一条 建设工程施工合同具有下列情形之一的,应当根据《民法典》第一百五十三条的规定,认定无效:

(一)承包人未取得建筑施工企业资质或者超越资质等级的;

(二)没有资质的实际施工人借用有资质的建筑施工企业名义的;

(三)建设工程必须进行招标而未招标或者中标无效的;

(四)承包人基于非法转包、违法分包建设工程而签订转包合同或分包合同的。

修改说明:《民法典》未保留《民法通则》第一百三十四条规定的收缴非法所得,将《建设工程司法解释一》第一条与第四条修改后合并。因《民法典》第一百五十三条吸收《合同法》第五十二条第(五)项,修改以《民法典》为依据。同时,进一步明确了因非法转包或违法分包行为导致所签订的转包合同或分包合同无效,并非导

〔1〕 本建议稿系作者个人观点,仅供参考。本建议稿定稿于2020年9月初,系笔者长期以来实践经验和感悟的积淀。笔者认为,最高人民法院于2020年12月25日公布的《建设工程司法解释》主要是基于《民法典》于2021年1月1日起施行的大背景而制定,并非完全基于解决审判实践中存在的问题而制定,即此次司法解释的修订与司法实践的契合度不高。笔者的修改建议,虽在立法技术等层面或许不够成熟,甚至个别观点也有待商榷,但真实反映了司法实践中所存在的问题及笔者个人的思考路径。故本建议稿在2020年《建设工程司法解释》施行后,仍有一定的参考价值。

致转包人或分包人与发包人签订的建设工程施工合同无效。

删除说明:《建设工程司法解释一》第二条和第三条已被《民法典》第七百九十三条吸收,从解释中删除。

第二条 承包人超越资质等级许可的业务范围签订建设工程施工合同,在起诉前取得相应资质等级,当事人请求按照无效合同处理的,不予支持。

承包人以发包人未取得建设工程规划许可证等规划审批手续为由,请求确认建设工程施工合同无效的,人民法院应予以支持,但发包人在起诉前取得建设工程规划许可证等规划审批手续的除外。

发包人能够办理审批手续而未办理,并以未办理审批手续为由请求确认建设工程施工合同无效的,人民法院不予支持。

修改说明:将《建设工程司法解释一》第五条和《建设工程司法解释二》第二条合并,并将合同效力补正的时间点统一确定为起诉前。

第三条 当事人对垫资和垫资利息有约定,承包人请求按照约定返还垫资及其利息的,应予支持,但是约定的利息计算标准高于全国银行间同业拆借中心公布的贷款市场报价利率的部分除外。

当事人对垫资没有约定的,按照工程欠款处理。

当事人对垫资利息没有约定,承包人请求支付利息的,不予支持。

修改说明:自 2019 年 8 月 20 日起,中国人民银行已经授权全国银行间同业拆借中心于每月 20 日(遇节假日顺延)9 时 30 分公布贷款市场报价利率(LPR),中国人民银行贷款基准利率这一标准已经取消,应改为全国银行间同业拆借中心公布的贷款市场报价利率。

第四条 具有劳务作业法定资质的承包人与总承包人、分包人签订的劳务分包合同并形成劳务合同关系的,当事人以转包建设工程违反法律规定为由请求确认无效的,不予支持。

修改说明:在《建设工程司法解释一》第七条的基础上,进一步强调合法的劳务合同关系,排除名为劳务分包合同实为其他违法关系的情形。

第五条 承包人具有下列情形之一,发包人请求解除建设工程施工合同的,应予支持:

(一)明确表示或者以行为表明不履行合同主要义务的;

(二)合同约定的期限内没有完工,且在发包人催告的合理期限内仍未完工的;

(三)已经完成的建设工程质量不合格,并拒绝修复的。

发包人未按约定支付工程价款,在催告的合理期限内仍未履行相应义务,且导致承包人无法施工的,承包人可以解除合同。

因一方违约导致合同解除的,违约方应当赔偿因此而给对方造成的损失。

修改说明:《建设工程司法解释一》第八条第(四)项已被《民法典》第八百零六条第一款吸收,第九条部分被《民法典》第八百零六条第二款吸收,第十条第一款被《民法典》第八百零六条第三款吸收,其余内容予以保留。

第六条 因承包人的过错造成建设工程质量不符合约定,承包人拒绝修理、返工或者改建,发包人提出抗辩请求减少支付工程价款的,应予支持。

修改说明:在《建设工程司法解释一》第十一条的基础上,进一步明确发包人可以提出抗辩的方式请求减少支付工程价款。

第七条 发包人具有下列情形之一,造成建设工程质量缺陷,应当承担过错责任:

(一)提供的设计有缺陷;

(二)提供或者指定购买的建筑材料、建筑构配件、设备不符合强制性标准;

(三)直接指定分包人分包专业工程。

承包人有过错的,也应当承担相应的过错责任。

保留说明:此条文为《建设工程司法解释一》第十二条。

第八条 建设工程未经竣工验收,发包人擅自使用后,又以使用部分质量不符合约定为由主张权利的,不予支持;但是承包人应当在建设工程的合理使用寿命内对地基基础工程和主体结构质量承担民事责任。

建设工程的保修期,自转移占有建设工程之日起计算。

修改说明:在《建设工程司法解释一》第十三条的基础上,进一步明确发包人未经工程竣工验收擅自使用情形下建设工程保修期的起算时间。

第九条 当事人对建设工程实际竣工日期有争议的,按照以下情形分别处理:

(一)建设工程经竣工验收合格的,以竣工验收合格之日为竣工日期;

(二)承包人已经提交竣工验收报告,发包人拖延验收的,以承包人提交验收报告之日为竣工日期;

(三)建设工程未经竣工验收,发包人擅自使用的,以转移占有建设工程之日为竣工日期。

保留说明:此条文为《建设工程司法解释一》第十四条。

第十条 建设工程竣工前,当事人对工程质量发生争议,工程质量经鉴定合格的，鉴定期间为顺延工期期间。

保留说明：此条文为《建设工程司法解释一》第十五条。

第十一条 当事人对建设工程的计价标准或者计价方法有约定的，按照约定结算工程价款。

因设计变更导致建设工程的工程量或者质量标准发生变化，当事人对该部分工程价款不能协商一致的，可以参照签订建设工程施工合同时当地建设行政主管部门发布的计价方法或者计价标准结算工程价款。

建设工程施工合同有效，但建设工程经竣工验收不合格的，工程价款结算参照《民法典》第七百九十三条第二款之规定处理。

修改说明：在《建设工程司法解释一》第十六条的基础上，因《建设工程司法解释一》第三条已被《民法典》吸收，修改以《民法典》为依据。

第十二条 当事人对欠付工程价款利息计付标准有约定的，按照约定处理；没有约定的，按照全国银行间同业拆借中心公布的贷款市场报价利率计息。

修改说明：自2019年8月20日起，中国人民银行已经授权全国银行间同业拆借中心于每月20日（遇节假日顺延）9时30分公布贷款市场报价利率（Loan Prime Rate，LPR），中国人民银行贷款基准利率这一标准已经取消，应改为全国银行间同业拆借中心公布的贷款市场报价利率。

第十三条 利息从应付工程价款之日计付。当事人对付款时间没有约定或者约定不明且无法推定大概时间的，下列时间视为应付款时间：

（一）建设工程已实际交付的，为交付之日；

（二）建设工程没有交付的，为提交竣工结算文件之日；

（三）建设工程未交付，工程价款也未结算的，为当事人起诉之日。

可以推断出当事人约定的大概时间，但又无法确定具体时间的，以可以确定的且最接近当事人约定的时间为应付款时间。

因承包人原因导致应付工程价款无法确定的，从工程价款确定之日计付利息。

修改说明：在《建设工程司法解释一》第十八条的基础上，增加当事人约定不明但可推定大概时间的情形，以最大程度尊重当事人关于付款时间的约定，有利于扭转动辄就被认定为约定不明的现象。同时，增加因承包人原因导致结算迟延情形下应付款之日的确定。

第十四条 当事人对工程量有争议的，按照施工过程中形成的签证等书面文件确认。承包人能够证明发包人同意其施工，但未能提供签证文件证明工程量发生的,可以按照当事人提供的其他证据确认实际发生的工程量。

保留说明:此条文为《建设工程司法解释一》第十九条。

第十五条 当事人约定,发包人收到竣工结算文件后,在约定期限内不予答复,视为认可竣工结算文件的,按照约定处理。承包人请求按照竣工结算文件结算工程价款的,应予支持。

保留说明:此条文为《建设工程司法解释一》第二十条。

第十六条 当事人就同一建设工程另行订立的建设工程施工合同与经过备案的中标合同实质性内容不一致的,应当以备案的中标合同作为结算工程价款的根据。

不属于必须招标的建设工程进行招标后,参照上述规定处理。但发包人与承包人因客观情况发生了在招标投标时难以预见的变化而另行订立建设工程施工合同的除外。

修改说明:将《建设工程司法解释一》第二十一条和《建设工程司法解释二》第九条合并。

第十七条 当事人约定按照固定价结算工程价款,一方当事人请求对建设工程造价进行鉴定的,不予准许。

当事人在诉讼前已经对建设工程价款结算达成协议,诉讼中一方当事人申请对工程造价进行鉴定的,不予准许。

修改说明:将《建设工程司法解释一》第二十二条和《建设工程司法解释二》第十二条合并。

第十八条 当事人对部分案件事实有争议的,仅对有争议的事实进行鉴定,但争议事实范围不能确定,或者双方当事人请求对全部事实鉴定的除外。

保留说明:此条文为《建设工程司法解释一》第二十三条。

删除说明:根据《民事诉讼法解释》第二十八条第二款和《民事诉讼法》第三十三条第(一)项之规定,建设工程施工合同纠纷案件由建设工程项目所在地即施工行为地人民法院专属管辖。删除《建设工程司法解释一》第二十四条。

第十九条 因建设工程质量发生争议的,发包人可以以总承包人和分包人和实际施工人为共同被告提起诉讼。

缺乏资质的单位或者个人借用有资质的建筑施工企业名义签订建设工程施工合同,发包人请求出借方与借用方对建设工程质量不合格等因出借资质造成的损失承担连带赔偿责任的,人民法院应予支持。但借用方与发包人形成事实上的建设工程施工合同关系的,发包人请求出借方承担责任的,不予支持。

修改说明:将《建设工程司法解释一》第二十五条和《建设工程司法解释二》第四条合并,并将借用方与发包人形成事实上的建设工程施工合同关系作为除外情形。

第二十条 实际施工人以转包人、违法分包人、施工资质出借人为被告起诉的,人民法院应当依法受理。

实际施工人以发包人为被告主张权利的,人民法院应当追加转包人或者违法分包人或施工资质出借人为本案第三人,在查明发包人欠付转包人或者违法分包人或者施工资质出借人建设工程价款的数额后,判决发包人在欠付建设工程价款范围内对实际施工人承担责任。

实际施工人根据《民法典》第五百三十五条规定,以转包人、违法分包人或者施工资质出借方怠于向发包人行使到期债权,对其造成损害为由,提起代位权诉讼的,人民法院应予支持。

施工资质借用人与发包人形成事实上的建设工程施工合同关系的,不适用于上述规定。

修改说明:将《建设工程司法解释一》第二十六条和《建设工程司法解释二》第二十四条和第二十五条合并入本条,并增加施工资质借用情形下实际施工人可以适用该条规定及除外情形。

第二十一条 因保修人未及时履行保修义务,导致建筑物毁损或者造成人身、财产损害的,保修人应当承担赔偿责任。

保修人与建筑物所有人或者发包人对建筑物毁损均有过错的,各自承担相应的责任。

保留说明:此条文为《建设工程司法解释一》第二十七条。

第二十二条 招标人和中标人另行签订的建设工程施工合同约定的工程范围、建设工期、工程质量、工程价款等实质性内容,与中标合同不一致,一方当事人请求按照中标合同确定权利义务的,人民法院应予支持。

招标人和中标人在中标合同之外就明显高于市场价格购买承建房产、无偿建设住房配套设施、让利、向建设单位捐赠财物等另行签订合同,变相降低工程价款,一方当事人以该合同背离中标合同实质性内容为由请求确认无效的,人民法院应予支持。

保留说明:此条文为《建设工程司法解释二》第一条。

第二十三条 建设工程施工合同无效,一方当事人请求对方赔偿损失的,应当就对方过错、损失大小、过错与损失之间的因果关系承担举证责任。

损失大小无法确定,一方当事人请求参照合同约定的质量标准、建设工期、工程价款支付时间等内容确定损失大小的,人民法院可以结合双方过错程度、过错与损失之间的因果关系等因素作出裁判。

保留说明:此条文为《建设工程司法解释二》第三条。

第二十四条 当事人对建设工程开工日期有争议的,人民法院应当分别按照以下情形予以认定:

(一)开工日期为发包人或者监理人发出的开工通知载明的开工日期;开工通知发出后,尚不具备开工条件的,以开工条件具备的时间为开工日期;因承包人原因导致开工时间推迟的,以开工通知载明的时间为开工日期。

(二)承包人经发包人同意已经实际进场施工的,以实际进场施工时间为开工日期。

(三)发包人或者监理人未发出开工通知,亦无相关证据证明实际开工日期的,应当综合考虑开工报告、合同、施工许可证、竣工验收报告或者竣工验收备案表等载明的时间,并结合是否具备开工条件的事实,认定开工日期。

保留说明:此条文为《建设工程司法解释二》第五条。

第二十五条 当事人约定顺延工期应当经发包人或者监理人签证等方式确认,承包人虽未取得工期顺延的确认,但能够证明在合同约定的期限内向发包人或者监理人申请过工期顺延且顺延事由符合合同约定,承包人以此为由主张工期顺延的,人民法院应予支持。

当事人约定承包人未在约定期限内提出工期顺延申请视为工期不顺延的,按照约定处理,但发包人在约定期限后同意工期顺延或者承包人提出合理抗辩的除外。

保留说明:此条文为《建设工程司法解释二》第六条。

第二十六条 发包人在承包人提起的建设工程施工合同纠纷案件中,以建设工程质量不符合合同约定或者法律规定为由,就承包人支付违约金或者赔偿修理、返工、改建的合理费用等损失提出反诉的,人民法院应当合并审理。

修改说明:将《建设工程司法解释二》第七条规定的"可以合并审理"修改为"应当合并审理",有利于发挥合并审理的效果优势。

第二十七条 有下列情形之一,承包人请求发包人返还工程质量保证金的,人民法院应予支持：

（一）当事人约定的工程质量保证金返还期限届满。

（二）当事人未约定工程质量保证金返还期限的，自建设工程通过竣工验收之日起满二年。

（三）因发包人原因建设工程未按约定期限进行竣工验收的，自承包人提交工程竣工验收报告九十日后起当事人约定的工程质量保证金返还期限届满；当事人未约定工程质量保证金返还期限的，自承包人提交工程竣工验收报告九十日后起满二年。

建设工程施工合同无效，建设工程质量合格的，或建设工程虽未竣工，但已完工部分质量合格的，可以参照当事人对工程质量保证金返还期限的约定进行返还。当事人未约定返还期限的，可自确定工程质量合格之日起满两年予以返还。

建设工程施工合同中途解除的，但已完工部分工程质量合格的，发包人要求按合同约定扣留工程质量保证金的，人民法院不予支持。

发包人返还工程质量保证金后，不影响承包人根据合同约定或者法律规定履行工程保修义务。

修改说明：在《建设工程司法解释二》第八条的基础上，增加建设工程施工合同无效和中途解除情形下质量保证金返还的规定。

第二十八条 当事人签订的建设工程施工合同与招标文件、投标文件、中标通知书载明的工程范围、建设工期、工程质量、工程价款不一致，一方当事人请求将招标文件、投标文件、中标通知书作为结算工程价款的依据的，人民法院应予支持。

保留说明：此条文为《建设工程司法解释二》第十条。

第二十九条 当事人就同一建设工程订立的数份建设工程施工合同均无效，但建设工程质量合格，一方当事人请求参照实际履行的合同结算建设工程价款的，人民法院应予支持。

实际履行的合同难以确定，当事人请求参照最后签订的合同结算建设工程价款的，人民法院应予支持。

“黑白合同”中备案的中标合同无效的，适用上述规定。

修改说明：在《建设工程司法解释二》第十一条的基础上，增加“黑白合同”中备案的中标合同无效情形下应当适用本条规定的内容，避免与《建设工程司法解释一》第二十一条即本建议稿第十六条第一款的适用相混淆。

第三十条 当事人在诉讼前共同委托有关机构、人员对建设工程造价出具咨询意见,诉讼中一方当事人不认可该咨询意见申请鉴定的,人民法院应予准许,但双方当事人明确表示受该咨询意见约束的除外。

保留说明:此条文为《建设工程司法解释二》第十三条。

第三十一条 当事人对工程造价、质量、修复费用等专门性问题有争议,人民法院认为需要鉴定的,应当向负有举证责任的当事人释明。当事人经释明未申请鉴定,虽申请鉴定但未支付鉴定费用或者拒不提供相关材料的,应当承担举证不能的法律后果。

一审诉讼中负有举证责任的当事人未申请鉴定,虽申请鉴定但未支付鉴定费用或者拒不提供相关材料,二审诉讼中申请鉴定,人民法院认为确有必要的,应当依照民事诉讼法第一百七十条第一款第三项的规定处理,但双方当事人均同意在二审诉讼中鉴定的除外。

修改说明:在《建设工程司法解释二》第十四条的基础上,增加双方当事人均同意在二审诉讼中鉴定的除外情形。

第三十二条 人民法院审查后决定准许当事人鉴定申请的,应当根据当事人申请及查明案件事实的需要,确定委托鉴定的事项、范围、鉴定期限等,并组织双方当事人对争议的鉴定材料进行质证。未经法院组织质证的鉴定材料不能作为鉴定的依据。

人民法院向鉴定人出具委托书时,应将鉴定材料、质证笔录复印件及其他需要由人民法院确认的事项的认定结果一并移交鉴定人。

修改说明:在《建设工程司法解释二》第十五条的基础上,进一步明确了未经质证的鉴定材料不得作为鉴定的依据、法院审查鉴定申请的职责及应向鉴定人移交的材料。

第三十三条 人民法院应当组织当事人对鉴定意见进行质证。鉴定人将当事人有争议且未经质证的材料作为鉴定依据的,根据该材料作出的鉴定意见不得作为认定案件事实的依据,但双方当事人对该部分鉴定意见认可的除外。

修改说明:在《建设工程司法解释二》第十六条的基础上,杜绝对鉴定材料进行事后补充质证,强调"未经质证的鉴定材料不得作为鉴定依据"的严肃性。

第三十四条 建设工程质量合格,或建设工程虽未竣工,但已完工部分质量合格,承包人根据《民法典》第八百零七条规定请求其承建工程的价款就工程折价或者拍卖的价款优先受偿的,人民法院应予支持。

建设工程质量合格,实际施工人就其承建工程的价款可以参照上述规定主张权利。

修改说明:将《建设工程司法解释二》第十七条、第十九条和第二十条合并,进一步明确了无论建设工程施工合同是否有效及建设工程是否竣工,只要工程质量合格,承包人均享有工程价款优先受偿权,同时,增加实际施工人享有工程价款优先受偿权的规定。因《民法典》第八百零七条吸收了《合同法》第二百八十六条,修改以《民法典》为依据。

第三十五条 装饰装修工程的承包人,请求装饰装修工程价款就该装饰装修工程折价或者拍卖的价款优先受偿的,人民法院应予支持,但装饰装修工程的发包人不是该建筑物的所有权人的除外。

保留说明:此条文为《建设工程司法解释二》第十八条。

第三十六条 承包人建设工程价款优先受偿的范围依照国务院有关行政主管部门关于建设工程价款范围的规定确定,但应包含工程价款利息。

承包人就逾期支付建设工程价款的违约金、损害赔偿金等主张优先受偿的,人民法院不予支持。

修改说明:在《建设工程司法解释二》第二十一条的基础上,明确将工程价款利息纳入建设工程价款范围。

第三十七条 承包人或实际施工人行使建设工程价款优先受偿权的期限为两年,自发包人应当给付建设工程价款之日起算。

修改说明:在《建设工程司法解释二》第二十二条的基础上,增加实际施工人行使建设工程价款优先受偿权期限的规定。同时,放宽优先受偿的行使期限。

第三十八条 发包人与承包人约定放弃或者限制建设工程价款优先受偿权,损害建筑工人利益,发包人根据该约定主张承包人或实际施工人不享有建设工程价款优先受偿权的,人民法院不予支持。

修改说明:在《建设工程司法解释二》第二十三条的基础上,增加实际施工人为权利人的情况。

第三十九条 《民法典》第八百零七条规定的"根据建设工程的性质不宜折价、拍卖"的建设工程包括以下类型:

(一)用于国防、军事、外交的建设工程;

(二)由政府组织实施的能源、交通、水利、电力等基础设施工程;

(三)由政府组织实施的涉及农业、农村、农民等建设工程及城镇保障性安置工程;

(四)由政府组织实施的科技、教育、文化、卫生、体育、防灾减灾、疫情防控、社会福利、市政公用等公共事业及基础设施工程;

(五)法律、行政法规规定的其他涉及公共利益的建设工程。

上述建设工程的性质或权属发生改变,不再属于本条第一款情形时除外。

政府财政资金拨付的建设工程,承包人对拨付资金享有优先受偿权。建设工程有偿转让或被征收时,承包人对转让价款或征收补偿款享有优先受偿权。

新增说明:《民法典》第八百零七条(《合同法》第二百八十六条)所规定的"建设工程的性质不宜折价、拍卖"中不宜折价、拍卖的建设工程的范围,应予以明确。

参考文献

(一)中文著作

1. 梁慧星:《民法总论》(第5版),法律出版社2017年版。

2. 李永军:《合同法》,法律出版社2010年版。

3. 王泽鉴:《债法原理》(第1册),中国政法大学出版社2001年版。

4. 王泽鉴:《民法思维:请求权基础理论体系》,北京大学出版社2010年版。

5. 王利明:《合同法研究》(第1卷),中国人民大学出版社2001年版。

6. 崔建远:《合同法总论》(中),中国人民大学出版社2016年版。

7. 韩世远:《合同法总论》(第4版),法律出版社2018年版。

8. 朱广新:《合同法总则》,中国人民大学出版社2012年版。

9. 朱庆育:《民法总论》,北京大学出版社2016年版。

10. 刘贵祥:《合同效力研究》,人民法院出版社2002年版。

11. 全国人大常委会法制工作委员会编:《中华人民共和国合同法释义》,法律出版社2009年版。

12. 沈德咏主编:《中华人民共和国民法总则条文理解与适用》(上册),人民法院出版社2017年版。

13. 最高人民法院民事审判第一庭编著:《最高人民法院建设工程施工合同司法解释的理解与适用》(第2版),人民法院出版社2015年版。

14. 最高人民法院民事审判第一庭编著:《最高人民法院建设工程施工合同司法解释(二)的理解与适用》,人民法院出版社2019年版。

15. 朱树英:《工程合同实务问答》,法律出版社2007年版。

16. 王旭光:《建筑工程优先受偿权制度研究——〈合同法〉第286条的理论与实务》,人民法院出版社2010年版。

17. 于健龙等主编:《中国建设工程法律评论》(第 7 辑),法律出版社 2018 年版。

18. 王永起、李玉明:《建设工程施工合同纠纷法律适用指南》,法律出版社 2013 年版。

19. 胡康生主编:《中华人民共和国合同法释义》,法律出版社 2013 年版。

20. 王利明:《违约责任论》,中国政法大学出版社 1996 年版。

21. 黄立:《民法债编总论》,中国政法大学出版社 2002 年版。

22. 韩世远:《合同法》(第 3 版),法律出版社 2011 年版。

23. 郑玉波:《民法债编总论》,陈荣隆修订,中国政法大学出版社 2004 年版。

24. 最高人民法院民法典贯彻实施工作领导小组主编:《中华人民共和国民法典合同编理解与适用(一)》,人民法院出版社 2020 年版。

25. 最高人民法院民法典贯彻实施工作领导小组主编:《中华人民共和国民法典总则编理解与适用》,人民法院出版社 2020 年版。

26. 最高人民法院民事审判第一庭编:《民事审判指导与参考》(总第 57 辑),人民法院出版社 2014 年版。

27. 最高人民法院民事审判第一庭编:《民事审判指导与参考》(总第 49 辑),人民法院出版社 2012 年版。

28. 最高人民法院民法典贯彻实施工作领导小组主编:《中华人民共和国民法典合同编理解与适用(三)》,人民法院出版社 2020 年版。

(二)期刊论文

1. 梁慧星:《〈合同法〉第 286 条的权利性质及其适用》,载《人民法院报》2000 年 12 月 1 日。

2. 潘军锋:《施工合同审判新类型问题研究——〈建设工程司法解释〉施行十周年回顾与展望》,载《法律适用》2015 年第 4 期。

3. 唐倩:《实际施工人的建设工程价款优先受偿权实证研究》,载《中国政法大学学报》2019 年第 4 期。

4. 宿辉:《建设工程价款优先受偿权论争》,载《重庆社会科学》2017 年第 9 期。

5. 潘军锋:《建设工程领域黑白合同的效力认定》,载《人民司法》(应用)2017 年第 9 期。

6. 荣振华:《地方法院发布"司法解释性质文件"的生存样态及可能走向》,载《甘肃政法学院学报》2018 年第 4 期。

7. 史智军:《建设工程领域因挂靠关系引发的民事责任问题研究》,载《山东法官培训学院学报》2018 年第 4 期。

8. 龚雪林:《转包、分包和借用资质情形下的施工合同效力分析——兼论施工合同司法解释有关效力规定》,载《法律适用》2014 年第 12 期。

9. 付一耀:《民商事责任认定中的折价补偿研究》,载《安徽理工大学学报》(社会科学版)2017 年第 6 期。

10. 陈东强:《建设工程价款优先受偿权的行使与规制》,载《山东法官培训学院学报》2018 年第 5 期。

11. 方剑磊:《施工合同被判定无效后可参照双方约定方式结算》,载《人民司法》(案例)2018 年第 17 期。

12. 王勇:《对建筑工程领域黑白合同的裁判思路》,载《人民司法》(应用)2016 年第 7 期。

13. 夏正芳:《施工合同纠纷案件裁判理念初探》,载《人民司法》(应用)2013 年第 9 期。

14. 王文利:《施工合同无效之法律后果——以工程价款计算依据为视角》,载《新疆社科论坛》2016 年第 3 期。

15. 邬砚:《实际施工人向发包人追索工程款的权利解析》,载《人民司法》(应用)2013 年第 9 期。

16. 秦旺:《建设工程造价结算前沿问题研究》,载《法律适用》2017 年第 5 期。

17. 姜越:《浅谈实际施工人的举证责任问题》,载《法制博览》2016 年第 11 期。

18. 江苏省高级人民法院民一庭:《建设工程招投标纠纷案件审判疑难问题研究》,载《法律适用》2017 年第 7 期。

19. 李后龙、潘军锋:《建设工程价款优先受偿权审判疑难问题研究》,载《法律适用》2016 年第 10 期。

20. 潘军锋:《施工合同案件审判疑难问题研究》,载《法律适用》2014 年第 7 期。

21. 王利明:《关于无效合同确认的若干问题》,载《法制与社会发展》2002 年第 5 期。

22. 王江丽:《正确建构建设工程司法鉴定中的司法审判权》,载《经济法理论与实践》2016 年第 3 期。

23. 王建东:《评〈合同法〉第 286 条司法适用疑难问题探讨》,载《中国法学》2003 年第 2 期。

24. 林宏坚、曾祥生:《论合同解除后的损害赔偿》,载《法律适用》2010 年第 9 期。

25. 丁福虎、王吉国:《人身财产权的划分与特征》,载《河南科技》1998 年第 10 期。

26. 唐倩:《无效建设工程施工合同研究》,对外经济贸易大学法学院 2019 年博士学位论文。

后 记

2020年对于地处边陲的新疆来说，注定是极不平凡的一年。从庚子年初到时近秋分，新冠肺炎疫情的突然暴发，全疆被迫两次按下“暂停键”。在此危急时刻，以习近平同志为核心的党中央高度重视，并委派孙春兰副总理专程到新疆转达总书记、党中央对新疆各族人民群众的亲切关怀，现场指导疫情防控工作。地方党委精准施策，全疆人民攻坚克难，有效遏制住了疫情扩散蔓延势头，打赢了疫情防控人民战争、总体战、阻击战，再一次以实际行动证实了中国特色社会主义制度的优越性。正如复旦大学张维为教授所说：“这是有史以来最大规模的一次开放式的、体验式的中国自信和中国制度自信的公开课。”

两次居家隔离期间，在稍稍弥补对家人陪伴之亏欠的同时，也使我能够静下心来，完成作为一名建设工程专业律师写一本建设工程专业法律书籍的心愿，这既是对个人执业经历的小结，也是学术生涯的崭新开端。

本书的内容源于以往的学习和审判心得，更是近几年代理案件经验、技巧和感悟的积淀。作为一名建设工程专业律师，我深感该领域的专业性和复杂性，仅凭20余万字的著述，尚不足以解决实务中的全部问题。正如习近平总书记在第十二届全国人民代表大会第一次会议上的讲话中引用《尚书·周书》中的经典名句“功崇惟志，业广惟勤”，学习、研究及实践之路“任重而道远”。在今后一段时间内，我将在本书的基础上重点研究下述两部分内容：一是继续研究建设工程领域相关专业知识、法学理论和实践性问题；二是基于《民法典》诞生的大背景，以最高人民法院于2020年7月31日起试行《关于统一法律适用加强类案检索的指导意见(试行)》为契机，结合2021年1日1日起施行的系列司法解释，深入研究最高人民法院公布的典型案例并提炼有价值的法律理论和实践知识，以便在启发更多的青年律师走上专业化之路，着力为当事人提供优质、专业化服务上贡献一己之力。

在本书写作过程中，感谢社区志愿者为我的家庭解决生活之虞，感谢家人的理解与支持，感谢团队陈菩如律师和新疆大学法学院研究生陈雯同学的校对工作，感谢团队马玉文律师、贾岩律师、沙晓波、张华及事务所其他同事的鼓励和支持，同样感谢当事人的信任。在此一并谢过。

更应当感谢我的硕士研究生导师袁碧华教授，老师严谨负责的治学态度、一丝不苟的研究精神，深深感染并激励着我。感谢老师在百忙之中为本书作序。

本书只是一个新的开始。今后我将怀揣“路漫漫其修远兮，吾将上下而求索”的积极进取心态，“锲而不舍，金石可镂”的持之以恒精神，“非学无以广才，非志无以成学”的鸿鹄之志，以期实现“宝剑锋从磨砺出，梅花香自苦寒来”之愿景。

袁继尚

2021 年 1 月 4 日

图书在版编目(CIP)数据

建设工程施工合同纠纷疑难问题研究 / 袁继尚著
. -- 北京 : 法律出版社, 2021(2021.4 重印)
ISBN 978 -7 -5197 -2574 -7

Ⅰ. ①建… Ⅱ. ①袁… Ⅲ. ①建筑施工－合同纠纷－研究－中国 Ⅳ. ①D923.64

中国版本图书馆 CIP 数据核字(2020)第 270784 号

建设工程施工合同纠纷疑难问题研究
JIANSHE GONGCHENG SHIGONG HETONG JIUFEN YINAN WENTI YANJIU

袁继尚 著

策划编辑 刘晓萌
责任编辑 刘晓萌
装帧设计 马 帅

出版 法律出版社
总发行 中国法律图书有限公司
经销 新华书店
印刷 中煤(北京)印务有限公司
责任校对 晁明慧 王 皓
责任印制 吕亚莉

编辑统筹 法治与经济出版分社
开本 710 毫米 × 1000 毫米 1/16
印张 19.5
字数 328 千
版本 2021 年 2 月第 1 版
印次 2021 年 4 月第 2 次印刷

法律出版社/北京市丰台区莲花池西里 7 号(100073)
网址/www. lawpress. com. cn
投稿邮箱/info@ lawpress. com. cn
举报维权邮箱/jbwq@ lawpress. com. cn
销售热线/400 - 660 - 8393
咨询电话/010 - 63939796

中国法律图书有限公司/北京市丰台区莲花池西里 7 号(100073)
全国各地中法图分、子公司销售电话:
统一销售客服/400 - 660 - 8393/6393
第一法律书店/010 - 83938432/8433　西安分公司/029 - 85330678　重庆分公司/023 - 67453036
上海分公司/021 - 62071639/1636　深圳分公司/0755 - 83072995

书号:ISBN 978 - 7 - 5197 - 2574 - 7　**定价**:88.00 元